惟|道|惟|德　和|合|生|生

主编信息 ···

阿姆里塔·纳利卡（Amrita Narlikar）是剑桥大学政治与国际研究系国际政治经济学高级讲师、达尔文学院研究员。在2004年被任命为剑桥大学讲师之前，她曾担任埃克塞特大学常任讲师、牛津大学圣约翰学院初级研究员以及耶鲁大学访问学者。她的独著包括：《国际贸易与发展中国家：关贸总协定和世界贸易组织的谈判联盟》（2003）、《世界贸易组织：简要介绍》（2005）以及《新兴大国：如何成为和管理新兴大国》（2010）。

译者信息 ···

王 鹏 北京大学法学学士、经济学学士、法学硕士，现就职于北京市竞天公诚律师事务所。

胡玲玲 北京大学法学学士、法学硕士，现就职于中国证监会投资者保护局。

金飞艳 北京大学法学博士，现任《刑事法评论》编辑，参与编写以及翻译多部著作。

惟 睦 谈 判 译 丛

主编　侯佳儒

多边谈判僵局
成因与对策

Deadlocks in Multilateral Negotiations:
Causes and Solutions

[英] 阿姆里塔·纳利卡（Amrita Narlikar）／主编

王　鹏　胡玲玲　金飞艳／译

李　鸣　李聚广／校订

中国政法大学出版社

2020·北京

总 序

谈判是人类社会生活的重要组成部分。"谈"即沟通，"判"即决策，为开展合作、解决争端和化解冲突，人们需要谈判。在个人、组织、团体之间，谈判一直在发生，无时不有、无处不在。

尽管谈判如此平常又如此重要，目前我们对谈判的理性认知却仍有限。人们对谈判的理解多是感性和片面的，或认为谈判事属庙堂、事不关己，或认为谈判不过种种套路、勾心斗角。即便在学术界，专业的研究和学术共同体的形成也只有近四十年的历史。但受益于现代管理学、经济学、心理学、语言学、传媒学、伦理学乃至大数据等学科领域的前沿理论影响，西方学界对谈判采取了跨学科、多领域、多维度的研究，业已建构起多元的理论体系，出版了丰富的学术成果，可谓成就斐然。与之相比，国内的谈判教学和研究则滞后一些，不过前景同样广阔。本丛书聚焦谈判、法律与争端解决，目的就是推动我国在相关领域的研究和专业建设。他山之石，可以攻玉。这项工作虽然不易，却是非常必要、非常有益的。

在传统学科框架下，谈判主要是工商管理和国际关系的研究领域。但就其本质特征而言，谈判与法学的联系其实更为紧密。所有合同都是谈判的产物，合同法中的"要约""反要约"与"承诺"，其实就是谈判中的讨价还价。在一定意义上，法律是集体谈判的产物。所有国际谈判都是在国际法的框架下进行，国际谈判的最终成果往往会形成新的国际法律文件。立法过程，就是不断地磋商、辩论和协调利益关系的过程，是通过协商进行集体决策的过程，其本质就是谈判。另外，所谓的调解、仲裁、调停等手段，在谈判学视野下，不外乎第三方介入下的特殊谈判形式。可见，法律文本、立法过程和法律事务都与谈判息息相关。在法学领域推动谈判研究，不但关乎学科体系的完整性，也具有非常重大的现实意义。

本丛书名"惟睦"："惟"者，惟精惟一；"睦"者，主敬主和。谈判之大义无他，惟睦而已。人贵和睦，事贵合力，和合系争端解决之要旨。本丛书秉承天地交感、万物泰安的儒家传统，探求和合之道，践行和合之德，追求不同文化、种族和人群的和合共生，是所谓"惟道惟德，和合生生"。愿本丛书的出版能融汇东西方文明的智慧，推动个人、组织

乃至国家之间的沟通、对话与合作，为当今社会的和平、和
谐与繁荣贡献绵薄之力。

　　是为序。

侯佳儒

2019 年 12 月

于北京一杯书斋

ix   **雅各布·贝尔科维奇**（Jacob Bercovitch）是新西兰基督城坎特伯雷大学的国际关系学教授。他是新西兰皇家学会会员，国际研究协会前副主席。他一直致力于研究如何实现国际冲突的最佳调解。他针对国际冲突解决和调解的各个方面撰写和主编了 13 本书，发表学术论文百余篇。他最近的新作是《国际冲突解决手册》。他也是哈佛大学、伦敦经济学院、乔治城大学和希伯来大学颇有声望的研究员。

　　威廉·布朗（William Brown）是剑桥大学达尔文学院的硕士、剑桥大学劳资关系学教授。他曾担任华威大学经济和社会研究理事会劳资关系研究中心主任。他一直致力于研究集体谈判、薪酬决定、收入政策、支付制度、仲裁、最低工资和立法变化的影响等问题。他的出版物包括《计件工作谈判》(1973)、《英国劳资关系的变化轮廓》(1981) 和《英国就业合同个人化》(1998)。他是低薪委员会的创始成员,这个委员会确定了英国的最低工资标准。他也是咨询、调解和仲裁服务仲裁员小组成员和其理事会的独立成员。2002 年,他因在劳资关系服务方面的突出贡献被授予大英帝国司令勋章。

马丁·唐顿（Martin Daunton）是剑桥大学三一学院硕士、经济史教授。他的著作包括两部关于英国自 1799 年以来的税收政治经济学研究的书,这让他提出了税收国际转让的思想;以及两部关于英国自 1700 年至 1951 年的经济史研究。他目前的著述和研究涵盖了英国自 1850 年以来对国际经济的参与,这也是他在皇家历史学会的演讲主题;他还有一本著作是关于 1945 年以来世界经济治理的研究。

丹尼尔·德鲁克曼（Daniel Druckman）是乔治梅森大学公共和国际事务系的教授。他曾任乔治梅森大学弗农·M. 与明妮·I. 林奇冲突解决中心教授,负责协调冲突分析与解决中心的博士项目;澳大利亚布里斯班昆士兰大学教授,伊斯坦布尔萨班哲大学教师,台湾云林科技大学、墨尔本大学以及澳大利亚国立大学客座教授。他的著作广泛涉及谈判行为、民族主义和团体认同、人类表现、维和、政治稳定、非言语交际和研究方法等主题;他是 8 份期刊的编委会成员或副主编,并担任《国际谈判》系列新书的共同主编。因其民族主

义著作，他于 1995 年荣获由社会问题心理分析学会颁发的奥
托克林伯格跨文化国际关系奖，在 1998 年获得了乔治·梅森
大学颁发的杰出教学奖，2001 年获得了国际冲突管理协会
（IACM）颁发的杰出论文奖，2006 年因《研发：冲突分析调
查方法》获得杰出著作奖。他还是国际冲突管理协会 2003 年
终身成就奖的获得者。

安德鲁·甘布尔（Andrew Gamble）是剑桥大学政治学教
授。他是英国科学院研究员，《政治季刊》和《新政治经济
学》的联合主编。他最近的著作是《欧洲与美国之间：英国
政治的未来》，该书获得了 WJM 麦肯齐奖。2005 年，他因毕
生致力于政治学研究获得以赛亚柏林奖。

马克斯·W. 格林（Markus W. Gehring）是剑桥大学国
际研究中心国际和欧洲法讲师，罗宾逊学院的法学研究员。
他拥有耶鲁大学法学硕士学位和汉堡大学法学博士学位。他
曾执业于美国佳利律师事务所布鲁塞尔办公室，负责欧洲竞
争和国际贸易法业务，也是法兰克福律师协会成员。加入剑
桥大学前，他曾在牛津大学大学学院担任国际公法导师。他
是国际可持续发展法中心（CISDL）可持续国际贸易、投资
和竞争法的首席顾问，并且是国际法协会（ILA）可持续发
展法委员会的成员。他的最新作品是和玛丽-克莱尔·科多尼
尔·塞格（Marie-Claire Cordonier Segger）共同完成的，包括
《世界贸易法的可持续发展》（2005）和《实践中的世界贸易
法》（2007）。

卡梅拉·鲁特马尔（Carmela Lutmar）在以色列海法大学
学习政治学和哲学，她在圣母大学（硕士）进行和平研究，

在纽约大学获得博士学位。她目前是以色列海法大学的讲师。她的研究方向主要为领导力变化、战争与和平的原因、军事占领和冲突解决设计。

阿姆里塔·纳利卡（Amrita Narlikar）是剑桥大学政治与国际研究系国际政治经济学高级讲师、达尔文学院研究员。在 2004 年被任命为剑桥大学讲师之前，她曾担任埃克塞特大学常任讲师、牛津大学圣约翰学院初级研究员以及耶鲁大学访问学者。她的独著包括：《国际贸易与发展中国家：关贸总协定和世界贸易组织的谈判联盟》（2003）、《世界贸易组织：简要介绍》（2005）以及《新兴大国：如何成为和管理新兴大国》（2010）。

约亨·普兰特尔（Jochen Prantl）是牛津大学国际关系高级研究员和纳菲尔德学院研究员。他的研究重点是国际安全（机构）、全球治理理论、风险和冲突管理以及冲突转化。在 2007 年，他被授予牛津大学兹维·梅塔尔（Zvi Meitar）／校长社会科学研究奖。他最近的著作包括：《联合国安理会和非正式国家集团：治理互补还是竞争》（2006）和《经社理事会冲突中崛起的新兴非洲国家专门咨询小组：沉默的先锋》（2006）。在担任现有职务之前，普兰特尔是耶鲁大学联合国研究计划的访问学者。他还曾在联合国政治事务部政策规划处和欧盟委员会驻纽约联合国代表团工作。

彼得·范·霍滕（Pieter van Houten）是剑桥大学政治与国际研究系讲师、丘吉尔学院研究员。他的研究重点是西欧的领土政治（区域自治运动、政党的区域结构），以及巴尔干和东欧的冲突管理，近期还在《民族政治》和《剑桥国际事务评论》中发表了这方面的论文。最近，他与斯蒂芬·沃尔夫（Stefan Wolff）开展了一个经济和社会研究理事会项目，探讨国际组织在波斯尼亚、科索沃和马其顿的冲突管理和冲突后治理与重建方面发挥的作用。

塞瓦斯蒂-艾勒妮·维兹尔吉安尼杜（Sevasti-Eleni Vezirgiannidou）是伯明翰大学的政治学和国际研究系的讲师。她在埃塞克斯大学获得了国际关系学硕士和博士学位。她发表了关于气候变化政策的论文。她的研究方向主要包括国际制度、制度效能、环境治理和贸易环境争议等理论研究。在伯明翰大学任教之前，艾勒妮是剑桥大学政治与国际研究系的梅隆博士后研究员。

阿拉斯代尔·R. 杨（Alasdair R. Young）是格拉斯哥大学国际政治系的高级讲师。他的研究重点是贸易和监管政策与政治之间的相互作用，并且是在欧盟内部和欧盟的贸易关系范围内进行讨论。他的出版物包括：《扩大欧洲合作：欧盟和"新"国际贸易议程》（2002）（与海伦·华莱士合著），《扩张中的欧盟的监管政治》（2000）；在《全球环境政治》《共同市场研究》和《欧洲公共政策与世界政策》等期刊发表多篇论文，以及参编著作内容达 20 多章。他同时也为国际发展部、外交和联邦事务部、英国财政部和欧洲委员会对外关系与贸易总司的咨询报告提供支持。他是《政治》和《共同市场研究》期刊的欧盟年度评论以及即将出版的第 6 版《欧盟决策》的共同主编。

致 谢

对于这本书的出版，我要表达太多谢意。简要介绍如下。 ^{xiii}

如果没有这些供稿人的积极参与，本书就不可能完成。我很荣幸能够与这样一个充满活力、善于合作和重守承诺的团队一起工作。

这个项目的最初想法产生于 2006 年 11 月社会科学与人文中心（CRASSH）组织的一次会议，该会议同时也得到国际研究中心的帮助。我要特别感谢社会科学与人文中心主任玛丽·雅各布斯和国际研究中心主任克里斯·希尔（Chris Hill），他们鼎力支持这次会议，并且在这本书的撰写期间给予了持续关注。我必须感谢凯瑟琳·赫尔利（Catherine Hurley）、安娜·马利诺思卡（Anna Malinowska）、菲利帕·史密斯（Philippa Smith）和大卫·霍恩斯比（David Hornsby），他们为会议的组织提供了及时的协助。我还要感谢帕特里克·娄（Patrick Low）、戈帕尔·皮莱（Gopal Pillai）、阿里尔德·法尔松德（Arild Farsund）、詹姆斯·梅奥尔（James Mayall）、菲利普·托尔（Philip Towle）、西蒙·伊文奈特（Simon Evenett）、理查德·海格特（Richard Higgott）和朱莉·史密斯（Julie Smith），感谢他们对这个项目建言献策，推动了项目的进一步发展。

在项目开展过程中，还有几位人士提供了宝贵的帮助和建议。丹·金（Dan Kim）提供了及时的研究援助。约翰·奥德尔（John Odell）阅读了导论的早期草稿，提供了详细和有价值的意见。艾伦·布莱克威尔（Alan Blackwell）为封面设计提供了慷慨且有益的帮助。

我曾有幸在国际研究中心的研讨会上介绍了一些研究结果，教师和研究生们对我的报告做出了有益和详尽的反馈。

剑桥大学出版社的团队，特别是约翰·哈斯拉姆（John Haslam），对于项目的最终完成发挥了至关重要的引领作用。三位匿名审阅人认真地提出了建设性的批评，这些批评使得项目取得重大改进。对以上所有个人和机构，我都感激不尽。

我还要特别感谢阿鲁纳·纳利卡（Aruna Narlikar）和阿纳特·纳利卡（Anant Narlikar），当我思维停滞时，他们带给我许多灵感，并花费大量时间阅读本书的大部分内容，提供批评建议。巴塔莎（Batasha），我所知道的最可爱且最坚韧的谈判者，我们无法忘记她对我们的教诲，我们非常怀念她。

xiv

目录

CONTENTS

第一部分 多学科观点

图表目录

图　示

表　格

导　论

阿姆里塔·纳利卡

在转动不息的世界的静止点上，既无生灵也无精魂；
但是不止也无动。在这静止点上，只有舞蹈，
不停止也不移动。可别把它叫作固定不移。
过去和未来就在这里汇合。无去无从，
无升无降。只有这个点，这个静止点，
这里原不会有舞蹈，但这里有的只是舞蹈。

——T. S. 艾略特：《四个四重奏：燃烧的诺顿》

　　僵局是谈判过程中的静止点。静止中既蕴含希望，也包含引发冲突和造成伤害的风险。众所周知，从日常生活到高级的政治活动，谈判僵局都非常普遍，但却少有专论对其研究，大多数文献只是教人如何精明有效地开展谈判。为填补这一空白，《多边谈判僵局：成因与对策》一书致力于推动对僵局问题开展

跨学科的交流。我们将对"僵局"概念进行较全面的分析，努力提高学术界和实务人员对僵局成因及如何打破僵局的理解。我们尤其关注多边谈判中的僵局问题，由于涉及多方主体和经常涉及多种议题，多边谈判僵局给我们的智识带来一系列挑战。多边僵局不仅在国际机构和不同问题领域中很常见，同时实务人员也无法回避。成功打破多边僵局，将为多边体系内的众多国家带来益处；如果不能打破僵局，无论个人还是体系都会付出高昂的代价。

在导论这一章，我先从考察僵局的结构着手。第一部分会介绍僵局的定义和类型。第二部分运用六个因果假设来对僵局进行解释，并相应提出六个对策方案。第三部分将简要介绍本书的结构。本书通过理论分析和案例研究方法，着重探讨导论中提出的概念和假说对于理解谈判僵局——包括理论构建、方法论和实务各层面——所具有的原创性价值。本书吸取了多学科的研究视角，也涵盖了多个不同领域的案例分析。第四部分和结论部分简要回顾了现有文献，分析了本书与现有成果的差异以及对现有成果的补充。

2　僵局剖析：定义、类型及其参与者

在开展合作（有许多文献研究集体行动问题、无政府状态下的合作、制度理论以及制度主义的社会学、历史学和理性设计等流派，也会涉及合作问题）和解决冲突（谈判分析中的大量文献是要解决这个问题）过程中，总会遭遇各种问题，僵局就是这些问题中的一种类型。那么，问题出现了：僵局问题有哪些显著特征？更具体来讲，当我们发现协议或合作难以达成

或者冲突难以解决时，我们应如何判定和识别僵局？如果认为僵局只是合作过程中产生的问题的一种类型，那么我们是否可以假定，每次谈判伊始就已出现僵局？那么合作又是什么：是否一方立场转变就代表僵局结束？当另一方做出让步，僵局是否将再次出现？最后，僵局是否等同于僵持；如果不是，两者有何区别和联系？

如果具备以下两个条件，我们认为谈判过程陷入僵局：

（1）各方一直无法达成协议，在某个特定问题上，各方立场不一却又不能或不愿做出充分让步，以至于无法取得突破。

（2）在谈判过程中的某一关键时刻——比如将大会主席发言转变为"行动推动事件"[1]，或者是调停者规定了截止期限，又或是各方认为谈判已经顺利发展到具有里程碑意义的一刻——尽管各方都有准备做出妥协，但在特定问题上最终还是未能做出必要让步，以至于无法达成协议。

只有当一种情形同时具备这两个条件，我们才认定其构成僵局。第一个条件体现了福雷（Faure）的观点，即"谈判系统动态发展的长期停滞"（a protracted standstill of the dynamics of negotiation systems）。[2] 只不过，该条件为"僵局"的概念规定了一个较为严苛的要求：各方立场不一致，而各方采取的让步有限以至于无法终止该僵局。为了打破僵局，我们需要通过谈判就特定问题达成协议。[3] 该条件还让我们明白，打破僵局不

3

[1]　Watkins 1998.
[2]　Faure 2005, p. 25.
[3]　请注意，这并不意味着在完整的交易达成之前僵局一直存在。例如，如果今天世界贸易组织成员达成农业协议，根据此处的定义，我们可以认为这个僵局被打破了，尽管在多哈发展议程谈判的其他问题领域的僵局仍然存在。

同于冲突解决：打破僵局是要找到方法突破僵持的局面，而冲突解决则是找到方法避免冲突升级。第二个条件的重要性在于，它让我们不会将谈判过程中未达成协议的所有情形——换句话说，协议达成前的每个阶段——都视为僵局。僵局不会在每次谈判的第一天就出现，但第一天可能就埋下了僵局的伏笔。只有关键时刻已过，协议仍无法达成，我们才会认定出现了僵局。僵局是"未达成协议"或"不合作"的特殊、狭义的情形。

根据僵局造成的后果，我们将其分为三种类型。第一种类型的僵局是僵持（stalemate），即"在行动上陷入死胡同（impasse），但也没有升级的可能性"[1]。例如，狄恩·普鲁特（Dean Pruitt）认为，在僵局状态下，对抗行为"变得越来越无吸引力，因为另一方表现得相当强硬"[2]。在后来的研究中，普鲁特和金（Kim）在僵持的语境下继续发展了这个观点："因为发现存在僵持（perceived stalemate）局面，所以需要谈判和调解。"[3]同样，威廉·扎特曼（I. William Zartman）提出了"成熟时刻"模型（ripe moment），认为当满足下述条件，僵持就会形成"成熟时刻"："僵持必须被视为紧张和有伤害性，还可能因额外受力而强化，必须相信存在出路，而后才能转变成有吸引力的现实。"[4] 丹尼尔·德鲁克曼提出突发事件的观点，认为突发事件是打破僵局的转折点，可能带来达成协议的后果。

4

----

〔1〕 Faure 2005, p. 25. 请注意，福雷区分了僵局和僵持，将僵局定义为"立场僵化，没有让步或建设性行动发生的情形"。我们认为这个区分是有帮助的，但应视僵局为更广泛的僵局或僵局现象的一个子类别，是延迟的不一致。持续的不一致可能导致谈判延迟、破裂或降级（即僵局）。

〔2〕 Pruitt 1981, p. 133.

〔3〕 Pruitt and Kim 2004, p. 172.

〔4〕 Zartman 2002, p. 354.

"转折点可通过一些关键事件来表明和阐释，例如解决僵局、签署框架协议、形成方案并就细节讨论，通过改变对谈判桌上条款的评估或在最后阶段解决决策困境来吸收谈判之外的事件。这些事件中的每一个都被认为有助于将谈判从一个阶段转移到下一个阶段。"[1]

福雷公正地指出："在科学文献中，僵局的概念要么是嵌在一个做出让步的动态里，要么是一个事态升级过程的反转点。"

把僵局概念化为逐步降级的僵持状态具有重要的规范性意义。最重要的是，这种观点表明，并不是所有的僵局都会破坏谈判进程或消减福利。在某些情况下，僵局能体现一个机构的力量、独立性和合法性，因为这些僵局的出现表明该机构在做出重要决策时不是强势人物拍脑袋的决定。进一步而言，僵局虽然带来了短期成本，但却能够促使各方作出让步从而达成长久的协议。但并不是所有的僵局都是事态降级和解决的转折点，这就将我们引向另外两种类型的僵局。

僵局并不都是以相互伤害的僵持来促进解决的形式出现，有时会呈现出第二种形式：扩展延迟[2]。这是指在特定问题上的不一致状态长期存在，或更糟糕的是，因过了最后期限、拒绝妥协文本和失败的峰会而错失关键时刻。这种形式的僵局非但不会促成事态降级，还导致达成一致所带来的利益延迟，造成政治分离和公众冷漠。这反过来又进一步降低了达成协议的

---

〔1〕　Druckman 2001, p. 52. 还要注意成熟时刻与转折点之间的区别。前者是指谈判的条件，后者是指在谈判过程中发生的变化。

〔2〕　伊文奈特（Evenett）在 2006 年对僵局提出了不同的分类，除了包含"延迟的僵局"，还有四种类型是："被视为无法达成一致的僵局""实际无法达成一致的僵局""启动僵局"和"内容僵局"。

可能性，还会通过损害机构的信誉而产生系统成本。

5　　第三种类型的僵局是指谈判进程完全崩溃。僵局持续很久，甚至恶化到谈判者直接离开了谈判桌。谈判进程的崩溃不仅在谈判过程中产生成本，并且为机构寻找可持续性和替代方案（某些可能是更欠妥当或不合法的途径）带来额外成本。

　　这三种类型的僵局并不总是彼此孤立的。例如，"延迟型"僵局不会无限期拖延，并且很可能会转化为"僵持型"或"崩溃型"僵局。但也可能的情况是，"延迟型"僵局持续存在而没有变化促使一方让步或事态升级或真的让谈判者离开谈判桌。一个例子是双方就持续谈判无法达成一致时出现的"副作用"进行谈判[1]。这就是为什么在分析时保留三种僵局类型的划分，即僵持、延迟和崩溃。

　　在多边背景下，在谈判进入或摆脱僵局过程中扮演中心角色的是外交官们和部长们，他们都是被各国授权代表各自利益的代理人。因此，他们所进行是一种双层博弈。他们不仅需要和国际上的对手进行交涉，还要与国内选民进行谈判[2]。本书有三章（历史学家马丁·唐顿撰写的第二章，政治学家阿拉斯代尔·杨和塞瓦斯蒂-艾勒妮·维兹尔吉安尼杜分别撰写的第五章和第七章）明确研究了国内因素在国际僵局形成中扮演的角色。此外，第三方也能在僵局的产生和解决中发挥作用。调解人可能是真正的局外人和"第三方"，但也可能出现在特定谈判中担任主席职位却在同一个机构的不同场合代表各自国家利益的情况。本书有两章（第三章和第十章）研究了调解过程，进

[1]　见 Ikle 1964.
[2]　见德鲁克曼 1977a，国际谈判中的边界角色困境的模型。

一步探究了第三方能够发挥建设性作用的条件和情形。

成因和对策

僵局可以是许多特殊因素的产物，其中一些可能包括谈判者之间的个性冲突。但即使没有这些特殊因素，僵局也可能会发生。因此，僵局需要得到阐释，而这也正是本书的目标。

僵局也可能是战略选择的产物。谈判者有一系列战略可供使用，一方面是严格的分配式战略，另一方面是完全的综合型战略。分配式战略包括一系列策略，这些策略仅在一方的目标与其他方产生冲突时向其他方索赔或者抗辩对方时才发挥作用。严格的分配式战略的例子包括：开价高、拒绝任何让步、夸大己方最低需求和优先事项、控制对对方不利的信息、挟持对方的问题、恶化他们的"最佳替代方案"、发出威胁以及施加惩罚。统一体的另一端综合型和价值创造型战略，包含了一系列有助于不处于根本冲突中的目标实现的策略，因此可以为了共同利益在一定程度上进行整合。例子包括共享相对公开的信息去探讨共同的问题或威胁；提出可能对多于一方有利的相互让步建议；重构问题空间以缓解僵持。这样的战略需要"去扩大而不是切分馅饼的行动"[1]。如果谈判者表现出综合型谈判的意愿，僵局的概率就会下降；而当一方或多方选择分配式战略，则增大了僵局出现的可能性。但是，对战略选择的解释更多的是描述性的而不是分析性的。在本书中，我们认识到僵局会在战略谱的分配端出现。对本项目的所有作者而言，焦点就在于

_____

〔1〕　见 Odell 2000；同时参见 Hopmann 1995 and Odell 2006.

这个优先问题——为什么各国通常会采取分配式谈判模式而导致僵局的出现？因此，我们最困惑的不是那些近似战略导致的僵局，而是僵局发生的根本原因和对策方案。

7　　　下面我提出六个假设来解释僵局的发生。在每一个假设中，我都从最近世界贸易组织多哈谈判的僵局中选取例子来说明每种解释的优缺点。对策方案因不同原因而变化。诚然，这本书的强有力假设是：如果不首先对僵局产生的原因进行明确分析，就无法了解谈判进程中的突破。而且，僵局很少是由单一原因造成的，不同阶段的僵局可通过不同的原因解释。后续的章节考察了假设因素在各种复杂情形下呈现的方式，说明它们在延长谈判进程中的作用。这种考察揭示了这些因素或条件作为僵局成因及对策方案解释的各个方面的相关性。值得注意的是，不同的假设之间有着重要的联系。例如，一方对自身最佳替代方案的认知（根据假设 1）可能与外界对替代方案的认识不同，从而给谈判带来相当大的不确定性并使谈判陷入僵局（根据假设 2）。类似地，一方的最佳替代方案可能会由于国内层面的变化而发生戏剧性的改变（假设 6），包括特定利益集团的权力变更或者政权的变更从而出现的谈判上的新偏好。这些联系本身就很重要，并对可供选择的对策方案产生影响。

假设 1：当更优的"最佳替代方案"出现，或者不论何时只要当事各方相信自己的替代方案优于现有的交易方案时，僵局就会出现。

标准的谈判分析表明，如果所有的谈判方，或至少是关键方，相信他们的最佳替代方案比现有方案更优，僵局就会出现。

因此，他们就没有动力作出让步去达成协议。[1] 例如，目前这轮贸易谈判——多哈发展议程反复陷入僵局就是由于关键谈判方很轻易转向区域性选择。另一个观点是：达成协议的范围严重缩小，以至于不达成协议比达成一个"收益有限但成本高昂"的协议更好。关于最佳替代方案在造成和打破僵局的过程中的重要性，第三章有深入的分析，将劳资关系的见解运用到了多边谈判层面。这一假设在多哈谈判的两个案例、气候变化谈判以及科索沃谈判中都得到了更深一步的研究。

假设 2：谈判者虚张声势和撒谎造成僵局。

8

虚张声势在大多数谈判中是很常见的[2]，但并不是所有的虚张声势都会造成僵局。但当不确定性和/或不信任的程度很高时，僵局就会发生。谈判的一方可能有一个更优的最佳替代方案，或者坚信没有任何交易会比已经提供的更好。但如果谈判者无法可信地传达这些底线（部分是因为他们有说谎的名声，或者因为这种说法与之前的一系列行为相悖），另一方就可以据此认为他是在虚张声势，从而拒绝做出让步，僵局接踵而至。阿姆里塔·纳利卡和彼得·范·霍滕在第六章中辩称，多哈谈判第一阶段的僵局发生的一个重要原因，即坎昆部长级大会，是因为发达国家无法认识到他们正在和一个比以往任何时候都强大的发展中国家集团打交道，这些发展中国家不再像以前那样那么容易屈服了。本书的其他几章，包括第三章的罢工以及第

---

〔1〕　费希尔（Fisher）和尤里（Ury）1991 年在他们著作的第一版创造了最佳替代方案，并提出了这样一个论点："如果双方都有吸引人的最佳替代方案，双方谈判的最好结果就是不达成一致。"（第 110 页）

〔2〕　关于可信的沟通和认清承诺问题的经典论述，请参见谢林 1960 年的作品以及沃尔顿（Walton）、麦克西（McKersie）在 1965 年的作品。

四章的欧盟、北美自由贸易协定和世界贸易组织的诉讼，也研究了虚张声势在造成和加剧僵局过程中的重要作用。

9　　　假设 3：因为某些类型的权力平衡，僵局出现。

　　　假设 3a：权力分配越平等，僵局出现的可能性越大。

　　　假设 3b：构成权力平衡的各方文化越多样，僵局出现的可能性越大。

　　权力在形成和打破僵局上至关重要。谈判分析认识到这一点：例如，当权力对等且任何一方都无法将自己的意愿强加于另一方时，僵局就出现了。[1] 在多边谈判中，这个简单的想法可以得到进一步印证。其一，我们可以假设，与霸权体系相比，多极世界更容易陷入僵局。其二，和大国之间存在显著的利益及文化多样化的情形相比，大国的协同体和俱乐部不易陷入僵局。我们将这个例子应用于贸易，可以看出导致多哈谈判陷入周期性僵局的一个主要原因是巴西、中国和印度这些国家开始成为世界贸易组织的主要参与者。这些国家不是《关贸总协定》传统意义上的决策小组——比如欧盟、加拿大、美国和日本在内的"老四家"——并为高级别贸易谈判带来了不同的利益和外交战略。安德鲁·甘布尔在第一章构成僵局基础的政治中分析了明显的权力不对称和一个体系适应新兴大国的能力对造成重大僵局的影响。马丁·唐顿在第二章关于国际贸易组织失败的谈判中探讨了第二次世界大战结束时巨大的权力差距对当时贸易谈判者面临的困难的影响。的确，这是我们应用最广的假

---

〔1〕 福雷 2005、扎特曼（Zartman）2002。当各方实力同等强大时，僵局就可能会出现；但当都是弱势时倒不然。[贝里克（Beriker）和德鲁克曼，1996]。但也有发现，当强势方利用升级策略回应弱势方关于平等相待的要求时，权力之间的适当差异经常导致僵局。[维茨（Vitz）和凯特（Kite），1970]。

设，本书有九章（包括四个学科章节，六个案例中的五个）都
与此假设有关。

假设 4：僵局出现是因为特定机构的结构促进或阻止协议的 10
达成。

本书研究的大部分具体案例都是发生在机构中，或至少有
多边机构对谈判施加了影响。某些机构的特征让系统更易陷入
僵局。例如，有人认为，世界贸易组织赋予 152 个成员实际否
决权的共识规则，恰恰使其更易于陷入僵局。或者说，问题在
于世界贸易组织的"单一承诺"，即允许各方就某一事项控制所
有其他事项。机构在僵局中的作用在本书的七个章节中都有强
调。例如，马丁·唐顿在第二章中对布雷顿森林谈判与国际贸
易组织谈判之间关键的机构差异进行了历史分析，这些差异使
前者成功而后者失败。威廉·布朗在第三章中，通过研究劳资
谈判的文献，将双方的机构特征确定为避免和控制僵局的第一
个必要条件。约亨·普兰特尔在第八章中考察了让安理会更容
易陷入僵局的机构特征。彼得·范·霍滕在第九章中比较了科
索沃谈判中特定机构（包括联合国、北约和欧盟）的不同特征
的影响。而马克斯·格林在第四章中则着重研究机构差别，特
别是欧盟、北美自由贸易协定和世界贸易组织之间谈判和诉讼
程序的性质，以及这些机构陷入僵局的趋势。

假设 5：因为公平和正义至关重要，所以僵局出现。

以往只有少量研究考察公平对谈判的影响[1]，尤其是当公
平被更严苛地定义为超出甚至有悖于各方的自身利益。马克
斯·巴泽曼（Max Bazerman）和玛格丽特·尼尔（Margaret

----

〔1〕　例外情况包括布朗和斯坦恩 2007 以及卡普斯坦 2008。

Neale）认为："公平考量可以促使谈判者选择共同成果，会比各方在忽略公平性时的结果更糟。"[1] 这些协议并不持久。进一步而言，我们可以假设，当特定方认为交易缺乏公平性、合法性或正义性时，僵局出现。即使这几方没有最佳替代方案，他们仍然倾向于承担僵局的代价，而不是作出让步，以达成他们（或其选民）认为非常不公平的协议。例如，在贸易案例中，我们可以认为，如果造成僵局的主要问题——农业被排除出谈判，那么僵局就会被打破，一些其他可以造福于发达国家和发展中国家的利益就会被创造出来。但是，鉴于国际贸易谈判的历史和发展中国家在乌拉圭回合中做出的让步，不包含农业的协议将会被发展中国家的谈判代表和跨国公民社会看作违反了多哈发展议程珍视的发展前提。发展中国家不可能同意这样的协议。马克斯·格林在本书第四章中将这一假设应用于争端解决的不同机制中。马丁·唐顿在第二章中强调了在国际贸易组织的失败谈判中，公平和正义观念所起的作用。约亨·普兰特尔在第八章中证实了某些僵局对策所带来的合法性问题。

11　　　假设6：由于国内利益的特定结构和配置，国际僵局出现。

即使彼此信任程度很高且谈判代表充满善意，但由于国内选民不支持协议，多边僵局依然会出现。[2] 某些类型的谈判和事项更容易出现这个问题。例如，模糊的政策领域在国内不会产生与其他政策领域一样的鼓动和抵制水平。本书的八章内容聚焦僵局的国内根源，运用不同的方法论明确影响协议达成的国内干扰因素的类型。例如，第一部分四章学科内容中有三章

---

〔1〕　Bazerman and Neale 1995, p. 89.

〔2〕　关于国内政治通过双层博弈对国际谈判的影响，参见埃文斯等人 1993 以及米尔纳 1997。

聚焦于对其的阐释；第二部分中，阿拉斯代尔·杨、塞瓦斯蒂-艾勒妮·维兹尔吉安尼杜和彼得·范·霍滕运用案例分析来对这一假设进行评估；雅各布·贝尔科维奇和卡梅拉·鲁特马尔的第十章在原始数据的帮助下，着力于研究国内领导层在造成和协调克服僵局过程中所发挥的作用。

对于那些关注点在分析和打破僵局的分析师和从业者来说，解决僵局的关键取决于确定构成问题主要根源的原因。有时候，解决特定僵局的根源可能是打破僵局的唯一途径。但其他条件下，当一个特定的问题难以解决时，谈判者可通过替代对策方案解决问题。例如，如果谈判代表认为他的最佳替代方案优于协议，其他谈判者除了试图从一系列可用选项中剔除和恶化最佳替代方案以外，也可尝试将这个最佳替代方案进行不公平的重新设置或引入第三方作为调解人将最佳替代方案非法化。

对策方案 1：与最佳替代方案相关

如果造成僵局的主要原因是有更好的最佳替代方案，那么谈判者需要扩大协议的范围，使其能带来的益处超过最佳替代方案。他们可能同时或者替代地寻找恶化各方最佳替代方案的战略，从而使他们回到谈判桌上。在多哈僵局案例中，实施后一种战略的激进措施就是，暂停所有的区域和双边协定，从而使成员别无选择，只能把所有的鸡蛋放在多边谈判的篮子里。

对策方案 2：与不确定性相关

如果中心问题是不确定性，谈判者可以建立更有效的沟通机制，从而促进观念和利益的传达。机构可以通过建立更好的透明和监督机制来发挥作用。皮埃尔·佩蒂格鲁部长在一次世界贸易组织部长级会议中尝试与被称为"忏悔者"的成员举行双边会议，要求他们向协调人亮底牌的做法就是一个例子。

对策方案 3：与权力平衡相关

乍看起来，权力平衡似乎是一个结构性的限制，因此谈判代表可能没有多少代理权。但是，权力平衡确实可以在具体的机构背景下改变，一定程度上通过建立机构性对策（如改变参与者相对权重的投票规则）来改变，也可以由谈判代表建立联盟予以改变。例如在世界贸易组织的这个案例中，发达国家可以采取分治的策略去削弱大型发展中国家里的新兴大国。

13

对策方案 4：与制度相关

如果僵局的根源是一个特定的制度程序，那么组织成员可以修正它（取决于机构所允许的弹性），或至少通过制定新的标准和工作实践来寻求回旋余地。在世界贸易组织的案例中，某些具体部门的协议，如"信息技术协议"，已经采用"关键多数"的方式进行谈判，而不是将谈判纳入"单一承诺"，即成员可以阻止一个领域的协议直至所有其他领域的协议达成为止。

对策方案 5：与思想相关

如果问题是基于不同的公平性和合法性的概念，那么谈判者和分析人员就需要比以前更加重视标准问题。例如，胜利的概念必须被认真地建构，以便让失败的一方也可以表现出道义上的胜利。让步要求的建构同样需要密切关注。例如，在贸易案例中，发展中国家通过对问题战略的建构打破了知识产权协定和公共卫生的僵局，赢得了对其有利的让步。[1]

14

对策方案 6：改变国内力量

如果产生僵局的主要原因是在国内层面上，国际谈判将不充分，不能大幅度扩大协议范围以获取谈判对手国内不同选民

---

[1] Odell and Sell 2006.

的批准。但供国家级谈判者使用的替代方案范围远大于此。谈判者可以重构这个问题以赢得国内选民的支持，也可以扩大可谈判范围以赢取支持这个协议的其他游说团体的支持。在"多哈发展议程"案例中，就涉及南方国家使北方国家农业补贴的运动非法化，和/或扩大协议范围以纳入例如"新加坡议题"中的某些问题，这将鼓动北方国家强有力的、支持自由化的游说团体。

本书中的所有作者都致力于研究这几页内容简述的定义、类型、假设及对策方案。每一章的简要描述如下。

本书的结构

《多边谈判僵局：成因与对策》分为两部分，包括学科洞察和案例分析。在导论之后，第一部分包括四章，从四个学科（历史学、经济学、政治学和法学）中得出理论和方法上的见解，并将其应用于解释多边环境中僵局的产生和这一难题的解决。虽然没有提供详细的案例分析，但这些章节都依赖于几个说明性的经验实例和案例。本书的第二部分包含了案例分析。其中两个案例分析与近年来全球经济治理中最棘手且耗费最大的僵局之一——"多哈发展议程"僵局有直接联系。其余三个案例则对气候变化制度、联合国安理会以及科索沃谈判中的僵局和突破进行了及时、相关的分析。这些案例研究共同给我们展现了相当广泛的问题领域，包含"高政治性"的世界（联合国安理会和科索沃），"低政治性"（贸易）的世界，以及介于高政治与低政治之间的制度问题（"气候变化"）。最后一章对第一部分的理论和方法论上的见解以及第二部分中涉及的各种实例以及深入的案例分析进行了汇总，总结了多边领域中僵局的产生原因和对策方案。

15　　　大多数章节处在理性框架内，运用了各种理论方法，包括博弈论、双层博弈和历史制度主义。这些章节还运用不同的方法论，如案例分析和统计分析。为了确保跨学科交流和方法论的折中不以牺牲连贯性为代价，每一位作者都会被告知上一部分所讨论的概念和分析的共同起点。

　　　导论提供了整个项目的共同出发点，此后就是安德鲁·甘布尔所撰写的第一章，关于僵局的政治。甘布尔在这里挑战了主导大多数谈判分析的主流的自由主义观点——"一切都是可度量的，一切都可以买卖，所有的障碍都可以谈判"。甘布尔批判性地提醒我们，僵局不单纯是市场失灵的问题，理解或解决僵局离不开政治因素的考量。他提出宏观谈判（即博弈规则的谈判，这些规则要确立体系的参数）与微观谈判（即旨在解决这些设定的规则中特定问题的谈判）之间的关键区别。原则上，宏观僵局比微观僵局更难解决，特别是当现有体系无法适应新兴大国时。有时需要外部冲击才能打破这种僵局。甘布尔明确地将假设 3 作为僵局的根源，也指出了这个假设与其他五个假设之间存在一些重要联系。本章得出的一个重要结论是某些类型的僵局可能会无限期地拖延下去。这就进一步强调了将谈判研究扩展到谈判以外的过程的重要性，以此来探讨更深层和更持久的原因。

　　　马丁·唐顿撰写的第二章为僵局问题提供了历史视角。唐顿查阅了广泛的档案材料，分析了为什么在 1944 年金融和货币问题比贸易问题更容易解决。将成功的布雷顿森林谈判与失败的国际贸易组织谈判作为历史考察的基础，本章与这里提出的六个假设中的四个（假设 3、假设 4、假设 5 和假设 6）直接相关，即权力分配对僵局发生的影响、制度设计特征、公平性和合法性的不同概念以及国内政治的作用。唐顿的历史论证使我们能够从根本上认识贸易和货币制度在创设时存在的僵局和突破，并为我们目前在同一个问题领域看到的僵局类型的持续性和变化给予了新的思考和启迪。

威廉·布朗撰写的第三章立足于工业经济学领域。这里值 ¹⁶ 得一提的是谈判分析对劳资关系[1]的深远影响。但遗憾的是，这个学科分支与国际关系的谈判分析之间的交流相当有限。[2] 威廉·布朗这一章聚集劳资双方集体谈判背景下的僵局问题，再次引导我们了解该领域的经济学观点，并帮助我们将其应用于多边谈判。布朗直接关注最佳替代方案、不确定性和制度特征在造成和打破僵局（即假设 1、假设 2 和假设 4）上的重要性，同时也涉及了其他一些假设。鉴于集体谈判中的关系往往是长期且相互依存的，我们发现，有些强有力的类比对多边机构中的国家谈判起到很大作用。

第四章通过借鉴法律领域的研究成果来解决我们的难题。马克斯·格林分析了三个机构之间的争端解决机制和谈判程序之间的相互作用。格林运用了世界贸易组织、欧盟和联合国的例子，指出各国为解决僵局、影响谈判以及提高谈判地位应发起战略性诉讼。他评估了本章前面提到的三个假设的效度，尤其是在减少法律不确定性（假设 2），或增加公平或正义（假设 5）的情况下，说明了机构能如何促成协议（假设 4）。

---

〔1〕　Walton and McKersie, 1965.
〔2〕　例外情况见德鲁克曼 1977a；奥德尔 2000 和帕特南 1988。

阿拉斯代尔·杨撰写的第五章介绍了本书第二部分6个案例分析的第一个。他验证了假设6，认为多哈回合缺少强有力的跨大西洋承诺是由于国内的政治因素，尤其是两国之间对贸易自由化缺乏商界的支持以及国内对自由化保持沉默。而且，以现状优先的政治机构放大了这些国内政治因素的影响。此外，杨还考虑到更好的最佳替代方案（假设1）的影响，以及全球经济（假设3）中相对均衡的权力分配对多哈谈判达成协议的威慑。

17   第六章是聚焦多哈僵局的另一个维度。阿姆里塔·纳利卡和彼得·范·霍滕认为，目前这轮贸易谈判陷入困境的一个主要原因就是围绕南方新兴国家的不确定性。他们创设了一个简单的博弈理论模型来获取这些谈判动态，尤其是关于假设2中的不确定性问题。他们认为，当发展中国家联盟的优势和意图更为人所知时，僵局产生的可能性就会大大降低。他们进一步评估了这种解释对其他假设的效用，特别是对假设1、假设3、假设4和假设6四个假设。

第七章聚焦过渡制度（介于"低"和"高"政治之间）的研究。在本章中，塞瓦斯蒂-艾勒妮·维兹尔吉安尼杜分析了2000年海牙谈判僵局，这次僵局导致美国退出了《京都议定书》。她认为，美国与其他京都议定书成员之间的僵局基于两个原因：一是担心发展中国家的竞争力问题（即与更好的最佳替代方案有关的假设1），二是对执行成本过高的看法（即与国内偏好相关的假设6）。通过提及美国的最佳替代方案（对策方案1）和国内政治变化（对策方案6）的发展，维兹尔吉安尼杜进一步解释了美国通过巴厘进程重新参与京都议定书的趋势——实际上是僵局解决的潜在趋势。

第八章是处理"高级政治"问题的两个章节中的一章。约亨·普兰特尔特别关注了安全理事会机构特点中使其本身更容易陷入僵局的特征，从而直接地去验证假设4。他指出了安全理事会的机构局限性，尤其是在权力平衡和合法性问题的背景下（这也是与假设3和假设5相关的）的局限性。面对这些不同的僵局，他认为成员们应转而采取非正式的程序来解决机构障碍（对策方案3、对策方案4和对策方案5）。普兰特尔探讨了三个问题：其一，为什么非正式谈判程序的作用在安全理事会的重要性日益增长；其二，该机构的成员在什么时候会选择非正式程序；其三，这些程序的性质是什么，以及如何有助于打破机构僵局。

彼得·范·霍滕撰写的第九章分析和解释了关于科索沃问 18 题不同的多边谈判的结果。他着重研究了在1999年导致北约军事干预并因此通过安全理事会第1244号决议的谈判和2007—2008年的谈判（在2008年2月科索沃宣布独立之后关于其未来领土定位的问题）。通过对这些谈判所开展的场所（包括联合国、北约、欧盟以及联络小组专门机构等）进行比较，范·霍滕对不同的机构特征进行了比较评估，并借此对假设4进行了验证。时至如今，谈判已经成为一个更大的权力博弈（特别是在俄罗斯和西方之间）的一部分，本章还提供了假设3的应用。

雅各布·贝尔科维奇和卡梅拉·鲁特马尔撰写的第十章是关于假设6的，他们认为国内利益的某些特定格局特别容易导致僵局的产生。贝尔科维奇和鲁特马尔所分析的格局与在位领导人的任期相关。他们从概念上考察了领导任期和僵局之间的关系，提出一些假设来说明这些观点，然后使用关于冲突和领导变革的原始数据集进行检验。他们发现，在某些情况下，顽

固的领导人确实会造成僵局，并延迟政治对策方案的形成。当
这种领导人拒绝任何调停努力时，二者之间的关系尤为明显。
他们的分析表明，如果想要打破僵局，就必须注意外部和国内
因素之间的相互作用。

丹尼尔·德鲁克曼和阿姆里塔·纳利卡撰写的最后一章总
结了本书的集体研究成果，并整理了每章中讨论的具体假设和
对策方案。根据这些研究成果，它对原始假设和对策方案进行
了进一步的改进和修订，并为今后的研究指明方向，奠定基调。

学术价值

19

如前几部分的讨论所示，这本书适用于谈判分析的大部分
文献。这一类型的文献大部分都旨在理解如何达成协议。《多边
谈判僵局：成因与对策》借鉴了这些文献，并做出了推进性的
贡献。本书借鉴了历史、经济、法律、政治与国际关系等多个
学科的观点。本书的第一部分汇集了不同学科的章节，结合具
体的案例和例子，将各领域的理论和方法论的观点运用到解决
僵局的问题上来。最后一章进一步将这些观点结合在了一起。
谈判领域存在丰富的多学科研究传统，本书与众不同之处在于它
第一部分从四个不同学科来进行展示。而且，本书有三种重要的
研究方法超越了现有的文献，从而对该领域做出了独特的贡献。

第一，也是最重要的一点，我们的中心问题是僵局。其他
大多数谈判分析的文章主要探讨如何达成协议的广义问题[1]，

---

〔1〕 例子有很多，包括：Fisher and Ury 1991；Kremenyuk 2002；Lax and Sebe-
nius 1986；Raiffa 1982；Schelling 1960；Walton and McKersie 1965 and Zartman 1978.

这意味着它们对僵局的理解虽然是有价值的，但通常都是间接的或次要的。而且，在一些作品中，达成协议的规范性倾向自然会导致对僵局的剖析和原因相关问题的边缘化。相比之下，通过关注谈判过程中最根本的难题之一——僵局（一种未达成协议的具体形式），我们就能够进一步了解它的性质、原因和对策方案[1]。

　　第二，我们从有关僵局的文献中获得的主要见解是个人或国家采取的导致某种僵局的战略。认识到这些成果的有用性，我们发现它们更多是描述性而不是分析性的[2]。在这个项目中，我们直接关注的优先问题是：什么使一个国家首先采用分配式战略？与其说这是一个关于"如何"的问题，即国家如何进行谈判导致"无法达成一致"的情况，不如说这是一个关于"为什么"会导致僵局的问题。通过探讨对僵局现象的解释，我们希望为学术界和实践者进一步推动研究文献的发展。我们在最后一章会回到这个问题上来。

　　第三，我们的书与大部分的文献不同是因为它旨在解决多边层面的僵局问题（一大部分和有影响力的谈判分析传统上聚焦双边谈判的实验性分析）。我们的一些章节借鉴了双边和区域层面的观点，但目的都是为了与多边谈判进行比较。由于有很多参与者（其中一些可能以联盟的名义行动，从而与国内选民、盟友和反对党进行多层次的博弈）和大量问题的存在，多边谈

20

----

　　〔1〕　同样，我们受益于冲突解决和管理的文献（例如：Druckman and Diehl 2006；Pruitt and Kim 2004；Watkins and Rosegrant 2001，Zartman and Faure 2005），回顾导论第一部分的讨论，我们看到僵局作为一个独特和重要的难题，不同于包括冲突和其他形式的危机在内的其他非协议的情形。

　　〔2〕　例如奥德尔 2009，关于西雅图与多哈僵局。

判把带给我们的复杂性又增加了几层。因此，多边情境中的僵局让我们面临一系列富有挑战的问题。它们还向我们展示了对策方案组合中令人激动的机会和一些限制。比如，我们可能会发现，在多边谈判场合就公平和正义上建构一方的原因要比在双边或区域背景下更有影响力，后者涉及的第三方更少，作为观众参与方更少。根据对这种建构策略的依赖程度来判断，对公平和正义的担心可能会增加僵局发生的可能性，特别是如果对于什么是构成公平交易的问题（根据假设5）有很大争议的时候。但如果僵局被打破，同样也会增加达成更公平协议的可能性。类似地，大多数多边谈判开展的制度环境有助于增加达成协议或僵局的可能性，这取决于构成它们工作基础的规则和程序的实质性（假设4）。与大多数双边和区域协议相比，规范性地解决多边僵局更具有吸引力，因为协议带来的好处可以让更大范围的参与者受益。

21　　虽然文献中的不足指向了一个专门针对多边僵局项目的学术效用，但目前的全球经济危机在实践和现实层面强化了对这种工作的需求，而摆脱这一危机就需要高度的多边合作。在贸易、气候变化和安全问题等领域的僵局持续存在，对这一危机的解决并无裨益。理解僵局的结构、原因和对策方案将是解决这一危机和未来可能的危机的关键环节。

第一部分　多学科观点

第 1 章 僵局的政治学分析

安德鲁·甘布尔

僵局在政治生活中比比皆是。简单地说，僵局是指陷入一种进退两难的局面。僵局意味着局势全面停滞，进入僵持阶段。在僵局中，各方关系降到冰点，特点是局面呈现出静止和僵化状态。僵局现象频频发生于各类政治谈判之中，但问题的关键是：何以如此。难道是因为政治和政治关系其本身所具备的特质会引起僵局频发，抑或是说僵局的出现只是一种普遍意义上的现象？是否有可能设计一个根本不会产生僵局的世界或者至少让僵局不再那样频繁地出现？

僵局通常都不具有可期待性。如果谈判陷入绝境，就意味着谈判既无法推进也无法采取行动，人们通常认为这种情形远不如达成协议。但正如本书有些章节所指出的那样，僵局的意义并非如此。如果谈判协议的最佳替代方案（the BATNA）优于谈判其他方当前所提供的方案，那么僵局的出现是理想的。另一个假设是，谈判路径和谈判协议的达成通常符合各方的最大利益，而谈判最终的收益要超过任何为了达成协议而必须放弃或妥协的代价。

主流观点

如上所述，关键观点是代表谈判研究的主流，重点关注谈判者或调节者的个人作用。与原先将权威和等级观念作为规范社会的保守观点相反，这一观点体现了自由推定对个体本身、个人选择、个人性格以及个人理性和算计的支持。这种自由主义的观点认为，经济应该由社会，而非国家引导；公民社会（civil society）建立在以物物交换为基础的合作关系之上，促进了所有公民之间讨价还价和磋商的持续过程。因此，一个更加一体化和相互依存的社会产生了，它形成了更为复杂的分工形式——亚当·斯密意义上的劳动分工和弗里德里希·哈耶克意义上的知识分工。人们认为，管理这样高度一体化的社会系统需要强化灵活性和开放度之间的关系、需要提前创造出适用于解决冲突的手段，从而在冲突真实发生时可以迅速解决。

26　　现代市场经济的观点在第一次提出时，令很多同时代的人感到陌生和不安。它赋予长期以来已经存在但现在已经迅速蔓延到越来越多的经济和社会领域的社会惯例合法性。反对这些发展的主要理由之一就是，它们改变了社会的道德框架。这些发展鼓励推行一套道德中立的程序，个人可以在这套程序中专注于追求自己的优势，并向其他个人提供对他们有利的交易。亚当·斯密有一段经典的话："任何想要同他人做买卖的人，都是这样提议的：给我那个我想要的东西，就能得到这个你想要的东西，这就是每项交易的意义；正是用这种方式，我们在彼此的斡旋中得到自己所需要的甚至更好的一部分。"[1]

从市场的角度来看，一切都是可度量的。一切东西原则上都可以买卖，所有的障碍都可以通过谈判破解。许多哲学家（和经济学家）都认为，人们的需求和他们追求的商品从根本上说是无法通过共同尺度进行比较的[2]，但是市场确定了一个共同的分母，即货币价值的共同标准，在这个共同分母之上，所有的货物都可以产生自己的交换价值，因此贸易和谈判也就应运而生了，并且在原则上指向任何物品。契约具有绝对的约束力；货币可以对任何物品进行定价，因此任何物品都可以成为讨价还价的主体。正如亚当·斯密再次提出的，这样一个社会的正当性在于，每个人都有改善自我条件的内在需求，政府应该设法消除他们在这条路上的障碍，释放这种自然动力：

> （制度的设计者）似乎想象着自己能像在棋盘上摆放不 　27
> 同的棋子一般易如反掌地在庞大的社会中安置不同成员；
> 他不考虑，在棋盘上的不同棋子除了那只手在移动它们之
> 外，还有其他的运动原理；然而，在人类社会这个巨大棋
> 盘上，每一个棋子都有它自己的运动原理，完全不同于立
> 法者可能想要施加于它的原理。[3]

这一观点将人类社会视作一张由个体之间的互动和谈判所组成的无缝网络。这张网络并不意味着，摩擦不会产生，而是通过使调整和谈判的过程持续推进，为社会中的每一个个体创造一套正和关系。随着所有人都参与到市场中，这个过程在国家

[1]　Smith 1961, p. 18.

[2]　See Berlin 1997 and Robbins 1935.

[3]　Smith 1961.

经济和全球经济范围内展开，人与人之间的依赖程度逐渐加深以满足各方需求。这个过程是不带个人色彩的。因为，在生产链的很多部分中，买家和卖家不需要直接接触。特别是终端消费者，他们只需要享受产品，既不需要注意与产品有关的成套协议和交易链，也不需要了解产品生产的各个阶段。

全球市场化背景下的现代世界，在见证自给自足的农业社会在全世界范围内的衰落之后，时常呈现出一种没有政治的局面，或者说，没有政治这个世界会更好；亦即，政治在这个世界没有存在的必要。一个抽离于政治的世界，意味着没有僵局存在，因此没有必要通过政治谈判来化解僵局。从这个角度来看，当前充满政治谈判和僵局的世界，不仅没有存在的必要，并且有害无益。因此，立法者总是因为渴望将自己的运行原则强加给社会而遭到批评[1]，他们不允许个人基于自由意志选择自己的运行原则。

从古典自由主义的角度看，僵局的发生主要是因为政治介入到个体间的关系之中。政治首先与国家联系起来，随后扩展到所有涉及权力的关系中，因此形成了集体要价而非个人之间讨价还价的方式。在这些理论中，工会或商业卡特尔的产生被认为是将集体模式强加于社会结果的尝试，如果交易仅发生于个体之间，这种模式不会出现。社会中（从国际关系到劳资关系），许多僵局产生的源头在于，个体在组成群体和协会后，利用集体力量维护自身利益，并倾向于和其他群体特别是与政府进行谈判。解决办法始终是分化这些群体的集体力量，从而回归到个体之间的谈判和妥协的模式。集体的存在将正和关系变

---

〔1〕 Hayek 1982.

为零和关系，并会引发毅力与权力的竞争，从而导致僵局的发生。这些至少会产生相对贫困，相比当一方或双方寻求武力解决僵局可能发生的情况，最坏莫过于发生暴力冲突。从这个意义上来说，僵局总体上应该被视为集体行动的一个方面。它们是由于市场失灵而产生的，这种失灵是通过特殊利益集团的形成或政治干预而自发出现的[1]。

自由主义的问题是，市场的无摩擦和自我调整在没有政治的情况下效果最好，但市场仍然需要依靠政治得以建立和维持。所以即使自动调节的市场的自由主义观念是可以实现的，仍然首先需要有一个政治谈判的过程来建立这种市场。这就是自由主义理论家会利用社会契约的手段去建立自由社会所需的法律框架的理由，这种框架是无法自发地从个体社会的交流中产生。所有不同表现形式的社会契约都是一个巨大的谈判，它决定了国家的建立及其类型。政治自由主义的矛盾在于，社会契约的手段承认政治僵局的事先存在，并且这种僵局必须通过谈判来解决，从而使自由社会首先成为可能。

在霍布斯对这一进程的叙述中，对暴力死亡的恐惧促使那些不循规蹈矩的个人建立一个可以消除这种恐惧的政体。在君主的严密监视下，无政府状态和不确定性被公民社会的秩序和安全所取代。一旦君主被授予最高权力，国内和平以及国防得以实现。君主最重要的作用之一就是保护英联邦公民免受外部入侵。君主权力需要加强，才能平息内部纷争，同时让英联邦与其他国家保持联系，而不会迫使国家解除武装。国内无政府状态的结束并不意味着国家之间关系的无政府状态的结束。国

---

〔1〕　Olson 1982.

家之间的无政府状态往往会加剧竞争和冲突的可能性。

政治的必要性

国际关系中与生俱来的政治特性为辩论提供了第二种视角，即反对将个体作为思考政治问题和政治经济问题起点的自由观点，即使市场已经成为现代世界协调经济活动的重要手段。第二视角认为，人类世界无法回避政治维度。政治，既不是一次使用后就弃之如敝屣的任选附件，也不是建构和组织社会秩序后就可以加以摒弃的工具。相反，人类世界无法缺少政治的维度。因为，人类在争取不同商品的过程中必然会产生冲突，这些冲突只有通过协商、谈判甚至是武力才能解决。不受市场或市场行为掣肘或影响的事物有很多。即使是市场行为自身，也有很多问题只有诉诸政治手段，尤其通过谈判、说服、妥协和冲突的方式才能解决。[1]

有些政治方法在谈判分析中被忽视了，因为议价分析通常会使用非常抽象的模型以至于删除了所有政治内容的分析。关键的政治概念需要充分纳入议价分析的过程中，如权力、身份、合法性、权威性、利益、共识、妥协和冲突，以便更好地了解僵局出现的背景以及为什么难以克服。政治概念引入一定程度的复杂性，受到简约模型的排斥。这些模型需要对通过政治分析所得出的决策背景补充深刻见解。对于政治和政界的定义有很多，但其核心无非是秩序、身份和权力[2]。政界是关于如何

---

〔1〕 Crick 2000.
〔2〕 Gamble 2000.

创建秩序和框架的规则，是关于个体对自身归属和崇尚价值的定义，是关于"是谁、在什么时间、通过什么方式、得到了什么"的命题。这三种理解政治的方式可以用于构建政治的"议程"与"非议程"、用于探索僵局的本质。

如何将政治适用于僵局的另一种思考方式是阿尔伯特·赫希曼（Albert Hirschman）对于个人对组织衰落的反应方式的分析。[1] 基本的选择就是表达（voice）或退出（exit）。在"退出（exit）"的情况下，个人对组织或国家的质量下降的情况，所采取的反应方式是转移到另一个供应商或另一个雇主或其他管辖区。亦即，他们用脚投票。经济学家已经对这种行为行之有效的不同情况做出研究。在表达（voice）的情况下，个体会通过使用任何公开的代表性渠道为政策的变革、公司的重组或政府的更迭发起运动。对这两种方式的选择取决于第三个因素：忠诚度。如果忠诚度高，"表达（voice）"更有可能被采用，而不是"退出（exit）"。多边谈判中会出现僵局，可能是因为"表达"的战略至关重要。但是，分析"表达"战略所产生的不同后果，就是在分析政治，即分析利益的形成方式、权力和权威的分配方式以及身份建立的方式。如果"表达"占主导，可能是因为"退出"在另一个国家或国际组织或者根据其对应的规定不可行或个体忠诚度高。但这引起了一个有趣的问题：为什么"退出"不可能？为什么在一些多边谈判中，即使没有取得太大进展，谈判者也要重新回到谈判桌上继续谈？

答案很大程度上取决于多边谈判被视为零和还是正和博弈。如果是零和博弈，那么一方只能以牺牲别人为代价。如果部分

---

[1]　Hirschman 1970.

或全部谈判方都将其视作零和博弈进行谈判，那么僵局就很有可能出现。如果谈判各方回到谈判桌上来并且提出更多的要求也将是令人惊讶的。退出可能看起来是一个更有吸引力的选择。多边谈判也有可能是正和博弈，这使谈判一直积极开展并且促使许多谈判者不断做出尝试。从真正的突破中获得的回报是巨大的，并且足以激励谈判的参与者们继续参与。除非是极端情况，否则多边谈判不可能对任何参与者产生零和结果。那些从零和思维的角度看待谈判的人更可能考虑其他手段（包括战争），以改变自己与他人在谈判中的地位。通过多边谈判的方式以期取得积极成果意味着谈判是严肃认真的，并且各方愿意做出妥协。但即使这样，根据本书中所分析的原因，谈判依然存在失败的可能。理解这些失败的根源是政治分析的任务。

宏观谈判和微观谈判

正和观点和零和观点之间的对比，也是强调经济相互依存的自由主义观点和强调国家利益的现实主义观点之间的对比。它如何帮助我们了解僵局的政治？一种方式是着眼于特定问题背后的政治和谈判过程，我们可以称之为微观谈判；此外，对国际国家体系（international state system）和国际政治经济的基本制度构建方式的思考，意味着要关注对这些机构的发展影响深远的条约和国际协定。通过这两种方式，这两种谈判的重要性显而易见，并且还具有不同于其他谈判的特质。宏观谈判确定了国际政府体系和国际经济参数，在此之下，旨在解决特定问题的微观谈判得以启动。一套谈判用于建立游戏规则，另一套谈判在这些规则下发挥作用。与科学探究中的范式一样，当环境发生改变或者促使范式发挥作用的原始环境不复存在时[1]，会出现一个临界点，继而范式穷尽或者无法像过去那样发挥作用。

过去两百年来，国际政府体系和国际政治经济中的相互依存度和复杂程度已经大幅增长，多边谈判需求也在很大范围内增长。国家既不能忽视市场的作用，也不能单单依靠自给自足的政策；同样，国家也不能排除于市场之外。单靠市场的力量无法产生解决对策，谈判通常是不可或缺的。目前的一个例子是 2007—2008 年的金融危机。在 2008 年 9 月的危机高潮之下，国际金融体系到达崩溃的边缘，几家最大规模的全球银行濒临倒闭，正是由于当时主要经济体的政府和央行迅速果断地干预，才避免了危机。这一行为与 1980 年代以来统治全球金融的新自由主义政策制度的原则相矛盾，这一政策的设计者和拥护者大多供职于世界各国的财政部门。但当时的情况极其严峻以至于需要国家作为市场最后的守护者发挥作用。因此，过去 25 年来赋予全球金融高度自由的范式基础需要开始改变。[2]

全球金融和全球贸易的未来新范式在 2009 年初依然尚未明确。但可以确定的是，这会涉及一系列复杂的多边谈判对基本原则达成一致，而且在这些谈判中出现僵局的可能性具有现实意义。一部分原因是，参与其中的国家数量很多，因为这是一场全球危机，并且很明显中国、印度和巴西等几个新兴经济大国需要在这些讨论中占据一席之地。如果全球经济要在坚实的基础上重构，新兴经济体之间达成的一致将变得至关重要。增

[1] Kuhn 1970.
[2] Wolf 2009.

加参与国家的数量不仅具备必要的合法性，而且对于达成可行的解决方案，展望全球经济恢复健康运行具有必要性。2009 年 4 月举行的 G20 峰会面向未来国际规则可能需要做出的改变，先行一步做出了思考。但是，正如许多观察家指出的那样，因为各国不同意做出重大改变的理由有很多。基于此类协议达成后未来后果的不确定性以及达成协议所需要做出的让步，会谈中存在着可能出现僵局或部分僵局的风险。2008—2009 年的危机程度之大提醒我们，一方面建立宏观谈判来确定长期制度中的基本规则具有必要性，另一方面基本规则的真正落实具有复杂性，尤其是当许多谈判者有其他选择并且有很好的理由拒绝同意长期来看可能对其有益但不保证会发生的改变。

33 　　在国际政府体系的历史上有很多可以称之为宏观谈判的例子。这一体系由一系列条约构成，最常见于战争结束、此前的僵局已经通过武力解决之后。拿破仑战争结束时的维也纳大会、第一次世界大战结束时的凡尔赛条约，以及第二次世界大战结束时的雅尔塔和波茨坦协定，所有这些谈判塑造了国际政府体系在下一时期的特征。尽管它们涉及战胜方各盟友之间的谈判，但是战败国大多被迫接受强加给它们的条件。这些大部分是单方面谈判，这是由谈判一方在战争之后本身所具有的压倒性优势以及最终在军事力量方面的相对平衡造成的。这是否意味着，宏观改变不可能以其他方式出现？国际关系行为中，界限的重构与新规则的实施是否需要权力明显不对称作为前提（正如假设 3 提出的）？[1]

　　重大变化往往是伴随战争所导致的重大调整而产生，特别

---

　　〔1〕　See Introduction, p. 9.

是出现在一方以明确胜利结束战争的情况下。国家诉诸战争的
原因是，互相之间利益的冲突使得谈判各方认为没有其他的办
法来打破现有的僵局。但这并不涵盖所有可能发生的结果。国
际国家体系的重大宏观变化发生了，关键参与者之间没有诉诸
战争，那么它要么是解决了僵局，要么是阻止了僵局的出现。
有时候，这并不直接涉及有关各方之间的谈判，而是由一系列
改变了主要参与者之间关系的事件引起的。一个例子就是，
1989 年至 1991 年期间，冷战结束。苏联的崩溃和随后的解体使
国际政府体系发生了深刻的变化，美国一跃成为唯一的超级大
国并处于绝对的主导地位，从而迫使俄罗斯重新评估其对美国
的立场。

　　一个相当不同的例子是 19 世纪末的英国和美国。当时英国　34
公认的大国地位受到了新兴大国美国，尤其是其在西半球的挑
战。1895—1896 年的委内瑞拉事件几乎导致了英美之间爆发战
争，但战争最后得以避免、英国与西半球的竞争对手之间的僵
局得到破解，主要原因就是，英国外交大臣兰斯多恩勋爵于
1900—1905 年在任期间对英国的外交政策进行了根本性的重估。
这使得英美之间就争议问题进行了一系列谈判，包括巴拿马运
河的国际地位、加拿大与阿拉斯加的边界以及纽芬兰的捕鱼权。
在每一种情况下，问题大部分都是以美国提出的条款解决，加
拿大的观点和立场受到压制。在这个过程结束时，英国舰队从
加勒比地区永久撤出。这些变化都是在"英国无法同时在西半
球和欧洲分别对美国与德国开战"的战略评估下做出的。因此，
英国决定与美国进行和解，并接受国际政府体系下的根本变化，
目的是促使美国成为大不列颠的盟友，而不是潜在敌人。这一
政策后来尤其是在两次世界大战之后，又促成了两国之间的谈

判。这就意味着美国逐渐承担起英国过去在全球经济和国际体系中享有的地位，但这并不必然以两个大国发生冲突为代价。通过调整和谈判的过程，一个重大的宏观变革完成了，一个重大的僵局被打破了[1]。

35   国际政府体系由冲突和谈判所主导，每个国家的领土界限及其国家实力都应当受到保护。但国际政治经济却是截然不同的，至少在重商主义时期结束之后，国家经济政策完全服务于国家政策所制定的目标。但是在 19 世纪，英国以自由贸易、金本位制、健全货币和可执行的财产权为基础尝试建立一套自由的世界秩序，在当时形成了新的局面。全球经济形成后，英国成为世界经济中心并从中获得了巨大的利益。但全球经济的发展远远超越英国后，领导权适时地从英国发生了转移。19 世纪，以英国为中心的国际政治经济并不是由特定的一套谈判所决定的，尽管一些重要的谈判确实发生在这段时间内，比如 1860 年的英法商业条约。最重要的因素是英国在 19 世纪中期自身所拥有的结构性的实力地位。英国在生产力、贸易和金融领域都处于领先地位，因此它不仅仅是世界工厂，还是世界的银行家、承运人和保险公司。[2] 为回应这种统治地位，在 19 世纪下半叶，德国和美国这些新兴大国通过对英国货物加征高关税的方式保证本国产业的发展。但英国并没有反击报复，而是单方面愿意对全球经济保持开放态度。因为，英国执政党长期公认的观点是：英国长期的繁荣和安全依赖于面向全球经济的开放。英国的单方行为创造了国际经济秩序的框架，其规则结构在很

---

[1]   Adams 2005.

[2]   Hobsbawm 1968.

大范围内拓宽了全球贸易的范围，将世界范围内更多的人纳入交易关系中去。[1]

　　这是一个特殊的时期，因为此时没有人曾经规划过全球经济，而英国人也无意于以 1945 年以后美国特有的方式去有意识地控制全球经济。但英国的实力对于新秩序的创建和形成起到了重要作用，影响了世界政治在未来的发展。正是这个时期，理查德·科布登（Richard Cobden）和后来的 J. A. 霍布森（J. A. Hobson）等人提出了自由的希望，即如果优先发展经济和贸易，如果退出殖民帝国和不再通过军事手段扩张领土，国家之间就有可能实现持久和平。[2] 这是安全与财富之间的权衡，但第一次世界大战粉碎了在此基础之上的妥协。向由英国创造的国际秩序所发起的军事挑战终告失败，但全球经济和国际政府体系却因此重新洗牌。

　　权力行使一直是建立和维护国际政府体系和国际政治经济的关键。秩序不会自发产生而必须人为创造。在过去的一百年里，全球谈判的可能性受到了越来越多的关注，因为这有可能产生新一周期的秩序。有时这点希望也破灭了，就像 1919 年的《凡尔赛条约》之后。其他时代，特别是在 1945 年之后，随着美国的崛起并在安全和政治经济方面承担了全球领导的角色，实质性的成就产生了。在 20 世纪 70 年代，国际政治经济进一步大幅重构，但国际政府体系的变化很小。在 1991 年，国际政府体系发生重大变化。自 1945 年以来，世界秩序中产生了许多新的多边机构，部分原因是，越来越多的相互依存关系得到认可，

[1]　Gilpin 1987.
[2]　Hobson 1988.

并且需要通过多边谈判在依然碎片化的国家体系之下，推动解决面向更加一体化的国际经济发展所产生的问题。

在这个世界秩序中出现的政治僵局有两种。宏观僵局关注体系中的基本规则，以及这些规则对于既定目标的实现是否合法有效。另一种是谈判中就特定事项所产生的微观僵局，如贸易或气候问题。原则上，微观僵局比宏观僵局更容易解决，因为宏观僵局需要来自外部的冲击来打破现状。宏观僵局的例子出现在如联合国安理会成员身份关系、国际货币基金组织和世界银行等关键机构的管理、全球经济的一些基本规则和制度——如美元作为储备货币的地位。

37   自 1945 年以来，基本规则和解决僵局的努力受到公开质疑，国际政治经济经历了两段艰难时期。第一个时期发生在 20 世纪 70 年代，首先是美国单方面将美元与黄金脱钩，实际上是对布雷顿森林体系的叫停。美元作为储备货币的地位得到保留，但却为此付出更大的波动和不确定性等代价。虽然最终创造了新的繁荣，但是繁荣建立在一个更加不受管制的市场中。第二个时期发生在 2007—2008 年，金融危机爆发，自 20 世纪 70 年代以来占主导地位的金融增长模式崩溃。危机的产生原因在于一系列僵局既无法以令人满意的方式解决，也无法在现有的制度下通过谈判解决。僵局无法解决的原因在于美国与其他重要的全球经济参与者之间存在权力制衡[1]，不仅仅是指过去的欧盟和日本，也包括现在的金砖四国——巴西、俄罗斯、印度和中国。自 1992 年以来全球经济长期增长的过程中，它们作为新兴经济体出现，并且在全球扮演了重要的角色。现在，要解决

---

[1] 参见导论假设 3。

各个全球经济体之间的差距、找到方法修复受损的金融和商业体系、促使全球经济恢复增长所面临的困难已经不同于 1945 年甚至 20 世纪 70 年代了，美国已经不能再理所当然地继续掌控自己的主导地位。权力平衡发生了转变，在某些方面已不利于美国。这使得美国即使做出些让步也很难像 1944 年布雷顿森林体系会议那样以及稍小幅度的 1974—1976 年的将自己的解决办法强加给其他国际社会。虽然在军事上，美国比任何可以想象的对手或对手组合都强大得多，但在国际政治经济方面，已不再如此强大。

这种情况完全可以与 1914 年之前或两次世界大战期间作对比。在 19 世纪，尽管世界贸易、移民和金融都在不断增长，但帝国的盛行意味着许多强大的国家可以避免对国际政治经济或任何其他事情展开多边谈判，因为它们的帝国给予它们一定程度的自给自足，但正如科布登所担心的那样，这也强化了帝国统治者在领土界限方面的执着。虽然经济和安全的相互依存性在增加，但国际社会大多缺乏处理这些问题的平台或机构，特别是没有办法解决后来者对国际政府体系的不满。例如统一后的德国，抱怨世界剩余的领土已经被现有的列强最大程度地瓜分完了。如果无法启动列强之间就领土瓜分问题所开展的多边谈判，它们之间就更有可能通过战争来解决问题[1]。

在两次世界大战期间，一个为了重构国际政治经济、重建繁荣而做出的勇敢尝试，在当时受到欢迎。重新建立金本位制是这一政策中最显著的特征。权力平衡的变化意味着，不能将任何对策方案强加于他人身上，而像国际联盟这样的新型多边

_____

〔1〕　Howard 2000.

机构也无法如其设立时所设想的那样发挥作用——美国在任何情况下都拒绝成为任何多边机构的成员。这一时期的问题在1933年世界经济大会的失败中也能得到体现。人们普遍认为需要行动来防止一时的不景气转变成长期的经济衰退，但谈判陷入了僵局，因为所有参与者都有其他选择而且达成国际协议的优先级比较低。德国、美国、英国和法国都做出了贸易保护主义的选择，德国和美国是基于大陆经济体，英国和法国是基于庞大的海外帝国。

1933年世界经济大会的失败经常被视作多边谈判不能打破僵局时的先兆。但深层次的原因是，主要国家之间权力平衡的变化使得对策方案很难出台，因为没有国家愿意实施，且没有足够的激励措施来让各国一致同意符合它们长期利益的计划。[1] 它们同意却是在1945年这个不同寻常的政治环境中。当前金融危机中，二十国集团所面临的问题是，如何避免20世纪30年代的情形重现。在当时，各方都谈到需要维护自由贸易和国际经济合作，但实际上却支持竞争性贬值和保护主义。

39 　　安全领域最重要的宏观僵局是核武器的存在。这些武器已经改变了战争的本质，并且使现代政府第一次感到无法保证自身国民的安全。[2] 一场重大核战争会对所有国家，包括参战国和非参战国，造成无法弥补的损害，人类物种与人类文明面临毁灭。因此，核武器成为世界事务中的最大僵局。唯一与此相近的是气候变化所带来的威胁，这种威胁没有核战争那样紧迫，但却与核武器同样有潜力使人类文明的延续陷入不确定性。[3]

---

〔1〕　导论部分假设1和3引用到的一个例子，pp. 7-9.

〔2〕　Cerutti 2007.

〔3〕　Giddens 2009；Stern 2009.

在过去，人们对核武器问题的处理做出过阶段性的努力，并且相应的多边谈判也成功解决了微观层面的一些僵局，比如 1963 年的《禁止核试验条约》和 1968 年的《不扩散核武器条约》。但是，这并没有成功地解除大国现有的核武器或防止核武器扩散到更多的国家。只要核武器存在，不论是出于意外还是基于明确的政治决定，它们就可能有被重新使用的一天。因此，没有任何僵局比核武器更重要，但打破这一僵局的前景很渺茫，因为这要求所有国家放弃持有或发展核武器的意图和能力。随着创造这些武器所必需的技术和科学广泛传播，各政府很难对其他国家的动机产生信任，而是更倾向于依靠相互之间的保证破坏战略，正如美国和苏联在冷战时期采取的相互保证毁灭（MAD）策略那样，因为假设所有国家都有一定的基本理性，这种基本理性会阻止其发动第一次打击。正如伊拉克事件所表明的那样，没有核武器的国家仍然容易受到入侵的威胁，这就是为什么许多国家会认为拥有核武器是保护自己免受核武攻击和常规袭击的手段。一个国家可能选择通过单方面解除武装来打破僵局，但没有人如此提议，所以根本性的僵局依然存在。为了解除核武器的诅咒，需要找到某种方法来解除所有大国的武器并且建立一个全球性的利维坦，以全球性政府的形式或者使具有足够权力的国际权力机构来维护这个世界的和平。但前景并不乐观，因为没有国家敢去解除武装，除非所有其他国家都确定会这样做。这是终极的囚徒困境，看不到解决方案。

气候变化是具备类似囚徒困境的另一个安全问题，但至少这个问题更类似于国际政治经济中的一些僵局。这个问题上有更乐观的地方，即有可能会取得进展。部分原因是这种威胁并不是那么紧迫，因此有更为充沛的时间去就减少或者稳定二氧化碳排放量达成协议。但是困难还是巨大的，因为虽然各国都会受到气候变化的影响，但它们受到影响的方式不同，并且各自处于不同的发展阶段，所以不可避免地就会存在不同的利益。美国依然占据世界汽车温室气体排放量的 45%，但中国和印度等发展中国家的排放量从很低的基数上实现了最为迅速的上升。制定一项多边协议，将调整的重担交给富国，同时让发达国家在有能力的情况下实行削减，这是任何面向气候变化的全球谈判所做出的选择。但是，真正意义上宏观协议而非微观协议的达成会创造出一种可持续的全球低碳经济，而现有的能源经济显然不是，甚至差得很远。安全僵局的困难在于，时间不是奢侈品。在气候变化方面，时间显然正在耗尽。解决微观僵局是非常重要的，并且有助于建立解决宏观僵局的信心，但仅靠解决微观僵局是不够的。某种程度上，如果人类安全要想在未来能够一劳永逸，就必须通过多边谈判来克服国际政府体系中的无政府状态。

分析的层次

41　　　　在讨论不同类型的僵局时，重要的是区分僵局所在的层次，从而理解为什么多边谈判会成为国际事务的共同特征。为什么这些谈判是必要的？本章提出，起点应该是国际政府体系和国际政治经济的结构，它们以什么样的方式成为构建政府和市场、安全与财富之间的平衡。世界从来不是一个单一的政治形态，不可能产生一套适用于所有民族的社会契约。类似于世界政府的组织也不可能存在。相反，政治权威和政治权力分散于许多各自独立的管辖区域，各自主张对特定领土、人口和资源的控制。根据这个观点，政治根本不在于公民社会，而是与政府相关，没有政府就没有公民社会。因此，在国家层面上，甚至在更大国际层面上，不同管辖区域之间相互对抗和承认，有意于建立一套方法来管理管辖区域之间的事务，在冲突最少的基础上发挥各自优势。一种可采取的形式是在整个全球经济中就可供执行的规则进行磋商谈判，其目的是给单独的经济主体留下更多决策的空间。此类政府间协议是否可能达成的关键之处在于其是否具有必要性。

政府是政治的重要组成部分。集体意愿的形成、建构政府表达集体意愿的能力和落实相应的决策尤为关键。政府各自独立的管辖权和政权本身构成了国际政府体系的基础，这使得必要的外交、国际协议和谈判成为一个持续的过程，如果没有它们，国际政府体系无法正常运转。问题不在于政治在世界中所产生的外部性干扰，现实情况是，这个世界本身的建构方式使得政治已经成为这个世界的组成部分。因此，对意志、利益、实力以及能力的分析，就不应限于个体，还应扩及集体层面。一篇有分量的文献分析了国家作为国际体系基本单位的行为，提出国家优先于市场，安全优先于财富的假设。无论在这两者之间如何进行权衡，最终国家的生存才是最高的价值，而其他一切都可以被牺牲。[1]

所有的僵局都难以解决，但涉及资源以及谁在何时以何种方式得到什么的那些僵局，可能比涉及制度或身份的僵局更容易解决。前者会产生问题是因为，收益往往是长期的，但成本却是短期的，所以谈判者会被要求对自己的团体或国家持有一

42

---

〔1〕　Morgenthau 1954.

个系统性的看法而不是狭隘的短期观点。后者产生问题是因为，身份问题通常不可协商，所以如果一个问题被定义为身份问题，那么就很难找到一个共同的对策方案。正如北爱尔兰和许多类似的争端所表明的那样，身份的划分可能会造成最严重的僵局。处理这些问题的方法之一就是增加谈判参与者的数量，从而使谈判成为多边而不是双边。就北爱尔兰事件而言，这意味着除了共和党、联盟党以及英国政府的不同派别之外，还要让美国和爱尔兰共和国政府参与进来[1]。身份争议导致的僵局和宏观原则不一致导致的僵局在形式上是相似的，因为关于身份争议的政治是国家的基本原则、标志和组成部分。如果两个团体不具有相同的国家认同，而认为双方属于不同的国家，并主张自己国家的权力，那么想要找到一种方式来说服它们之间有共同点，制定规则并且在两者之间建立一个真正中立的机构是非常困难的，但从北爱尔兰的例子显示来看，这也并非不可能实现。但这也只是一种有限成功，因为虽然和平进程实现了停战，但是两个团体之间并没有实现能使宗派分歧产生正常政治的真正的融合。

43　　如果在一个国家内关于秩序和身份问题的基本僵局能被解决，那么一个正常的政治谈判、调整和妥协的过程就可以实现。僵局仍然会出现，但是通常可以找到对策方案，打破僵局。在国际国家体系和国际政治经济层面上，身份认同问题的僵局似乎不是一个这样的问题，因为缺乏一个包罗万象的政体，大部分民众也缺乏可能存在的归属感。但这表明解决这些多边环境中的僵局是困难的，因为最有效的手段之一，即聚焦忠诚度和

────────────

〔1〕 Tonge 2002.

归属感，不存在。跨国机构吸引的低忠诚度对于建立持久制度来说基础过于薄弱，一旦环境发生变化，政策制度就可能受到威胁。

尽管存在困难，但创造国际制度方面取得了长足的进步，这些国际制度持续了相当长的时间并且对日益增加的经济联系和相互依存负责。至少暂时环境和事件结合在一起去克服这个层面的僵局。这使得国家间的多边谈判在被作为国际政治经济框架的基本规则内得到了发展。由于国际政治经济中国家和地区之间权力、资源和能力的巨大失衡，多边谈判过程往往并不顺利，僵局会相当频繁地出现，正如世界贸易组织的多哈回合那样不足为奇。但是，抱怨于事无补，对市场的政治干预是导致僵局的原因，如果权力在这个过程中被消除，个体国家就能够自由顺畅和无摩擦地调整自己的行为。这是因为市场进程离不开政治担保，而且由于许多市场已经成为全球性市场，而政治权威在很大程度上仍然是国内和分散的形式，所以问题从一开始就出现了。权力关系领域涉及的层级和顽固使得谈判对于解决所有主张主权的参与者之间的冲突和避免它们之间的僵局来说，显得必不可少。只有采取严肃的步骤去为整个世界创立单一政体和单一政府，这种分散才能够被解决。很难想象什么环境下会出现这样的政体和政府。欧盟在进一步加深政治一体化方面遇到的困难最近引起了极大的关注。政治一体化的进程依然停滞在同盟国内政府之间的层次上，附随着一些跨国的因素。[1] 这种结构使得僵局定期出现。欧盟内部没有绝对的权威可以有效解决僵局。因此它们耐心地等待问题的解决。

---

〔1〕 Telo 2006.

44　　在国际层面也是如此。历时数十年的多边谈判并非没有效果。现在有一种在 19 世纪从未存在的全球性政体雏形。但是，它依然受到两方面的威胁：一方面是关于世界秩序基本规则的宏观僵局；另一方面是如何改变这些僵局以适应那些崛起中的经济强国的利益，尤其是在当前经济危机条件下。僵局也存在于一批更为现实但又急需解决的问题之中，比如停滞的贸易谈判，以及各国政府为了促使全球经济尽快走出衰退而承诺的一揽子经济计划。

结　论

　　从某种意义上说，本书将僵局划分为宏观或微观的类别仅仅是出发点。需要考虑阿姆里塔·纳利卡在开篇章节中讨论的关于多边谈判的假设，进一步加深分析。她提出的六个假设分析了多边谈判僵局的不同原因，这些僵局可能是宏观或微观僵局，尽管某些假设可能明显与其中某一类僵局相关。从分析如何改革全球经济制度或如何应对气候变化的僵局中可以看出，有几个假设有助于对僵局的理解，特别是假设 1：当更优的"最佳替代方案"出现，或者不论何时只要当事各方相信自己的替代方案优于现有的交易方案时，僵局出现；以及假设 3a 和 3b：权力分配越平等，僵局出现的可能性越大。构成权力平衡的各方文化越多样，僵局出现的可能性越大。这就是僵局难以解决的原因。政府之所以认为有替代协议可选择的主要原因之一就

45　是它们之间不存在巨大的权力不对称。没有霸权的时期通常也是宏观僵局僵持的阶段。如果权力博弈中的各方政府具有丰富的多样性，这些问题就更加复杂。这就是为什么有些不同政治

背景下的观察家准备相信意愿联盟，具有政见与价值观相似的政府团体，这样就可以通过多边谈判的方式在一些重大安全问题，比如恐怖主义和气候变化上取得进展。在假设 2 中，谈判者的虚张声势和谎言是造成僵局的原因。谈判者之间信任的缺失导致谈判崩溃，这与假设 3b 有关，因为这种情况发生在参与者文化和身份背景差别很大的情况下。假设 4：僵局出现是因为特定机构的结构促进或阻止协议的达成——将注意力转移到某些妨碍协议达成的规则上。这些规则可以反映过去的大国关系，但它们也可能因为阻止了合理规则变化的发生而成为历史事件和深层次制度保守主义的产物。欧盟和联合国是深受特别规则之苦的两个机构，这些规则使这两个机构很容易陷入僵局。规避僵局的产生需要出色的政治技巧。假设 5：僵局的出现是因为公平与正义至关重要——这引发了利益考量之外对价值观、身份建构的思考。例如，崛起的经济大国会采用公平和正义的论断使自己免于与富国一样实施相同的政策以应对气候变化。假设 6：由于国内利益的特定布局，国际僵局出现——和本章中分析的不同层次的论据联系在一起，这种分析也能用来分析僵局。甚至多边谈判中达成的协议也有可能被国内反对派化为泡影。最著名的例子是，美国参议院拒绝承认伍德罗·威尔逊在凡尔赛谈判中形成的条约。从欧盟的许多方面都能看出，欧洲政治精英和本国选民之间就某些问题已经产生了差异。

　　僵局不会消失，有些僵局可能永远存在，至少在很长一段 46 时间内不能破解。如本书的导论章节中所论述的那样，这一类僵局的特征是"扩展的延迟（extended delay）"。谈判分析中的许多文献涉及谈判的内部过程，但本章认为，尽管谈判内部过程很重要，我们也需要考虑一些更深层次和更长远的原因。政治分析对此贡献出了一臂之力，关注那些在经济学简易模型中被忽略的因素。僵局应得到比现在更多的研究，而且应从更广泛的跨学科角度入手。正如本书中许多章节证明的那样，有很多化解僵局的方法。鉴于我们现在面临的全球挑战的规模，我们迫切需要更好地了解僵局形成的原因，从而最大限度地通过多边谈判寻求突破的机会。

第
2
章

从布雷顿森林到哈瓦那：

历史视角中的多边僵局

马丁·唐顿

贸易谈判中的多边主义是对 20 世纪 30 年代世界经济崩溃，47分裂为数个贸易集团的程序性反应，包括美国在 1930 年通过了"斯穆特-霍利"关税法案，英国在 1932—1933 年采取了帝国特惠制，德国出现了"沙赫特理论"，日本提出了"共荣圈"。对这些贸易集团的一个回应就是逐个开展双边谈判，这样英国就可以与阿根廷进行谈判，允许以优惠条件进口牛肉，以降低英国制成品出口阿根廷的关税。在战前，英美两国进行了详细的（很大程度上是无效的）谈判，以双边和逐案的方式降低双方的关税。[1] 当然，这种谈判是曲折且耗时的，并且对于二战前的总体保护水平的下降或贸易集团的瓦解影响甚微。这些贸易集团的出现与 20 世纪 30 年代的第二个特征有关：固定汇率崩溃，各方企图通过竞争性贬值来促进出口和限制进口。就像贸易一

---

[1] Rooth 1993.

样，结果就是"以邻为壑"的政策，导致各方在追求民族利益
的过程中，自身利益受损，世界经济下滑。合作被普遍接受为
战后复苏的先决条件。

20 世纪 30 年代，国际联盟的经济学家讨论了解决贸易和货
币混乱的途径，他们认为需要成立国际机构，以防止狭隘的逐
利行为。应该让各国知道，利己主义不符合任何一方的利益，
并且需要有机构去抑制逐利行为。[1] 但是，是合作的意图能得
以实现还是就具体问题展开的谈判会陷入僵局呢？在战争期间，
英美两国政府开始认真讨论战后机构的形式问题，从凯恩斯计
划成立清算同盟以促使国际货币稳定开始，继而是詹姆斯·米
德的互补商业联盟计划。[2] 在第一种情况下，实现了合作，并
避免了僵局：在 1944 年，对凯恩斯计划和美国的对策讨论促成
了布雷顿森林协定，建立了国际货币基金组织（IMF）和国际复
兴开发银行（IBRD）。常设的、正式的多边机构由此设立。

48　　　　在贸易领域会出现类似的结果吗？英国与美国的讨论促成
了 1945 年 12 月《国际贸易和就业大会审议的提案》的公布，
这个提案的目的是建立一个类似的多边贸易机构——国际贸易
组织（ITO）。[3] 在 1947 年的日内瓦会议和 1947—1948 年的哈
瓦那会议之前，预备会议在 1946 年召开，会议的目标是减少关
税壁垒、颁布《关税和贸易总协定》（GATT，以下简称《关贸
总协定》）并制定《国际贸易组织宪章》（以下简称《宪
章》）。这一目标未完全实现，《宪章》并未获得大会批准，国
际贸易组织没有成立，只有《关贸总协定》幸存了下来。作为

---

〔1〕　例如 De Marchi 1991；Ikenberry 1992；Ruggie 1982.

〔2〕　Meade 1988（1942）.

〔3〕　British Parliamentary Paper 1945.

一个暂时的协议，其没有秘书处或机构，不过为后续多边谈判和减少贸易壁垒提供了框架。在日内瓦的谈判和在哈瓦那的谈判都存在着相互不一致的假设，尤其是在哈瓦那，谈判完全崩盘。虽然一份关于国际贸易组织宪章的妥协性文本被同意了，但并没有解决下述问题：很明显的是，在哈瓦那会议上做出的让步显然不能保证会得到国内利益集团的同意。在双层博弈中，对国际协定的谈判只是一个空洞的姿态，无法确保获得国内利益集团的支持。

本章解决了这样一个困惑：为什么在国际货币关系中建立多边机构、避免僵局比在国际贸易中要容易得多。答案取决于若干因素：货币经济学的技术性质使其不太受政治压力的影响；技术专家之间达成了广泛的共识；以及英美两国制定的计划，两国在金融领域的影响力意味着这个计划可以在广泛的政策共识中实现其目标。国内利益和国际反对呼声为外部政治压力施加了严格的限制，从而使僵局得以避免。相比之下，贸易中的双层博弈要复杂得多。在这种情况下，会牵涉更多的国内利益，因为贸易问题被高度政治化，并且更加难以阻止其进入谈判议题中。英美之间的共识更加脆弱，对多边贸易的明显支持是由于极不相同的认知和意识形态背景而形成的。即使英国和美国作为贸易会议的发起者能够达成协议，但这并不意味着他们的意见可以和布雷顿森林体系具备相同的影响。在日内瓦和哈瓦那会议上，许多其他国家都有发言权，他们对分配式正义有很深的分歧。虽然谈判代表们在哈瓦那会议中同意了《国际贸易组织宪章》的文本，但在会议期间达成的协议和妥协远远不能满足美国国内的利益。因此，在双层博弈中进行的谈判在一个层面被接受而不被第二个层面接受，《宪章》也从未得到批准。

僵局及其突破：多边贸易与货币体系

1944 年布雷顿森林的成功与 1945—1948 年贸易谈判相对失败的对比，对本书探讨的假设具有意义。历史上，贸易比汇率更容易陷入僵局，因为贸易往往比国际货币问题更加高度政治化，国际货币问题通常被认为是留给央行行长们的技术性问题，只有经济专家才能理解。货币问题很少会成为决定选举或政党身份的党派政治问题。

就英国而言，关于货币政策的主要政治辩论发生在 19 世纪初，关于恢复在法国革命和拿破仑战争期间暂停的黄金可兑换的条款引起了高度争议。恢复金本位对物价水平、债务人与债权人之间的关系以及经济增长的性质都有影响。即使在 1821 年恢复兑换后，这些辩论仍然持续，因为货币供应可能或多或少受到银行印钞权的限制。银行学派认为，货币流通量应允许充分就业、扩大贸易以及价格适度上涨。货币学派认为，应该更小心地控制货币供应，通过限制银行的印钞权来消除经济中的投机行为和不稳定状态。货币学派在 1844 年胜出，通过了《银行特许条例》。直到第一次世界大战，金本位和保守的银行政策都在支撑着英国的经济繁荣。虽然一些历史学家认为，金本位的"紧缩"货币政策减少了就业机会，使得伦敦的金融家比实业家从中获利更多，但实际上金本位被广泛认为是有益的。劳动者从价格下降中获利，这使得他们在 19 世纪的最后一个 25 年实际工资得到了空前的上升。金本位的自动运行消除了金融家或政治家操纵货币供给权力的行为，也防止了特殊利益导致的政治腐败。与依靠白银的"野蛮"国家相比，黄金是文明进步的标志，黄金国家成为世界上最繁荣和最有活力的贸易集团。在 1844 年至 1914 年期间，金本位使得英国的货币得以去政治化。[1]

在第一次世界大战之后，与拿破仑战争结束时类似的问题出现了。英国政府再次暂停之后又恢复了兑换，这导致了严重的通货紧缩问题。在战前平价下尝试恢复金本位意味着需要依靠高利率维持英镑的价值，这就导致英国商品被过度定价，从而使得出口市场流失、工资压力增大，并且就业受到威胁。国债的实质负担上升了，资源从财富的积极创造者转移到被动的食利者，变成了一个严重的政治问题。一个潜在的对策就是将货币政策政治化，但让人意外的是，这种情况发生的可能性很小。主要的政治争端并不直接涉及货币政策的性质，重点是当下一些更加紧迫的问题。例如，国债的负担与恢复金本位（由于通货紧缩和高利率导致真实水平的债息支付更昂贵）并没有太大关系，同样和工党要求"资本征税"（对积累的资产征收的一种税）应当更快地偿还也没有太大关系。英镑估价过高导致出口市场困难，其带来的就业难题很难摆脱其他因素的影响，比如战争中出现的外国竞争或印度等主要市场实行的关税壁垒。当时更多的关注点还是在于贸易政策以及是否支持帝国特惠制，而非货币政策。当金本位在 1931 年被放弃时，联合政府可以采取更灵活的货币政策，以帮助国内经济复苏，包括用低利率刺激住房市场并降低国债还本付息的成本，让英镑贬值从而增加出口限制进口。尽管 20 世纪 20 年代的通货紧缩政策导致了一时的困难，但却赋予了英国政治家在 20 世纪 30 年代的货币政策上

━━━━━━━━━━

[1]　Daunton 2006; Green 1988; Hilton 1977; Howe 1990.

相当大的自由。不像德国和其他欧洲大陆国家，英国没有经历过严重的通货膨胀，结果就是对货币灵活性不那么警惕。当英国进入第二次世界大战时，货币不是政治辩论的中心，可以很放心地留给专家作为技术问题去解决。

51　　与英国相比，在美国，货币更是政治的核心，中央银行的设立使得那些认为对经济增长至关重要的人与那些担心货币的力量会破坏共和美德的人之间产生了深刻的政治分歧。安德鲁·杰克逊提出的反对美国第二银行的"银行战争"处于政治的核心——在19世纪后期，在民粹主义者对金融家和信托的攻击中浮现出来的对于金融权力的担忧也处于政治的核心。内战期间，金本位的暂停也引发了政治争端，类似英国在拿破仑战争之后的情形：要恢复金本位就需要降低价格，这样做会对中西部的农民以及南方的棉花种植者这些债务人造成打击。这两个问题在民粹主义要求将白银货币化以促进货币流通和价格上涨的要求中同时出现。但是，第一次世界大战前，货币问题不是焦点。在1896年，长期的价格下跌停止了，所以白银问题就失去了理论基础。

　　1913年联邦储备制度的建立解决了中央银行的支持者和反对者之间的分歧，在这个制度下，除了设在华盛顿的联邦储备委员会之外，还建立了代表当地利益和本地银行家的地区性联邦储备银行。联邦储备制度并非不存在问题，许多银行在20世纪30年代初就失败了，但货币政治现在显得更为缄默。[1]

52　　在布雷顿森林会议上，44个国家批准的协议是在此前两年

〔1〕　Friedman and Schwartz 1963；Goodwyn 1978；Livingston 1990；Meltzer 2003；Remini 1984；Schlesinger 1953；Timberlake 1993；White 2000.

间由美英两国双边谈判决定的。更准确地说，这是"一个半"国家之间的协议，因为彼时英国在金融领域影响力不大，所以很大程度上接受了美国的哈里·德克斯特·怀特（Harry Dexter White）的计划，而不是约翰·梅纳德·凯恩斯（John Maynard Keynes）的建议。双方一致同意通过终止 20 世纪 30 年代的竞争性贬值来保持金融稳定。双方同意将固定汇率作为贸易恢复的前提条件；并且两国都认为，国内繁荣应该被作为防止摧毁 20 世纪 30 年代经济的民族主义复苏的首要关切。为了确保汇率稳定并维持国内繁荣，他们一致同意限制资本流动性。双方认可是 20 世纪 30 年代时突然的资本流动给汇率带来了压力，并且国内原因造成的利率变动不应受到为追求最佳回报而发生的资本流入或流出的威胁。最后，他们也认可，国际机构对防止追求狭隘的利己主义来说是必要的。到目前为止，在国际联盟经济学家分析 20 世纪 30 年代国际经济工作的基础上，已经达成了高度的共识。

　　但是，在总体共识范围内，英美之间的侧重点不同。之所以产生这种差异，一方面是因为国家作为债权人还是债务人的地位，另一方面是因为两国不同的银行体系。凯恩斯关于清算联盟的提议取决于他对英国作为债务人的立场的关切，他呼吁调整的重担也应落在美国这样的首要债权人身上。为了在世界经济中创造流动性，并消除对债务人的通货紧缩压力，凯恩斯提出建立一种国际货币形式：班科；同时规定向债务国提供透支额，使它们不至于被迫采取紧缩政策。哈里·德克斯特·怀特提出的"平准基金"理论则显得更加保守：它不允许银行货币的出现，而是为国际货币基金组织设限，即各成员的配额总和。当然，美国人认为，英国作为债务人，应该采取行动扎实地发展经济，英国人则认为美国人对他们的困境缺乏充分的认识。这种路径上的差异也反映在英国银行的做法上：与美国不同，英国允许客户透支，而美国人则认为这将导致通货膨胀和轻率行为。[1]

53　　虽然侧重点不同，但二者在货币问题上也有很高的一致性——除了同意美国的提议之外，英国别无选择。尽管凯恩斯和怀特的出发点不同，但由于两个原因，僵局没有出现。其一，参加布雷顿森林会议前的英国谈判代表处于弱势地位，除了做出让步之外，别无选择。其二，国内政治利益并没有介入，这不仅是因为问题的高度技术性，也是因为战争的情况。因此，并没有出现国际和国内考量之间不对称的双层博弈问题。

　　1946年的筹备会议与1947—1948年有关贸易的日内瓦和哈瓦那会议是非常不同的。这次会议有更多的国家出席，并且它们拥有更大的发言权去挑战美国人的提议。此外，英国有机会重启1944年的一些问题，以寻求矫正贸易协定中债务国的问题。因此，为解决货币问题而做出的让步再一次在与国内利益联系在一起的贸易谈判中被反对。结果就是出现了一个在现实中没有可能被批准的《国际贸易组织宪章》：在国际舞台上做出让步所产生的文件却大大疏远了国内的太多群体。国际贸易组织的失败可以解释为国内利益的干涉比1944年更为严重（假设6）导致的，一方面是因为贸易本质上更容易成为一个政治问题，另一方面是因为会议的构成不同，有更多更不同的声音（假设3）。最重要的是，关于谈判出可接受的《国际贸易组织宪章》的问题因为与国内利益相关的公平正义（假设5）的深

---

〔1〕　James 1996；Skidelsky 2000；van Dormael 1978.

刻分歧而加剧了。事实上，国际贸易组织的失败对于未来的贸易谈判可能是一个理想的结果：这是一个沉重的、充满争议的问题，已经远远超出了贸易的范畴。相比之下，过渡期的《关税和贸易总协定》可以在更务实的基础上继续降低关税，而没有这种破坏性的规范性问题存在。

贸易和国内政治

54

由于国内利益的格局，国际僵局很有可能出现（假设 6），特别是在贸易领域。这是因为其更居于政治辩论的中心，能导致政党结构的重新调整，成为选举的核心问题。这部分是因为相对于汇率来说，贸易问题通过实物、价格和就业的方式呈现得更加明显，并且更容易动员利益集团或塑造政治文化。结果就是，由于强大的国内利益的干涉，相比 1944 年在布雷顿森林会议解决的更具技术性的问题，有关贸易的多边谈判更容易陷入僵局。

英国的贸易政治重新塑造了政党，并在大选的关键时刻成为焦点问题。保守党因 1846 年罗伯特·皮尔废除玉米法而分裂，直到 19 世纪 50 年代转为自由贸易才结束。[1] 有两种关于自由贸易的设想。从 19 世纪 70 年代开始，欧洲转向了保护主义，英国采取了单边主义政策，坚持自由贸易而不利用权力去进行互惠谈判。到 19 世纪 90 年代前，许多贸易协会开始质疑这种单方或纯粹的自由贸易的主导方式，它们认为英国不应该对德国或美国所征收的更高的关税进行报复，而是应该在这些国

---

〔1〕 Gambles 1999.

家提高关税时与这些国家谈判，达成互惠政策，以保证市场的开放。但是，约瑟夫·张伯伦在1903年颁布的关税改革或帝国特惠制，使得这种可能性被抛弃了。这一提议使保守党之间产生分裂，自由党在1906年的大选中以自由贸易为纲领取得了胜利，导致了对这一政策更教条化的坚持——不仅作为英国经济繁荣的基础，也是特殊利益廉洁政治的基础。替代方案被放弃了。张伯伦的关税改革方案排除了更为务实的方案，这使得政治选择局限于他对英国经济未来的独特看法，或是对于自由贸易的优点固执己见的坚持。

55   到20世纪30年代初期，自由党关于自由贸易的提案受到了致命的削弱，关税改革的方案被提了出来。这一转变部分是由于取得明显胜利的自由贸易意识形态的内部紧张局势。更激进的"新"自由党和初出茅庐的工党，支持自由贸易，但只是在特定条件下如此。对商品和资本出口的依赖不应该反映国内收入和财富的分配不均，自由贸易因此应该与繁荣的国内市场有关，后者建立在有体面工资和就业的高效能干的工人的基础上。因此，在1914年以前的贸易政策辩论中，工党强调要将"工作权"和福利（由税收再分配提供资金）作为自由贸易的补充。尽管1924年选举中，工党组建了第一个少数派政府后关税改革再次遭到拒绝，但在经济萧条的压力下，煤炭、棉花、造船等出口行业丧失了大量就业机会，这一态度很快发生了改变。向保护政策的转变很快。[1]

同样，当第二次世界大战之后多边主义开始获得支持时，这个问题是有争议的。正如保守党的一些成员认为的，英国是

---

[1] Green 1995；Howe 1997；Marrison 1996；Marsh 1999；Trentmann 2008.

否应保留帝国的优先原则呢？或至少在战后可以预料到的困难市场中作为实用主义而言，是否要坚定支持经济学家莱昂内尔·罗宾斯和罗伊·哈罗德推崇的自由贸易？或者追求多边主义的条件应该与工党早期的自由贸易思想保持一致——它与国内再分配和就业紧密相连。战后的工党政府追求最后一点，这导致了与美国之间的紧张局势，并就战后多边机构的结构产生了诸多问题。[1]

在美国，贸易也有类似争议。在内战之前，贸易保护是南 56方（总体上是作为制成品的进口商和向兰开夏州出口棉花原材料的进口商支持自由贸易）与北方（更倾向于保护新生产业）之间的部门利益。关于关税的不一致导致了 1832 年的"拒兴联邦法危机"，当时南卡罗来纳州宣布 1828 年和 1832 年的关税政策在州内无效。尽管其他南方的州没有效仿，但 1833 年的妥协使得关税分阶段降低到更温和的水平。从 19 世纪 50 年代成立以来，北方的共和党大体上就是贸易保护主义者，其关税政策在19 世纪后期依然存在争议。民主党人支持自由贸易，一方面是因为他们的权力基础在南方，另一方面是因为他们需要得到担心贸易保护主义造成价格高昂的贫苦城市工人在选举上的支持。一些民主党人采取了一个更加理想主义的科布登主义路线，尤其是科德尔·赫尔（Cordell Hull，1933 年至 1944 年的国务卿），他认为自由贸易意味着将各国和谐地连接在一起并让各自集中精力做其最擅长的事以实现和平与繁荣。[2]

虽然威尔逊总统在 1913 年降低了关税，但他的科布登主义

---

[1]　Daunton 2007, pp. 302–4.

[2]　Howe 1997.

者的立场在战后受到共和党人的威胁。1922 年《福德尼-麦坎伯关税法》提高了关税，并且很快又提到更高。1928 年，共和党总统候选人赫伯特·胡佛呼吁征收关税，保护美国农民免受低价格的侵害，这很快扩展成一项普遍的原则，即应对关税进行修订以防止低工资的外国生产商的竞争，这样"美国的工人就可以再次控制国内市场，维持其生活水平，并在其熟悉的领域稳定就业"。胡佛赢得了选举，大萧条的开始确保了 1930 年《斯穆特-霍利关税制度》获得了勉强多数。胡佛自己认为关税过高，并且许多经济学家敦促他使用否决权，但均未成功。美国的关税尤其伤害到了自己的主要贸易伙伴——加拿大，这是1930 年选举中的关键问题，导致了贸易保护主义者——保守党人在选举中获胜[1]。英国紧随其后在 1932—1933 年实施了关税政策和帝国特惠制，这更多的是内部政治进程使然而不是对美国关税的直接回应。世界正在转向经济国家主义和双边协议，这一进程使赫尔感到震惊，他认为这是国际关系和信任破裂的标志。当他 1933 年成为国务卿时，他强调降低关税以重建和平与繁荣的"科布登主义者"世界，这意味着不仅要降低美国的关税，也要终止英国的帝国特惠制，这一制度被认为是特别有害的，因为它通过让利于一部分生产者而扭曲贸易。

57　　在英国，贸易政策在特定时刻会成为高级政治问题，但这并不是如同美国国会山那样主导威斯敏斯特（英国国会）日常政治事务的东西。在英国，关于特定商品的关税不是议会讨价还价的议题，政治辩论主要是关于政策的一般性问题。在英国，

---

〔1〕 Callahan et al. 1994；Eichengreen 1989；Hoover 1926 and 1952；Irwin and Kroszner 1996；Jones 1934；McDonald et al. 1997；O'Brien 2001；Pastor 1980；'Republican Platform' 1928；Schattschneider 1935.

跟财政政策一样，贸易政策也采取下述做法：税收或关税的所有变化都是由财政大臣在年度预算案中提交给下议院的。预算案的构成由财政大臣与一小群官员磋商确定，内阁其他成员极少参与。当预算案被提交给下议院时，执政党通常占多数，以确保预算案被接受：对预算案投反对票是信任问题，失败则意味着大选。因此，在议会中关于特定议题的谈判空间并不存在：无论是增加保护某一特定行业或地区的义务，还是提供税收优惠以使特定的下院议员的选民获益均是如此。"政治分肥款"（即议员为选民争取到的地方经费）型政治受到限制，这不像美国的行政部门向国会提出税收和关税议案，国会有权就细节讨价还价，并重写一揽子措施。鉴于任期是固定的，因此挫败行政部门并不意味着选举。总统需要在国会争取多数，以通过预算案，这就使得利益集团一定程度上介入，这在英国是不可能的。因为每个众议员都为其选民交换特权，结果就是大量的豁免和反常现象[1]。

英美政治体系之间的广泛对比对多边贸易谈判有着重要的影响。如果美国国会能够像英国那样，放弃权力，并将责任移交给行政部门，那么谈判就更有可能取得成功。在美国，贸易政策是国会的责任，而外交政策则是总统的责任，所以在与其他国家进行关税谈判的问题上就一直存在模糊地带。这一紧张局势在 1934 年的《互惠贸易协定法》中至少得到了部分的缓和，这是科德尔·赫尔提出的一项倡议，即要求将权力从国会赋税委员会剥离，授予总统可以达成降低 50% 关税的双边协议的权力，并通过最惠国待遇协议将其应用于其他国家。参议院

---

〔1〕　Steinmo 1989.

对贸易协定的批准被取消了，现在所需要做的只是争取多数投
票以恢复《互惠贸易协定法》（RTAA）[1]。一般来说，总统可
能倾向于降低关税，因为他们不像国会议员那样依赖地方利益
的支持。对总统进行授权意味着"互投赞成票"和"政治分
肥"式的政治在很大程度上被消除了——在 1934 年，由民主党
控制的国会同意让权给总统以回应其早先在贸易自由化上的失
败。第二次世界大战后，由于出口繁荣创造的贸易自由化得到
了更大支持，改变了之前的政治联盟，共和党议会愿意继续推
行《互惠贸易协定法》。在 1945 年，《互惠贸易协定法》得以沿
用，并为 1945 年 12 月的多边关税削减提案做好了准备。但是，
是否可以完全限制国内政治的干涉？这个答案取决于谈判多大
程度上远离关税的实际问题——其本身就有争议——转到更广
泛的公平与正义问题上。

定义多边主义

58　　在战争结束时，美国是当时世界上经济最强大的国家：它
是最大的商品市场和主要的商品出口国，国际收支顺差很大导
致美元短缺。一个重大问题是，美国是否应该采取行动来减少
出口并鼓励进口，而不是向其他国家施加负担使其改善其国际
收支？英国政府认为，美国对英国施压要求放弃帝国特惠制的
做法是不切实际的，它们不了解战后英国（和更广泛的欧洲国
家）经济严重疲软和国际收支状况。美国拒绝接受战后的调整
对世界上最大的债权人和债务人来说是一样的，这令人忧虑。

---

〔1〕 Dam 2004.

布雷顿森林协定在货币政策方面拒绝了英国提出的将战后　59
调整的一些负担施加于美国这个最大的债权国的提议。凯恩斯
希望他可以通过布雷顿森林的"稀缺货币条款"（第 7 条）恢复
对美国的一些限制：一个货币供应不足的国家应采取行动减少
国际收支盈余，从而减轻其他国家紧缩的压力。考虑到重建期
间对美国商品的需求，这一要求在战后必然适用于美元，但第 7
条却被美国政府以非常狭隘的方式界定了。[1] 如果要制约美
国，也许可以通过贸易谈判，或通过多边贸易的定义和维持充
分就业的建议来实现。在布雷顿森林会议上业已结束的问题现
在可以被重新提出来了：世界主要债权国的责任是什么？怎样
才能对美国人进行一些限制？

　　对多边主义的定义在英美之间迅即产生了争议。[2] 英国承
诺接受多边贸易，但战后工党政府眼中的多边贸易与赫尔或威
尔·克莱顿（在 1944—1947 年担任主管经济事务的助理国务
卿）眼中的多边贸易却有着不同的含义。"提案"始于一个重大
的声明，即维护和平的集体措施需要解决争端的机制，同样也
需要"各国为了预防和消除经济社会失衡、实现国家间经济关
系的公平正义以及提高各国人民的经济水平而展开经济层面的
合作"。这一政策的基础是"主要工业和贸易国家几乎实现充分
就业"，这对"扩大这些国家和其他国家充分繁荣所依赖的国际
贸易至关重要，对充分实现关于商业政策、商品问题、限制性
商业惯例、货币稳定和投资等所有自由的国际协议的目标至关

---

[1] James 1995, pp. 100-1; Skidelsky 2000, pp. 251-2.
[2] See Gardner 1956.

重要，最终对维护世界和平与安全也至关重要"[1]。一个国家追求充分就业不应该以其他地方的失业为代价，就像 20 世纪 30 年代的"以邻为壑"政策中维持就业的关税保护导致了世界贸易和经济活动的减少。

60　　美国的国内政治立刻干涉了进来，因为这些提案发布时，美国国内正在就"充分就业的承诺是否可取"展开争论。1945 年，国会正在考虑一项《充分就业法案》，其部分汲取了副总统亨利·华莱士的思想。1945 年的《充分就业法案》遵循华莱士的假设，即失业是自由企业带来的一个自然后果，自由企业很容易"在经历了短暂的增长和发展到达令人高兴的繁荣昌盛的时期后，就会出现灾难性的崩溃"。在这种观点下，"私营企业，单靠自身手段，不能提供充分就业，也无法消除周期性的大规模失业和经济萧条"。因此，该法案提出通过设定联邦"补贴财政"支持自由企业，以便确保"所有能够工作和渴望工作的美国人都有机会获得有用的、有偿的、定期的和全职的工作"[2]。

　　该法案的反对者认为，20 世纪 30 年代是不寻常的，在正常情况下，经济往往可以提供充分的就业机会，只有极端条件下才需要采用财政补贴。他们认为，有些失业是不可避免的，甚至是可取的：随着资源转移以应对不断变化的消费需求，商业周期是经济调整过程中的重要组成部分。这项法案会减缓调整

---

〔1〕　PP 1945–6 XXVI（British Parliamentary Paper）, Proposals for Consideration by an International Conference of Trade and Employment as transmitted by the Secretary of State of the United States of America to His Majesty's Ambassador at Washington, 6 December 1945.

〔2〕　See Culver and Hyde 2002；Maze and White 1995；Walker 1976；Wallace 1943 and 1945.

进程，从而只是使失业率在短期内下降，从长远来看只会加剧失业。与此同时，追求充分就业"会导致价格上涨和虚假繁荣，还会带来我们试图避免的衰退和失业"。法案的反对者拒绝将就业权纳入法律，因为即使在最好的情况下，没有办法执行也是毫无意义的；在最糟糕的情况下，这还是一种非美国式的社会主义运动。最终结果就是 1946 年《就业法》的出台，标题的变化显示了野心被根本性地削弱。就业权以及联邦政府通过"财政补贴"确保充分就业的责任都被放弃了。该法案表达了一个意图而不是要求，即实现最大程度的就业（这实际是可行的）而不是充分就业。[1]

　　充分就业的激进政策在国内的失败没有在 1946 年开始的关于"提案"的国际讨论中重演，这次讨论以 1948 年的哈瓦那会议上达成一致的《国际贸易组织宪章》告终。1945 年美国法案中关于充分就业的定义在英国没有被拒绝，恰恰相反，工党政府看到了《国际贸易组织宪章》在国际舞台扩大其观点影响力并限制美国的破坏性影响上（在他们看来）的作用。

　　1945 年的"提案"起源于米德在 1942 年提出的商业联盟计划。米德指出，英国对国际贸易的严重依赖，意味着它坚定地支持多边贸易，并在多边贸易中的获益要比大多数国家多。英国提出应通过增加世界市场的购买力、减少贸易壁垒、终止歧视和双边协议来"全面消除对国际贸易的限制"。商业联盟的成员同意不会给予某一个成员其他成员所不享有的特权，同时减少对其他成员的关税保护。但是，如果一些国家是国际收支清算的成员，并且它们的赤字达到一定水平，则允许它们采取保

<hr/>

〔1〕　Santoni 1986；US Senate 1945a and 1945b.

护措施。[1] 米德接着提出，自由贸易不会简单地遵循在布雷顿森林会议中达成的国际货币政策协定或美国政府的理想信念，他坚持认为需要对战后世界的现实情况进行评估。1945 年，他对美国的提案表示欢迎，并驳斥批评者，认为他们担心国际货币基金组织和国际贸易组织是"为了恢复自由贸易和美国强加给我们的'金本位'而制定的不灵活的规则，美国对国际收支平衡视而不见并且依仗自身的强势地位肆无忌惮地将教条主义的思想强加于其他国家"。他认为，国际货币基金组织和国际贸易组织将重建世界的均衡，各国仍然可以采用贸易保护和管制，以在商定的规则制度下处理国际收支问题。但是他对美国提案的支持还包括要实施一项刺激国内就业和外部购买力的计划，以维持全球需求——这与美国的思想截然不同。[2] 与美国的定义不同，他认为多边主义应与国内和更广泛国际领域民主的经济规划相结合，这也是战后工党政府对国际贸易组织谈判的核心路径。

62 　　因此，战后英国政府对多边主义的方式与赫尔和克莱顿的信条相去甚远，他们认为仅仅减少贸易壁垒就能实现繁荣与和平。在爱德华时期的英国，这种科布登主义的方式被修正了，越来越多地意识到，只有在国内外生产和就业的公平条件下，贸易才真正自由。[3] 因此，"提案"成为英国一个非比寻常的认知框架的一部分。正如克莱门特·艾德礼（Clement Attlee）在 1946 年承认的那样，"在世界经济规划的具体方面，我们发现美国与我们一致，但一般来说，他们持有我们并不接受的资

---

〔1〕　Meade 1988 (1942)，p. 52.

〔2〕　Meade 1988 (1948)；The National Archive（hereafter TNA）T236/702，'International Full Employment Policy'，n. d.（June 1946）.

〔3〕　Trentmann 2008.

本主义哲学"。财政大臣休·多尔顿认为，多边主义意味着各国政府之间要达成协议，以创造"最明智的国际经济专业化形式……我认为最终的目标就是要成为一个最高的国际经济规划机构，它将努力协调各国政府和生产者之间的各项协议，并且将始终提出改进协议的方式，以确保更合理地分配资源"。

战后工党政府的许多成员对美国深感怀疑，认为其是一个不受控制的资本主义经济体，特别容易出现强烈的繁荣和萧条，并蔓延到世界其他地区。英国财政部主要官员奥托·克拉克担心美国重建多边贸易的提案：

> "总体上是产生失业……肯定会阻碍个别国家追求内部 63
> 充分就业政策……我们把自己与美国高度流动的经济绑在
> 一起，更重要的是，我们同意增加对国际贸易的依赖……
> 事实上，我们实行了高进口高出口的政策，但我们对美国
> 的稳定没有任何保障措施，而且我们与志同道合的国家展
> 开合作以缓和美国经济萧条对我们的冲击的力量又非常
> 有限。"[1]

随之而来的问题是，承诺国内外充分就业的贸易措施应辅之以假定存在的国际贸易组织所有成员的承诺。美国在 1945 年至 1946 年期间就《充分就业法案》进行的辩论在 1946 年至 1948 年期间对《国际贸易组织宪章》的讨论中再次出现。

战后的工党政府和美国政府在对充分就业的含义上有着截然不同的理解。1944 年的白皮书认为政府应"在战后保持高度稳定的就业"，威廉·贝弗里奇更进一步，他认为充分就业意味

---

〔1〕　TNA, T236/702, 'International Full Employment', R. W. B. Clarke, 18 July 1946.

着"要拥有比失业者更多的空闲职位，而不是稍微少点职位……劳动力市场应该始终是卖方市场，而不是买方市场"[1]。贝弗里奇意识到，这种对充分就业的承诺具有国际意义。国际贸易应该扩大，但要建立在"海外贸易是通过公平交换提高各国生活水平的一种手段，而不是出口失业的手段"的基础上。[2]贝弗里奇自己并没有发展这些思想，其他人则出来接受挑战。

米德与内阁经济部门在 1946 年制定了一项国际就业政策，作为英国筹备国际贸易和就业大会的一部分。米德认为，对充分就业的国际承诺至关重要，特别是美国作为世界经济的驱动力：维护国内就业的义务意味着"其他国家能够影响美国的政策……从而给他们施加压力，以采取措施消除萧条的根本原因"[3]。实现充分就业不仅是国家政府的一个问题。应建立国际缓冲库存以维持稳定的需求和价格；国际公共建设工程应该及时抵消就业的波动，国际复兴开发银行应为资本发展提供资金以实现同样的目标（即抵消就业波动）；国家信贷政策变化应协调一致，国际资本流动需要控制；应根据就业变化调整汇率和税率。这样，出现问题的国家将被允许贬值其货币提高出口竞争力，或施加进口限制为其国内市场生产更多的商品，或对作为萧条中心的国家施加歧视性关税。这些政策将主要的协调和规划功能赋予国际货币基金组织、国际复兴开发银行和假定存在的国际贸易组织[4]。

---

〔1〕 Beveridge 1944, pp. 18–19; British Parliamentary Paper 1944.

〔2〕 Beveridge 1944, pp. 33–4.

〔3〕 TNA, T236/702, Commercial policy: talks with New Zealand, note of meeting, 17 June 1946.

〔4〕 TNA, T236/702, 'International Employment Policy', n. d. (June 1946).

米德的做法提供了一种将劳动政策的两个要素结合起来的 64
手段，否则就会处于紧张状态：国内经济规划的承诺和将资源
分配给市场力量的多边贸易的承诺。其解决办法就是国际规
划[1]。正如一位财政官员所解释的那种，米德的计划是"良好
的社会主义和理性"：

> 英国主动公布了国内充分就业政策，我们希望倡导国
> 际充分就业的计划。其二，尽管人们很难期待美国人签署
> 的这样一份承诺会对充分就业的实现产生什么影响，但签
> 署很重要。这意味着他们会认识到，如果违背我们的希望，
> 他们会面临大规模的失业，世界其他国家必将采取措施来
> 保卫自己；这与他们的希望相反，这意味着他们需要对把
> 事情做好承担全部责任。
>
> 其三，我们已经包含了一项有价值的事业……使得在
> 国际收支中处于优势地位的国家肩负起修正国际收支的责
> 任。这绝对是有价值的；这意味着我们要接受这样的观点，
> 即如果一个国家国际收支不平衡，这不是这个国家的错；
> 很可能是一个国际收支顺差的国家的错。其四，在任何情
> 况下，为了让小国进入国际贸易组织，这一切都是必要
> 的……很明显的是，如果大象（美国）横冲直撞的话，那
> 么其他国家并不能承担起放下武器的后果。尤其是大象还
> 声称自己是动物园里唯一一个理智而善良的动物。[2]

就像流产的国际货币基金组织"稀缺通货条款"，就业宪章 65

---

〔1〕 Toye 2000.

〔2〕 TNA, T236/702, S. D. Waley to B. Trend, 18 October 1946; T236/704, S.
D. Waley to p. J. Grigg, 28 October 1946.

草案旨在控制美国，最重要的是要表明"自由社会可以利用足够的经济规划来预防严重的经济衰退。如果我们准备把大会的就业政策工作作为其活动的重要组成部分，那么即将举行的贸易和就业大会将为这一目的提供一个国际平台"[1]。

虽然英美两国是战后国际贸易协定的主要倡导者，但他们对多边主义、充分就业和国际经济规划的态度却有着明显的差异。英国就业政策草案是为了驯服美国这头"大象"并使其恢复理智。但是，美国人对良好的社会主义与理智是相容的说法表示怀疑。在国内，他们放弃了"充分就业法案"的思想；相比之下，英国政府对全面就业做出了更加坚定的承诺，这会通过国内外的规划来实现。对多边贸易的承诺被置于与美国国务院不同的意识形态背景下，追求国际充分就业被视为控制美国"具有破坏性的资本主义经济和无法领会一个债权国的责任"的一种方式。关于充分就业意义的辩论注定成为通往日内瓦和哈瓦那大会筹备会议的主要争论点。

贸易与分配正义

联合国经济社会理事会认为，贸易和就业问题会议的筹备会议议程应包括"有关实现和维持高水平、稳定的就业和经济活动的国际协议"的讨论，米德公约草案构成了讨论的基础。这个阶段旨在讨论人们对于充分就业的含义以及为了实现充分就业而开展的国际行动性质的极为不同的看法。筹备会议以及

---

[1] TNA, T236/703, International employment policy, note prepared by the Treasury, the Board of Trade and the Economic Section, n. d. ; S. D. Waley to B. Trend, 'International Employment Policy', 14 October 1946.

日内瓦和哈瓦那会议为充分就业的含义、充分就业与多边贸易的关联以及国际贸易中分配正义的定义的热烈讨论提供了场所。除了英国和美国之外，新的声音很快出现，而且令人不安的是：还没有驯服美国这个大象，英国人发现他们在动物园里释放了许多其他的动物。由于谈判各方文化的多样性（假设3）和公平与正义不同观念的影响（假设5），问题出现了。

　　起初，澳大利亚代表发展中国家发声，它对充分就业的态度是由其自身的政治特质以及作为主要生产国的地位决定的。正如在美国和英国那样，关于充分就业的含义以及需要政府采取什么行动在战争期间被讨论，1945 年一份关于充分就业的白皮书指出，"只有在总支出可以提供一个澳大利亚工人通过可用的设备和材料生产出所有商品和服务的市场，并且在满足休闲的需求后实现充分就业，充分就业才可以得到维持。"由于复员政治，政府对充分就业的承诺显得尤其重要：工党政府长期以来一直反对征兵，而且工党政府以优先安排退伍军人作为补偿。这一让步与长期以来只雇用工会会员的工厂的要求相违背。充分就业是满足工会和反对征兵的一种手段。战后重建司司长库姆斯也认为，充分就业的承诺将削弱澳大利亚通过法院和仲裁确定工资的严格制度。而且，英联邦政府面对来自各国的敌对态度时，无法重新展现其战时对经济的权力，从而转向将《联合国宪章》所包含的充分就业与发展的承诺，将其树为权威，以追求国内目标的实现。[1]

　　库姆斯在贸易与就业大会筹备会议上担任澳大利亚首席谈判代表，比起英国，他更强烈地要求最充分利用国际资源，以

66

67

---

〔1〕 Jenkins 1945, pp. 240-2；Rowse 2000, pp. 1-13.

维护国际需求和就业。澳大利亚人显然很担心美国人所定义的多边贸易的影响，因为他们严重依赖食品和原材料的出口。库姆斯强调，必须采取强有力的行动反对任何《国际贸易组织宪章》签署方未能履行承诺维持国内充分就业，将其资源用于国际商品和服务支付或海外投资，或开发资源和提高自己管辖区的生活水准。如果"依赖型国家"——主要是像澳大利亚一样的生产国——被要求放弃经济保护主义，就需要其他成员保证履行"基本义务"，以维持有效的需求。做不到的话，应允许申诉人在《国际贸易组织》的授权下采取行动去防止单边主义，打击肇事方并阻止衰退的蔓延。[1]

英国财政部担忧澳大利亚的做法"一定会引起美国人对其明显的针对的"，并认为"对我们来说提出这个做法是策略性错误"[2]。从英国人的角度来看，事情很快就发生了更为令人忧虑的转变，因为其他主要生产国或欠发达国家开始在就业问题上采取更激进的立场。在 1946 年的筹备会议上，哥伦比亚代表

---

〔1〕 TNA, T236/703, "Preparatory Committee on Trade and Employment: Expansion of Effective International Demand", note by the Australian delegation, UN Economic and Social Council, London, E/FC/T/W. 10, 15 October 1946; Preparatory committee on trade and employment, British Commonwealth talks, 4 October 1946; Proposed draft convention on employment, n. d. ; T236/704, United Nations, Economic and Social Council, Preparatory committee of the international conference on trade and employment, Committee I, summary record of meetings, second meeting, first part, 21 October 1946, E/PC/T/CI/4, 21 October 1946.

〔2〕 TNA, T236/703, S. D. Waley to B. Trend, "International Employment Policy", 14 October 1946; 关于澳大利亚的提案, see 'Preparatory Committee on Trade and Employment: Expansion of Effective International Demand', note by the Australian delegation, UN Economic and Social Council, London, E/FC/T/ W. 10, 15 October 1946; T236/704, United Nations, Economic and Social Council, Preparatory committee of the international conference on trade and employment, Committee I, summary record of meetings, second meeting, part two, 21 October 1946, E/PC/T/CI/7, 22 October 1946.

指出，美国人认为高水平就业的先决条件是取消妨碍世界贸易
自由发展的条例和做法。他们对此持怀疑态度，认为充分就业
与两个目标是分不开的：生产的多样性；制造业的工资高于采
掘业，有助于创造"精神上和道德上优越的工人阶级"。哥伦比
亚代表认为，经济与社会理事会"应该问自己，是否可以通过
剥夺新兴产业的所有保护来实现这种演变，以及贸易自由政策
与工业落后国家特有的条件相协调是不是太不自然了"〔1〕。

　　这个话题由印度代表继续，他们抱怨说美国人对欠发达国　68
家的问题缺乏足够认识，筹委会应特别注意"（a）主要生产国
收入的维持和稳定，（b）就业的多样化，（c）工业和经济发
展"〔2〕。尼赫鲁强有力地提交了印度的提案，并驳斥了美国对
自由企业和多边贸易的承诺：

　　　　经济不发达国家开发资源的义务只能通过发展型关税
　　和量化控制等手段以及充分的保障措施来实现。印度支持
　　经济计划，而不是自由企业……一个发展中国家……可能
　　导致其他国家在其正在发展的行业内立即失业。……发达

〔1〕　TNA, T236/704, United Nations, Economic and Social Council, Preparatory committee of the international conference of trade and employment: memorandum on the objectives of the international trade organization in respect to employment (submitted by the secretariat), London E/PC/T/W. 18, 19 October 1946.

〔2〕　TNA, T236/704, United Nations, Economic and Social Council, Preparatory committee of the international conference of trade and employment: memorandum on the objectives of the international trade organization in respect to employment (submitted by the secretariat), London E/PC/T/W. 18, 19 October 1946.

　　国家有义务对自己的工业做出合理的调整。[1]

69　　　新独立的印度政府坚持实行管制经济，只有继续限制进口才是可行的。特别是，印度人坚持认为，《宪章》应允许各国采取适合其特定发展阶段和社会政治制度的行动。

　　古巴人强调，国际贸易组织的成员"应该有义务采取一切行动去防范不利于劳动人民的条件，并提高人民的生活水平"。他们认为，血汗劳动与国际贸易组织的目的相矛盾，而且"更能够吸引那些在乎利润而非提高劳动者待遇的外国投资者。在世界市场上，这种情况下生产的商品将会损害到在工人条件较好的国家生产的商品，最终将对这些条件产生不利影响"。因此，国际贸易组织"应努力建立薪酬制度和一般工作条件，使工人有尊严地生存"。虽然被告知这个问题是国际劳工组织的问题，但古巴人继续坚持要求，认为工业发展第一阶段的国家应该能够通过农业多样化和促进工业发展获得充分就业。最后，古巴威胁如果没有这样的承诺他们就不会在《宪章》上签字。[2]

　　显然，这些对特殊待遇和有尊严的生存权的要求令发达国

---

〔1〕　TNA, T236/704, United Nations, Economic and Social Council, Preparatory committee of the international conference on trade and employment, Committee I, summary record of meetings, second meeting, part two, 21 October 1946, E/ PC/T/CI/7, 22 October 1946.

〔2〕　TNA, T236/704, United Nations, Economic and Social Council, Preparatory committee of the international conference on trade and employment, Committee I, summary record of meetings, second meeting, part two, 21 October 1946, E/PC/T/CI/7, 22 October 1946; T236/704, United Nations, Economic and Social Council, Preparatory committee of the international conference on trade and employment, observations by the Cuban delegation, E/PC/T/CI/10, 28 October 1946.

家忧虑。虽然英国人试图争辩说，他们也是可能受到美国萧条影响的"依赖型国家"，但他们同美国人一样表示了对欠发达国家提出的建议的关切。英国人担心，就业宪章草案可能成为威胁，而不是（原本想要实现的）对美国权力的缓冲。正如一位财政部官员所说，"所有欠发达国家都迫切需要几乎无限制地保护新兴产业的权利。这当然是我们完全不能接受的，但可能的是这一条款必须在国际贸易组织之下做出，以促进这些国家的经济发展。"[1]

　　比利时代表团在筹备会议上最充分地阐述了对充分就业定义的警示。他们认为，就业政策应该更加谨慎且切实地界定为"实现最高、最稳定的就业水平"，一是适度的准则可以防止后期的失望，二是基于基本原则。相比在筹备会议中影响了各种文件的贝弗里奇在《自由社会的充分就业》中的定义，比利时人更乐于接受英国《充分就业白皮书》和加拿大 1945 年 4 月关于"劳动和收入"文件中的定义。比利时海标反对贝弗里奇的定义，"即认为就业政策的目标是创造一个与失业相反的局面；这带来了有效需求的过剩"。这种方法需要"复杂的经济控制手段……将完全消灭个人主动性和消费者的自由选择"：过度需求意味着定量配给以确保商品均匀分配，并需要人工控制。比利时代表反倒支持"应当创造使消费者和生产者自由做出个人决定的一般条件"。他们强调在困难时期的好处，其可以降低成本、促进经济活动合理化和改进技术。与此相反，持续的有效需求将意味着"促进进步的天然刺激消失，且不得不被国家激励所取代"[1]。相比英国工党政府的做法，这种做法更多是与美国 1945 年《充分就业法案》的反对者立场相似。

这些问题在筹备会议上进行了争论。美国人和国际货币基金组织想要放弃国际组织协调就业政策的提议；英国人希望保留这一提议，但输掉了辩论，使国际组织的角色仅仅变成了交换信息。1946 年《劳工法》的具体措辞——"为有能力、有意愿和谋求工作的人获得和维持有用的就业机会"被采纳——其更容易被国会和比利时接受。[2] 但美国人并没有完全得逞。各成员都同意开发经济资源，提高生产力；并提出增加"适应其政治经济和社会条件的措施"以满足印度方面的关切。筹备会议上加入了一则声明，要求各国采取适当和可行的行动去消除出口生产中不合标准的劳动条件，这满足了古巴的一些要求。会议还达成一致，即如果一个国家在其国际收支中存在着根本性的不平衡，并且这种不平衡使其他国家处于长期困境，则该国应采取行动纠正这种失调。[3] 关于各种就业方式的前后矛盾和互相冲突的要求经汇集形成了一份单一文件。虽然米德和英国政府主张采取具体行动的提案被否决了，欠发达国家的要求缓和了，充分就业的定义被修改了，但仍有许多让美国国会和

---

〔1〕 TNA, T236/704, United Nations, Economic and Social Council, Preparatory committee of the international conference on trade and employment, Committee I, Belgian Delegation, note regarding the drafting of articles relating to employment policy, London E/PC/T/CI/8, 24 October 1946.

〔2〕 T236/704, International employment policy - proposed amendments to undertakings (1) to (5) in annex A of the UK paper.

〔3〕 TNA, T236/704, United Nations Economic and Social Council, Preparatory committee of the international conference on trade and employment, report of the subcommittee, London E/PC/T/CI/11, 4 November 1946.

国内利益警惕的地方。

1946 年至 1948 年的广泛讨论遇到了严重的问题，因为它们　71
涉及的不仅仅是贸易问题，而仅贸易问题就比布雷顿森林会议
上的金融问题更具争议性。因为增加了深度分化的分配正义和
就业问题的考虑，这些问题变得更加复杂了。在日内瓦和哈瓦
那会议上，特惠和定量管制的问题继续与美国的多边自由贸易
思想相冲突。在日内瓦和哈瓦那会议上，谈判代表们在制定国
际会议所有与会者都会接受的条文方面面临着巨大的困难——
但是在国际谈判中成功达成的妥协极难赢得美国国内利益的支
持。双层博弈无法得以协调，因为为了在日内瓦和哈瓦那会议
上达成协议，美国谈判代表寻求调和其他国家与国内联盟不一致
的观点，而其需要国内联盟在国会批准达成的宪章。在日内瓦与
哈瓦那会议期间，成员身份和投票权发生了转变，即欠发达国家
拥有了更大的发言权，这使得这个问题变得更紧张了（假设 4）。

制度设计

布雷顿森林协定是由美英谈判所决定的，会议的其他参加　72
者只不过在“成交协议”上签字罢了。贸易谈判则截然不同，
因为其他国家有更大的发言权。关于实现多边贸易方式的详细讨
论在 1947 年的日内瓦会议开始时，占到世界贸易总额 80% 的 23
个国家，修订了《国际贸易组织宪章》的内容，并就《关税与
贸易总协定》进行了谈判。美国人平均降低了 35% 的关税，并
以最惠国待遇协议取代了与各国现有的双边协议。总统依据允
许其至多减税 50% 的《互惠贸易协定法》做出了减税的让步。
当然，还是会有紧张形势。英国人认为美国的关税太高，而美

国人则觉得英国应该放弃帝国特惠制。而且，欠发达世界的代表要求邻国之间的定量管制和特惠，但这与多边贸易明显不符。他们在日内瓦会议上没有取得什么进展，因为会议是由发达国家主导的。美国人很焦虑，他们认为投票权应该限于联合国的正式成员，但英国政府对此提出批评，他们认为这种限制源于"一种完全错误的想法，即联合国的威望取决于排他性而不是它所取得的成就。"

当然，联合国在安全和一般政治问题上的投票必然要局限于成员。但是，在专门功能性机构的情况下，如国际劳工组织和国际粮食与农业办公室，有效性意味着要在特定领域吸纳尽可能多的国家。英国人认为，《国际贸易组织宪章》会影响到每一方的经济和贸易，除非参加哈瓦那会议的各国代表能向他们的议会和舆论证明他们有发言权，否则就会引起反对。事实上，这种认识也很适用于英国政府本身。最终，英国人赢得了这次辩论，每个国家都被允许投票。但是，美国人比英国人曾设想的走得更远，他们放弃了最初的提案，即为了确保发达国家的主导地位，投票应有贸易加权。相反，美国人接受了一国一票的普选权，确保更广泛地支持国际贸易组织而不是为了更容易地维护美国（英国）的利益[1]。但是，绝大多数欠发达国家并没有如设想的那样天真地表示感激，他们要求更大的让步。权力平衡的变化有利于欠发达国家，后者改变了双层博弈的动态：国际谈判中的妥协更有可能引发疏远重要的国内利益的让步。制度设计使得宪章的批准更容易遇到问题（假设 4）。

---

〔1〕 TNA, PREM8/1416, CP (48) 84, Cabinet, Havana Trade Conference, memorandum by the President of the Board of Trade, H. Wilson, 12 March 1948.

欠发达国家理所当然地认为，《宪章》的日内瓦文本在很大 73
程度上有利于"大商业国家"，特别是拉美国家发挥了关键作
用。他们担心美国通过马歇尔计划将注意力转向欧洲重建。加
拿大关于哈瓦那会议的报告表达了拉丁美洲代表的担忧：

> 美国正在抛弃他们转而支持欧洲。他们的社会主义思
> 想已经使他们转而相信一种国际社会主义的形式，更富裕
> 的国家有义务促进较贫困国家的经济发展，并使他们的生
> 活水平提高到富裕国家的生活水平。[1]

在战争期间，由于自美国和欧洲的进口减少，新兴工业在
拉丁美洲发展了起来。一旦战争结束，拉丁美洲就担心欧洲竞
争的复苏。他们的目标是在经济一体化和进口替代工业化的基
础上，保持量化限制和优惠安排，鼓励拉丁美洲的发展。委内
瑞拉代表在哈瓦那很清楚地表达了这种做法：

> 《宪章》所体现的平等必须不同于 19 世纪的平等，19 74
> 世纪的平等实际上导致了不平等，例如其让拉美国家不可
> 能发展新经济。在那个时期，他们提供原材料，并已成为
> 制成品的倾销地。现在这又被为了所有人福利的经济相互
> 依赖的思想所取代。除非旧的偏见被抛弃而采取现代的合
> 作原则，否则《宪章》就不可能实现。[2]

这种发展方式显然复杂化了赫尔和克莱顿所认为的多边主
义是解决世界经济问题的灵丹妙药的观点。

给予发展中国家的一个让步是保护性的或发展配额，其设

---

[1] *Documents on Canadian External Relations* 1948b.
[2] TNA, BT11/5206, seventh plenary meeting, 29 November 1947.

计目的是限制进口以支持新兴产业。美国人在日内瓦会议上反对任何形式的让步，但在哈瓦那会议上让步了。第二个让步是引入新的特惠的权利。日内瓦会议不允许新的特惠，除非国际贸易组织的 2/3 多数同意这些特惠是经济发展所必需的。在哈瓦那会议上，如果在相同的经济区域内为了发展的需要，可以引进新的特惠。由于英国致力于按照租借法案和美国 1945 年的贷款条件结束自己的特惠制度，如果其他国家能够引入新的特惠，英国出口市场会受损，这是明显的不公平。最终这个问题通过插入一个脚注的方式被解决了，大意是一个经济区域可以依据一体化或相邻性被界定——这是一个包含了大英帝国的定义。因此，英联邦的特惠可以由《国际贸易组织宪章》保护，这对美国谈判代表来说是相当大的损失。虽然英国政府考虑在哈瓦那会议上提出休会——理由是美国人对发展中国家做出了太多的让步，但英国部长们也意识到，如果这么做，美国人将会把责任归咎于他们，并以此在拉丁美洲和亚洲的发展中国家那里获得赞誉。这么做也违背工党支持国际合作的理念，以及在美国煽动孤立主义。[1] 贸易显然是更广泛的战略关切的一部分。

75　　实际上，美国对国际贸易组织的反对并不需要太多的煽动。虽然克莱顿正忙于在哈瓦那会议上寻求多边主义，但国内的反对却越来越明显。《互惠贸易协定法》是一回事，《国际贸易组织宪章》则是另一回事。这一警示在 1947 年时更加明显，当克

---

〔1〕　TNA, PREM8/1416, Prime Minister, Havana Trade Conference, memorandum by the Chancellor of the Exchequer and the President of the Board of Trade, EPC (48) 16, 10 March 1948; CP (48) 84, Cabinet, Havana Trade Conference, memorandum by the Board of Trade, H. Wilson, 12 March 1948; CP (49) 114, Cabinet, Havana Charter for an International Trade Organization, memorandum by the President of the Board of Trade, 10 May 1949; *Documents on Canadian External Relations*, 1948a and 1948b; Toye 2003.

莱顿在日内瓦会议上进行削减关税的谈判时，适逢美国国会讨论对羊毛生产者的保护。政府当局担心，任何这样的措施都将被视为美国转向孤立主义，这会破坏日内瓦会议的谈判。这项法案最终被杜鲁门总统否决。更重要的是，国会并没有批准《国际贸易组织宪章》，因为《宪章》同时得罪了那些认为宪章在自由贸易方面做得还不够的"完美主义者"以及那些觉得让步太多的"保护主义者"。[1]尽管美国人没有如英国人担心的那样退回孤立主义，但赫尔和克莱顿的雄心受挫了。美国的政策从多边主义和自由兑换转向了更为循序渐进的现实步骤，开始更加重视欧洲重建中的问题。战争结束后，不同于大英帝国的帝国特惠制，欧洲出现的关税同盟可以看作是从双边主义向多边世界更自由的贸易转变的一个步骤。尽管区域主义现在被视为对多边主义的潜在的严重威胁，但实际上，不完全互惠原则与《关贸总协定》中最惠国原则并存没有严重的问题。因此，与欧洲支付联盟一起，美国人从纯粹的多边主义转移到扩大国家间贸易的中间阶段。理想主义被实用主义缓和了。[2]

最重要的是，《国际贸易组织宪章》因为不可实现的抱负而变得不堪重负，而《关贸总协定》范围有限，却更现实。时事评论员认为，国际贸易组织的失败与关贸总协定的幸存是：

> 因祸得福：通过设置从限制性商业惯例到政府间商品协议的多方面的议程，国际贸易组织冒着成为一个大型官僚机构的风险，这样的话其可以对国际贸易实行国家管制和许可，而其本来要使贸易免受这些管控。……关贸总协

76

---

〔1〕 Aaronson 1996, p. 115; Diebold 1952, pp. 16-24.
〔2〕 Kaplan and Schleiminger 1989.

定狭义的关注是服务贸易自由化进程……因为关贸总协定的使命是简单直接的。关贸总协定没有自主权力、独立杠杆或金融制裁。在某种意义上，关贸总协定不会超出其成员的承诺而存在……通过谈判共识达到特定目标。[1]

哈瓦那会议表明，广泛代表性的危险将导致解决双层博弈的严重困难。哈瓦那的成功则意味着国会山的失败。

结　论

在布雷顿森林的货币会议与在日内瓦和哈瓦那的贸易会议是非常不同的。在第一种情况下，双层博弈相对简单。英美两国政府都希望解决货币不稳定的问题，对成功的基本要求达成了高度的一致。英国凯恩斯和美国怀特的提案有不同的重点，但这并不是无法逾越的，因为双方意识到太多利害关系牵涉其中，而美国人最终可以将自己的意愿强加在一个更弱的合作伙伴身上。英国人从美国人的每一个让步中都得到了安慰。在布雷顿森林会议上，这两个不平等的伙伴之间达成的协议得到了其他42个国家的同意。毕竟，美元和英镑是两个主要的国际货币，所以美国和英国有主要的发言权。而且，国际谈判与国内政治隔绝了。这些问题是高度技术性的，难以解释——尤其是在战争紧急和还有其他更直接的关切的情况下。大众政治辩论的重点反倒是战后福利制度的性质和充分就业等问题，正是这些问题增加了战后贸易协议谈判的难度。

77　　战后贸易大会在国际和国内两个层面都面临更大的困难。

---

〔1〕　Anderson and Hoekman 2002, p. 221.

贸易本质上更具政治性，并且更能立即被选民和各利益集团所
理解：这对两国政党的认同性而言是核心问题。在战争的最后
阶段，贸易政治与充分就业和福利政策相互交错，在国家内部
（如在美国充分就业法案的辩论中）和国家之间（比如英国、美
国和欠发达国家在发展上采取的不同路径）形成了分歧。发达
国家与欠发达国家之间关于贸易和更广泛的公平问题的谈判始
于少数几个有发言权的国家（23 个）；在哈瓦那会议时有了更
广泛的参与，同时，一国一票取代了加权投票，持有广泛不同
意见的更多代表有了更大的发言权。关于制度设计的争论引出
了一些重大问题，即什么是具有政治上的现实性和可行性的。

　　《国际贸易组织宪章》的最终草案在哈瓦那会议上艰难通
过，但在那里达成的一致并没有得到国内利益的支持，这里需
要另外一种联盟和妥协模式。布雷顿森林会议上的解决方案取
决于国内和国际关切的分离；但这在国际贸易组织的辩论中是
不可行的。虽然《互惠贸易协定法》在国内和国际关注之间创
造了一个缓冲区，但是在没有国会政治太多干涉的情况下降低
关税，这只能算是取得部分成功；而在国际经济关系中关于充
分就业和正义的更广泛的规范性问题上是不可能取得成功的。
在国际会议的谈判过程中，哈瓦那会议的双层博弈可能会通过
与国内利益更紧密联系解决吗？美国政府试图在整个过程结束
时而不是在谈判期间通过全国各地的会议为宪章草案提供支持。
但从进程一开始就加强与国内利益联系的战略不可能取得成功；
这可能只会在较早的阶段导致敌意并会使哈瓦那谈判脱离正轨。
很明显的是，由于美国各州之间达成共识不切实际，哈瓦那的
国家间谈判绝不会成功。

　　哈瓦那会议的例子表明，将一个极其广泛的议程与更多参　78

与方和更民主的特许权结合起来是非常有问题的。《国际贸易组织宪章》提出了正义与公平的重大规范性问题，妥协是非常困难的——正如多哈会议一样。在这次会议上，试图在各方意见极其不和的情况下达成共识，意味着在美国国内的接受会更难，而美国国会的批准对于《宪章》是否具有可信度来说至关重要。议程设定与代表性之间的关系是关键。英国人想要一份更广泛的议程来控制美国这头大象，其危险是，这个议程可能被欠发达国家所利用，并会向更激进的方向发展。英国人也希望有更多的成员参与，使协议更具合法性，尽管这比美国人同意的特许权民主性更低。有可能调和这样的广泛的议程和成员身份吗？会议的证据表明，当议程仅限于贸易问题并且代表性更窄的时候，成功才更有可能：关贸总协定和关税削减幸存下来，而国际贸易组织失败了。但是国际贸易组织的失败重要吗？事实上，这对未来贸易谈判可能是有益的，因为其将大量关于分配的规范性问题留给联合国经济和社会理事会，这样贸易问题就可以交给关贸总协定解决。[1] 这种划分证明是有益的。

---

[1] Toye and Toye 2006.

通过谈判摆脱罢工僵局

威廉·布朗

　　每当工会强大时，僵局就是集体谈判（collective bargaining）
呈周期性出现的特征，并危及集体谈判。它们会对雇主、雇员
和社会公众造成严重的经济损失。因此，通过冲突性的解决程
序避免和管理僵局趋向于高度机制化，而解决程序通常可以选
择第三方干预。本章讨论这些问题的目的是为多边谈判的管理
提供相关洞见。首先，本章讨论的是僵局的避免。该部分探讨
了能够让各方形成各自立场的组织内部程序以及可促使这些立
场和解的谈判关系。随后，本章将继续探讨打破僵局的技
巧——运用第三方和解、调停和仲裁。尽管集体谈判具有某些
非常特殊的特点，但本书对于该领域的洞见与多边谈判中的讨
价还价息息相关。

集体谈判的特殊性质

　　集体谈判是当雇主通过独立工会参与管理其与员工的关系
时会使用到的一个通用术语。在一种极端情况下，工会的参与

度很高，会参与到诸如工资待遇、工作时间以及工作组织不按照工会的联合规定等方面。例如，30 年前英国的煤炭、钢铁和电视行业就是这种情况。目前的消防服务、一些港口和航空公司仍然是这样。在另一种极端情况下，工会的参与度可能很低，仅提供确定了基本薪级表的协议，例如今天大部分的建筑业、许多超市和大学里的工会。一般说来，工会越强大，集体谈判所包含的内容越全面，相关的劳工市场就越严格；更重要的是，雇主产品和服务的市场竞争力就越低。最重要的是，近年来，无论是在国内还是在国际，正是产品市场竞争的强化极大地破坏了集体谈判。对英国而言，确定薪资待遇的集体谈判覆盖范围从 30 年前占员工总数的 3/4 以上跌落至现在的 1/3 以下。

80　　集体谈判现在越来越多地以协商关系为特征，工会通过促进劳动力的平稳管理和适应来促成"正和博弈"。但是在过去这些年中，这些关系更具斗争性——实际上，集体谈判有时仍然是斗争性的，如伦敦地铁、英国皇家监狱或者伦敦剧院等。争议的问题包括工资、工作时间、劳动强度和对工作组织的影响力。工会一直试图影响管理上述内容的规章，无论这些规章最后是以薪级表还是书面协议或非正式工作惯例形式呈现出来。工会赢得和实现这种影响的主要方式一直是集体行动，主要以罢工和罢工威胁的形式进行。

　　在导论中，我们认为在三种情况下劳工谈判会出现僵局：也即，因为双方都不愿意做出足够让步，谈判陷入僵持局面；因为单方或者双方故意搪塞敷衍，谈判长期拖延；因为谈判方未能取得共识，谈判崩溃。谈判崩溃通常会导致罢工行动或者罢工威胁的形式进行。一旦发生罢工，对策方案可能会被一种更动态的僵局形式所拖延，而这种僵局形式通常会因为新的不满、代价和后果在公开的冲突中火上浇油而变得更加复杂。

在工业化世界，私营部门的罢工倾向在过去的 20 年里急剧下降，主要是受到日益加剧的国际竞争的影响。以英国为例，在 20 世纪 70 年代到 2000 年之间，罢工的发生率和因罢工导致的工作日损失总数下降了 10 倍。如今，它们的水平比以往任何时候都要低得多，而与历史上不同的是，现在的罢工行为主要限于公共领域而非私营行业。但当罢工倾向更高、罢工威胁更可信时，集体谈判往往以对抗关系为特征。为了直接或间接地赢得雇主的部分利润，雇员们总是存在着一种心照不宣的罢工威胁来对抗零和冲突。谈判僵局和未能达成协议意味着可能会给双方都造成重大损失。

在集体谈判中，这些权力关系的背景是与众不同的。它不 81
同于客户和供应商之间的正常商业关系，也不同于贸易伙伴之间的关系，部分原因是这种权力关系背景是密切、连贯的。雇主和雇员极度依赖彼此。也就是说，尽管这种双边关系与多边关系有许多共同之处，但双边主义仍是其主要特征。对雇主来说，失去劳动力就像员工失业一样难以接受。无论当天的争论多么激烈，双方都知道他们不得不在不久的将来处理这些问题并做出补偿。在美国，集体谈判的争议通常围绕着每两到三年更新一次的法律合同问题。过去，美国的合同更新常常被视为一个机会，可以通过精心策划的罢工来检验双方讨价还价的资本。相反，在欧洲，尤其是在英国，这样的固定期限协议和可预见的重大对抗几乎不会发生。这里的通常模式是，一系列不确定的期限和法律地位的协议中的某些方面可能会在每年重新谈判。欧洲的情况更像一场持续进行的谈判，偶尔发生可能有或没有罢工的危机。

无论国家法律体系是什么，双方的集体谈判者通常都是急于避免罢工行动带来的共同损害，他们在提出索赔和出价时会考虑市场条件的变化。洞悉彼此的市场地位和组织实力可转移已达成解决方案中的优势平衡而不必出现任何罢工行为，尽管能意识到潜在的罢工威胁。在约翰·希克斯（John Hicks）影响深远的经济分析中，他认为如果双方完全了解彼此的优势、劣势以及偏好，那么就可以在不发生罢工的情况下达成协议。[1]

但是，如果双方对各自的市场和组织实力进行了不同的评估，则可能引发罢工。雇主可能会认为这是工会在虚张声势；或者工会可能认为，雇主没有意识到（可能由于工人的期望提高所导致的）工会力量的增加。对胜利的任何一方而言，出于罢工的公开较量是值得的投资。对双方来说，其后果会远远持续到当前谈判结束之后。谈判的影响持续存在。例如，英国1978年消防队员罢工所取得的胜利以及1985年煤矿工人罢工的失败，其后果的影响都延续多年。

无论一场谈判是否牵涉罢工，罢工威胁都可能会对雇主和雇员工会之间的持续关系带来沉重和长期的影响。因此，一场谈判往往会经历几个时段的僵局。部分原因是快速拿出对策方案可能会被那些利益方认为是软弱的表现，就像在东方市场上象征性砍价一样。通宵会议和最后时刻的突破是场外利益相关方的必经阶段。这种僵局可能源于虚张声势行为，也可能是为了管理国内利益，而这些利益往往具有引言中第二种和第六种假设的特征。在某种程度上，更严重的是，僵局经常是寻求权力平衡动态的一部分——类似于导论中第三个假设。这是因为，

[1] Hicks 1932.

陷入僵局所带来的心理压力和政治压力可能会对改变双方的决心、期望和愿望产生实质性影响。

由于这些动态因素，集体谈判的过程往往非常复杂。这需要相关人员的精湛把控和大量的资源投入以避免破坏性的纠纷。在集体谈判中，对其复杂性最有用的分析是沃顿（Walton）和麦克西（McKersie）做的[1]。他们在从美国观察到的大量谈判中发现了谈判工作中四个并行不悖的过程。

第一个过程符合大众认知，即他们所谓的分配式谈判。这是一个关于蛋糕应该如何切分的"零和"谈判，典型的就是简单的年度加薪要求。在行为方面，这类谈判一般是一个非常正式的过程，在过程中，谈判方围坐在桌子旁协商，借助一系列的休会时机缓慢达成妥协。分配式谈判是一种更具对抗性的集体谈判的主要特征。正如我们所指出的，自 20 世纪 80 年代以来，英国私营部门已经显著减少此种类型谈判。它是僵局发生最为频繁的谈判场合。

第二个过程是"综合谈判"。这是一个正和博弈过程，它的 83 特点是双方都采取解决问题的方法。对抗最小化，注重非正式的方式。这样的讨价还价通常是在正常的工作场所之外进行的，例如它可能是在乡村酒店的周末度假中进行的。其目的是鼓励双方采取横向思维和灵活态度以促进让步和改进工作方式。在英国，20 世纪 90 年代末，在政府和英国工会联盟的鼓励下，它成为蓬勃发展的"工作场合伙伴关系"协议的特征。尽管"伙伴关系"这个词很快就不再受到人们青睐，但在 21 世纪头十年，注重综合谈判一直是英国私营部门的集体谈判更注重协商

---

[1] Walton and McKersie 1965.

和合作这种行事风格的特点。在综合谈判中，僵局并不陌生，但它们发生的可能性被更大范围的妥协降低了。

谈判者不是在真空中进行，而沃顿和麦克西进一步明确了两个互补的谈判过程。一种被称为"组织内谈判"，是指谈判者寻求管理他们谈判所代表组织的态度和偏好方式。非正式的社交、反馈会议和对媒体的声明在此过程中都很重要。另一种被描述为态度结构，是一种更分散的过程，他们试图影响更广泛的观点和期望，而不仅仅是对立的一方。它有时被称为"架构"态度，也与战时宣传员风格有相似之处。

在进一步考虑这些并行过程相互作用的背景之前，我们需要考虑两个更关键的方面。这两者都与导论中的假设 4 有关，这一章是关于可能会促进或阻碍协议达成的内部制度特征。第一个方面涉及每一方的内部政治——它们的内部组织效率。第二个方面是相互对峙的个人谈判代理人的关系。这两方面即使无助于规避僵局，也都是有助于实现有效谈判和有效管理的必要条件。

84 组织内部效率和僵局规避

僵局的一个共同源头是对立一方或双方的组织内部复杂性。正如多边谈判一样，这些双边谈判的相关方经常包括利益联盟。他们的异质性越大，通过在优先事项和谈判目标的一系列妥协上调和分歧利益与达成协议的组织内部谈判任务就越大。失败会导致谈判瘫痪。这在很大程度上取决于利益联盟决策构成的清晰性以及必须对其进行管理的官员的技能和敏感性。

20 世纪中期，典型的欧洲集体协议通常在特定国家内覆盖整个行业——例如袜类、陶瓷、电力工程承包或者任何其他行业。在这种情况下，一个行业的所有雇主，虽然在产品市场上相互竞争，但会在涉及全行业的薪酬标准和其他条件方面联合起来与相关工会进行协议谈判，从而"不在工资水平上进行竞争"。组建反对工会的统一战线并不容易。尤其困难的是，雇主在规模、其销售额对专门的利基市场的依赖程度或对出口市场的依赖程度均有很大的差别。这样的异质性为维护战线统一带来了重大的章程性挑战。在欧洲大陆国家，雇主协会因为他们通常实行的强制性培训制度而得到巩固，有一些也会通过罢工保险措施来加强团结。

在英国，由于各种历史原因，雇主们从来都不是很团结，行业雇主协会从 20 世纪 60 年代就开始瓦解。典型的原因是大型雇主通过与行业的工资标准挂钩获得的净收益很少。一旦一个大型雇主抛弃了这个协会，剩下的就很难维持这个共同的协议了。因此，例如，在 20 世纪 60 年代，吉百利（Cadbury）的叛逃导致了糖果商协会的解散，而邓禄普（Dunlop）的相同行为则使得橡胶制造协会瓦解。在 1979 年和 1989 年，最具历史意义的私营部门雇主协会——工程雇主联合会（the Engineering Employers' Federation）——在追求缩短工作周的过程中因工会罢工而遭遇重挫。雇主的战略困惑很大程度上是由于他们的章程未能应对其成员内部的相互冲突导致的压力。因此，联合会作为一个谈判机构而消亡。在 21 世纪的公共部门，为地方政府、警察、消防和应急服务部门进行集体谈判的大型雇主联合会利用各式各样的、由地域和政治定义的会员资格努力达成有代表性的谈判结果。

维持统一战线的挑战对于工会来说另当别论。工会常常不 85

得不鼓动一场集体行动的可信的威胁。或者至少他们必须在不同的市场、技能水平和职业兴趣上，鼓动各方同意达成最终协议。为了支持这一理念，工会运动已经发展出了一种平等主义和团结一致的论调，这在现实中比意识形态更实用。工会必须把重点放在章程的公正和民主程序上。联合工会谈判委员会通常会仔细平衡代表的成员身份。他们有精确的长期委托书以确保决策的合法性。他们通常需要通过与普通员工开展进一步的民主协商来批准临时工资协议。当工会内部章程的公正性被打破时，与雇主达成和解几乎是不可能的。1984 年至 1985 年的英国煤矿工人罢工最终没有达成协议，部分原因是该争端在没有适当遵守内部工会程序的情况下被允许获得罢工的授权，没有章程基础来达成谈判协议。这导致了工会分裂、部分罢工以及持续了一年的僵局。对于工会和英国的煤炭工业来说，这都是灾难性的。

对立谈判方的内部决策失败绝不是僵局产生的唯一原因，但它们也未起到好的作用。这样的失败源于模糊的授权程序、不充分的信息传播和解释方式以及内部辩论的非确定性机制。确立谈判授权的过程越复杂、参考和批准的过程越复杂，谈判委员会受到的限制就越多。那么，将僵局发生可能性最小化的第一个条件则是：一个供对立谈判各方决策使用的有效和清晰的章程安排。谈判人员被迫谈判的约束越大，就越不可能成功出现附带交易、权衡、保全面子和妥协，而这些都是能为协议的达成铺路的。我们现在转向对立的谈判者之间的关系。

谈判者的谈判关系

除了在相互对立的组织内部达成一致和遵守协议的困难之 86
外，多大程度上可以避免僵局的关键决定因素是代表这些组织
的对立谈判代表之间关系的质量。这与谈判者交流信息的效率
有关。谈判关系可以被定义为谈判者能够在多大程度上让彼此
意识到各自受到的制约，以及一个组织对另一个组织行动的反
应。谈判关系越好、信息交流越好，对新的发展的结果预期就
越准确。[1]

相对于薄弱的谈判关系，谈判者之间的谈判关系牢靠时，
他们将拥有更大的行动和操控自由。他们可以用一种不带偏见
的可能对策方案以一种非正式的方式"放风筝"——如果风筝
在起飞时坠毁也不会受到责怪。他们可以让对方在不反应过度
的情况下公开展示自己的实力或愤怒，意识到展示的目的是为
了安抚谈判代表背后的组织内部压力，而不是与对方进行正面
对抗。他们可以向对方提供其所代表的潜在优先事项的见解，
以及他们在不同的谈判议题上的感情力量。他们可以帮助对方
获得微小的胜利和避免羞辱来管理各自的组织。[2]

这并不是说，有时谈判者不会看到增加对手面临不确定性
战术手段的优势。谢林（Schelling）（1960）等人分析了谈判者
使用的许多转移注意力的技巧和相关策略，包括在谈判的关键
阶段让自己消失，或意外地做出明显具有约束力的承诺。在不

---

〔1〕 Brown 1973.
〔2〕 Batstone et al. 1977.

损害谈判关系的情况下，安然摆脱对方谈判策略的能力是专业精神的标志。但从长远来看，如果谈判关系牢靠，权力关系将得到最有效的管理，而且最低限度地使用代价高昂的制裁。

87　　一种描述谈判关系牢靠的指标是其具有高度信任。这是专业谈判者之间一种互惠的商业关系。就像拖船把一艘油轮带进码头一样，他们实际上是在彼此之间建立一种特权性、更微妙的沟通方式，目的是帮助他们所代表的谈判方调整认知和期望。他们的关系可能或不可能包括情感上的友谊。但这种情况经常发生，尤其是那些在酒吧里的非正式聊天会导致相互抱怨各自蹩脚的老板、选民不切实际的愿望，等等。的确，亲密但专业的友谊是某些最有成效的谈判关系的一个特征。

　　例如，英国低收入委员会在 1998 年初就全国最低工资水平达成了一致意见，这显然部分证实了这一点。它包括 9 个人组成的变动小组——3 个来自工会，3 个有雇主背景，3 个独立人士。其在工资水平上的正式谈判环节有时是非常困难的。专业谈判者们在一个乡村酒店闭门谈判了两天，轮番使用所有策略，直至协议达成。但由于委员们在英国各地进行咨询访问时紧密合作，在以劳动力市场主体干预的主要和大量隐藏部分为特征的非党派问题解决中，他们建立了密切的个人关系。这意味着，他们是在对彼此的背景压力有着难得理解的情况下进行针锋相对的正式谈判。他们在谈判过程中能更大胆地冒险。这也帮助他们从个性中分离出来，避免了残留的敌意，并允许委员会一旦达成协议就可继续向前推进工作。[1]

88　　当然，如果专业谈判团队太过亲密，那就会有内在危险。

---

〔1〕　Brown 2009.

如果他们没有受到某种民主或管理责任的影响，任何意见相投的专业谈判者之间强有力的谈判关系都有可能演变成一种自私自利的陷阱。谈判代表越孤立，这种危险就越大。贸易工会制度的历史上到处都是被认为与管理层关系过于密切而被视为已经被"出卖"了的谈判人员。当谈判者与组织的日常运作脱离得太远时，这可能就是一个特殊的问题。当职业发展途径潜在地引向组织以外的更高追求时就会产生危险。此外，工人运动历史上也充斥着背负着背叛名声跻身国会与贵族阶级的谈判者。

另一个先决条件可以减少僵局发生的可能性——对事实的共同理解。社会的任何方面都充斥着谜题和坚定的信念。这些可能或不可能与现实有太多的关系，但它们几乎肯定会影响到对立的组织和他们的谈判者。无论事实有多难以接受，如果双方可以确定和同意这些显著的事实，则可以减少误会。对于提供全国最低工资建议的低收入委员会而言，因为非常重视高质量的研究和广泛的磋商，达成全国最低工资标准的协议就显得非常容易，而双方的专员也都参与其中。许多关于内部争议的问题都是通过一个重点突出的考察、一个特殊的统计分析，或者一些委托研究来达到每个人的满意。

因此，这是让僵局产生可能性最小化的第二个先决条件：双方关键谈判人员之间拥有密切的、专业角色相关的、消息灵通的谈判关系。

第三方介入——主动调解

在集体谈判中，从外部看，打破僵局最明显的方式是第三方干预。大多数国家都有某种国家支持的调解和仲裁服务。它

们是由国家赞助的，因为争议者支付的服务通常会使其独立性
受到挑战。一些国家对这种干预措施有法律要求——加拿大的
强制调解和澳大利亚的强制性仲裁存在于 20 世纪的大部分时
间。英国劳工部从 1890 年代开始调解工作，直至 1976 年被英国
咨询、调解和仲裁服务（Acas）取代。[1]

89　　咨询、调解和仲裁服务目前雇有约五百名全职调解员，其
主要任务是处理每年雇员针对雇主的不公平解雇、歧视、薪酬
不足、拒绝批准育儿假等问题的十多万宗投诉。但调解人也每
年处理一千多个雇主与工会之间的集体纠纷，其中与薪酬有关
的纠纷最多。这些投诉和纠纷大部分会通过调解解决，但其中
约5%的案件转交给兼职仲裁员小组解决；几乎所有这些都由一
名仲裁员处理。虽然仲裁裁决没有法律约束力，但自咨询、调
解和仲裁服务成立以来，没有任何裁决遭到拒绝或违背。

　　第三方干预涉及从调解到仲裁的一系列措施。在一种极端
情况下，调解可能只是为了促进争议各方之间的信息交流。在
另一种极端情况下，仲裁是准司法程序，其中正式听证会可以
作出对争议者具有约束力的裁决。但在实践中，这两种极端之
间存在一系列或多或少的积极干预措施，其中一些可能被称为
调解。调解人的部分作用是相对被动地交换争议方之间的看法
和提案，而争议双方通常会被分别留在单独的房间中。但在实
践中，这一作用迅速变得更加有效。令人意想不到的重要一步
就是让各方就他们的不同意见达成一致。这可能需要时间，因
为他们对争议中有什么问题以及问题的根源有不同的认知。对
问题达成一致的理解，并同意将与原因无关紧要的争议放置一

---

〔1〕 Dickens and Neal 2006; Towers and Brown 2000.

边，往往能为解决争端铺平道路。对职权范围达成一致的过程促成争议各方愿意自行解决，这就让许多仲裁得以避免。

有效的积极调解要求各种各样的技能。争议各方经常会因为在争论中以一种特定的方式看待问题而陷入僵局，这时调解人使用新的角度就可能让他们以更为新颖和更可接受的方式重新进行争论。调解人的重要任务之一是让各方独立和单独地对问题进行描述和分析、检验、改述和调查模糊性以澄清争议各方的观点。

另一个阶段可能是让各方同样独立地讨论可能出现的最糟 90
糕的结果，并对其更令人不快的影响进行反思。如果在能够让他们进行进一步思索的休会之前完成这一阶段，这可能会提高迄今为止不可接受的妥协的可接受性。实际上，它有必要让我们对导论部分讨论的最佳替代方案进行重新评估。比如说，双方均被要求思考如果未能达成协议，是否可以摆脱所处的险境。无论是否需要外交转换的时机，让各方在不确定的情况下煎熬一小时左右都是有助于协议达成的。一个成功的调解者绝不是被动的。在这一过程中，调解者可能不得不让对立双方感到非常不适。协议不仅仅是通过理性的争论和甜蜜的理由达成，而是通过有时痛苦的期望值调整转向对选择和成本更现实的评估而实现。

调解者的新视角和真正无经验的问题意识可以帮助当事人避免旧的思维方式的磨损。例如，如果从协议条款草案中剔除任何与负面联想具有语义联系的词语，就可以进一步推动谈判进展。2004 年，人们使用此方法，通过用一种直白的英语表述，即"在争端之前存在的任何条件、做法或协议"，取代战争时期留下的"现状"的术语，从而帮助消防队员达成了一项全国性的争议程序。

横向思维一般是有帮助的。在 2004 年消防员争端正式解决的扫尾工作后，再次出现了一个棘手问题的例子。在公共部门正常谈判程序中，传统上如果谈判中出现僵局，双方都可单方面选择将争议提交仲裁。从大多数标准来看，这不算是一个好的规定，因为它助长推迟谈判的行为、"没有损失"的态度以及最终协议"所有权"的丧失。私营部门的普遍做法是，如果双方同意，争议只能演变为仲裁。对于新的消防员的程序，工会坚定地认为，仲裁的证明应是单方面的。认为自己在争论中占得优势的雇主有更好的理由，同样坚持要摆脱仲裁，从而使之成为双方行为。这被视为关键的原则问题。起草小组的独立成员提出的解决办法是根本不应该提及谁可以引进仲裁员。相反，程序应该简单地表明，任何仲裁的职权范围应由双方同意。既然这是正常的做法，无可辩驳，但它提供了一种潜在的转向雇主的立场，而不会让工会有损脸面。它解决了最后一个分歧点。

91　　　在第三方干预中，防止谈判者丢脸往往很重要，这一点在个人层面和公共层面都适用。长期处在对方立场的谈判者将把大量资源放在新兴地方而保全彼此间的尊重和自尊。但在谈判期间，他们可能会使用一些相当荒谬的论据，可能是判断性和倾向性的，会认可一些充满激情的辩护立场。调停者知道，如果双方可以被对方认为是有尊严地退出，他们将会更容易地达成协议。因此，相当多的商店被安排设计他们所称的"软梯"（silken ladder）——让那些必须做出重大让步的人能够攀爬。这可能涉及让从属于主要问题的一个轻微的有利让步看起来像一个重大的让步。它可能是一个有关未来意图的声明（但实际上是不可执行的），商定的关于未来的意图声明。如果谈判关系良好，谈判者将会保护对方的自尊。

在公共层面上重要的是，双方的谈判人员都不应有理由担心他们可能会被新闻媒体或各自机构羞辱。美国工会谈判代表有一句古老的格言"在胜利中哀悼；在失败中欢呼"，这句话的意思是：从长期关系来看，被视为赢家的一方赢得胜利是愚蠢的。谈判达成之后，通常会出现有关反对派的勇气和强硬的简单描述，以及类似"不是哪一方的胜利，而是常识的胜利"的声明。

通常情况下，有大量的变数在起作用，围绕这些变数让步，对谈判很有帮助。如果双方在这些问题上的优先级有所不同，或者在他们各自组织中对其重要性的认识有所不同，会对谈判尤有助益。在一种极端情况下，因为可以向不同受众强调不同的方面，解决技术复杂性的问题通常可以相对容易地摊派给每个组织。但是，单一的问题更难解决。调解者也许能够通过将一个单一问题的谈判分解成单独的名目来创造谈判空间。制定国家最低工资标准的任务难度很大，因为这是一个单一的数字，针对此会有大量的公众猜测，而且在这方面有大量的经验性的无知。在两天的深度僵局后，双方达成了协议，因为双方同意提议进行两阶段的、分阶段的政策推行。这让谈判者可以在几个方面——初始和最终工资比率以及初始和最终引入的日期进行交易。当比率公开时，双方都可以和他们的选民一起通过强调哪一种比率来软化人们对这种和解的抵触。

第三方干预——仲裁

在调解过程中，可能会出现即使双方都认识到当前的解决　92

办法是唯一可行的方案，也不愿被视为接受和解的情况。因此，调解人可以正式提出适当的行为作为和解方案，双方在接受时会公开表现出不情愿的姿态。这一过程有时被称为调停，也就是"调解仲裁"，让双方可以自由地"批评"调解者为和平解决问题所做的一切。这一功能在直接仲裁中更为明显，仲裁人因其裁决而受到指责，通常不会与纠纷产生的组织有进一步的联系。仲裁员的主要目的是保护双方当事人之间的持续关系。而当事人与仲裁员的关系则如同汽车的充气式气囊是可消耗的。

劳动仲裁有许多功能。部分功能仅仅是作为一种保留选择，作为一种推动达成谈判结果的威胁："如果你们自己不解决这个问题，你就会受到一个局外人的摆布。"仲裁还有的功能是把他们的思想集中在预备调解上，这时他们必须想方设法达成讨论一致。这本身就是一种谈判，因为良好的参考条件必须设定足够严格的限制来约束一个无能的仲裁者所能带来的损害。

93   仲裁的另一个功能是为任一方提供机会，让对方摆脱尴尬，这样就不会让更广泛的关系恶化。一个典型的例子就是中层经理犯了一个错误，也许是阻止一些工人在惯例和做法上有权做的非正式的安排。管理层可能不希望被人看到他们在此事件上做出让步，但他们乐于看到由一名仲裁人来推翻经理的不幸决定。另一个常见的例子是，管理层和地方工会谈判代表达成了一项协议，即使不够慷慨，也会被视为合理的协议，但它却在成员投票中遭到否决。随后，仲裁员重新提出该协议将会使谈判关系恢复正常。实际上，仲裁员习惯于被策略地用来保护其他功能性的集体谈判安排。

仲裁的实际程序也有其自身的用途。仲裁员的裁决不被完全接受，并且可以被任何一方挑战，也没有关系。在听证会上，仲裁员也不能完全听到全部实情，也可被任何一方挑战。仲裁员的质疑，总是在双方在场时提出，通常揭露双方都未说清楚的问题，并且经常让相互冲突的案例清晰地暴露出任何弱点。在听证会过程中，完全不考虑最终的裁决，往往有一种制度治疗价值。双方都必须听取对方的陈述，并由独立人士进行调查。每一方都有机会在一种几乎总是平静和积极的气氛中挑战对方的立场。

仲裁员的书面裁决可以强化这一过程。裁决书通常保持在一千字以内，陈述争议的背景，尽可能简明扼要地总结双方的论据。目前这个阶段的目标是让每一方感到不仅事实得到理解，而且有效地提出了自己的观点。随后，仲裁员会撰写所谓的"总体考虑"，这是一个简单陈述，表明与裁决有关的观点，通常表明双方之间没有一方是完全正确或完全错误的。相关争论可能与现有协议、特殊情况、商定习惯和惯例以及合理的期望有关。实际裁决的措辞与初始职权范围非常接近，以尽量减少无法预见的先例。仲裁不存在上诉，因为它不是司法程序。不论仲裁员的书面努力是否有教导性影响力，其所做出的裁决在过去三十年都为谈判双方接受并得到遵守。

仲裁发生的职权范围可能使仲裁员有一定的选择范围。例 94 如，年薪增长可能在 2.2% 与 2.9% 之间有具体的安排，选择这两个极端之一的仲裁者都是愚蠢的。从长远来看，一方的全面胜利无助于恢复双方的工作关系。但通常情况下，职权范围有意为仲裁员提供了两个选项之间的简单选择，这有时被称为"钟摆仲裁（pendulum arbitration）"或"强制选择仲裁（'forced choice' arbitration）"。

一些公司选择经常使用钟摆仲裁的一点原因是他们有所谓

的"无罢工协议"，即在争端程序的最后阶段，工会会选择仲裁，而非罢工。随后就出现了两个困难。一个是他们认为仲裁员总会改善雇主的最后处境，倾向于习惯性地使用仲裁。另一个原因是，为了给仲裁员提供广泛的选择范围，在仲裁之前，双方将不会努力达成妥协，员工的期望会被提高到不切实际的高度。但是，如果使用强制选择仲裁，选择只是雇主最后一次提出的要约或是工会的最后要价，双方都有让对方最后一次"适度"出价的动力。

尽管钟摆仲裁有其用途，但其价值有限。许多争论围绕着一系列要素进行，而这些选择也不能是一个简单的"二选一"问题。但是，也许它没有被更多地用作一种技术的主要原因与第三方干预的目的有关，即帮助恢复两方之间独立的集体谈判关系。钟摆仲裁迫使仲裁人选择胜利者和被征服者，在这种关系中，一定程度的妥协可以尽快地修补裂痕。如果培育了妥协精神，一个无限期延续的权力关系很可能就没有冲突。

仲裁的可能性在打破集体谈判的僵局中发挥着重要作用。但它最好的作用还是帮助和解，而非用和解帮助仲裁。仲裁的目的是推进独立的集体谈判，仲裁的可能性为调解人提供了一种制裁形式或者退路。谨慎使用调解可能是有用的，但调解并不能为强有力的长期谈判关系提供替代品。

结　论

95　　在多边谈判的导论部分所阐述的理论结构，已经非常令人满意地分析了以集体谈判为特征的大部分双边谈判。僵局的性质和根源及其对策方案有很多共同之处。劳工谈判这一叙述强调的主要观点是，在有效谈判中适当的制度先决条件是重要的。在各方组织中，需要有明确的章程规定的决策方式。在各方的关键谈判人员之间，专业、消息灵通的谈判关系可以带来好处。如果确实出现了僵局，并且如果双方无法打破僵局，那么第三方干预可能是有用的。如果不进行仲裁，那么这种干预是最有效的，因为这无助于培养双方的独立性和相互"买账"。这是一种积极的调解，有可能在多边谈判中打破僵局。在最好的情况下，第三方干预将发挥一个促进作用，它增加了谈判对手的选择权，提供保护以鼓励他们冒险。调解可以改进他们对自己所处的权力关系的理解，从而让他们更易接受妥协。

通过诉讼摆脱僵局:

以世界贸易组织、欧盟和联合国为例[1]

马克斯·W. 格林

96　　　在当今国际公法领域,规范性制度通常是各国共同利益发展的结果。各种组织参与到多边谈判与外交实践的互动中,这在很大程度上促进了相关法律制度的发展。在众多组织中,争端解决机构在解释和适用先前谈判所取得的成果——公约、惯例和协议——上发挥了关键作用。但是,较少被人研究的另一情况也是真实的:某些情况下,司法追索和争端解决决定可用来影响条约谈判。如本章所示,各国可以通过各种组织机构去影响条约谈判的结果。确实,争端解决机制(例如世贸组织中的争端解决机制)可帮助各成员去影响在同一政策领域基于世

　　[1]　本章作者希望感谢渥太华大学的 Simon Grant,以及麦吉尔大学民法博士、国际可持续发展法律研究中心助理研究员 Alexandra R. Harrington 在本文的研究和编辑过程中所提供的宝贵帮助和建议。本文中的部分内容研究是与国际可持续发展法律研究中心(CISDL)合作完成,尤其是 Martin Endicott。本文曾以不同方式在剑桥大学人文社科研究中心(CRASSH)关于打破僵局的研讨会和欧洲国际法学会的双年会中做过展示。

贸组织条约的谈判。因此，同一机构的争端解决机制和条约谈判可以构成各国整体政策的一部分，以用于推动它们的谈判战略。

跨学科研究方法可以用来监测各国在谈判中运用或克制运用判例法论点的方法。如果基于争端解决的诉讼与后续或同时进行的谈判确实存在一种联系，我们应能够从事实中的争端解决案例本身、各方陈述和裁决者的观点中观察到这一点。首先，本章将会阐述将国际争端和条约谈判联系起来的原因，然后简要分析在联合国、欧盟和世界贸易组织中争端解决和条约谈判解决机制的动态运用。讨论和对比这些机构的争端解决机制和条约谈判机制的目的，是在区域和多边背景下同时考察这些尤其重要的组织，并对比这些关系。本章中的这些案例被选中是因为它们的发生平行于其他相关的谈判，因而可以分析诉讼对僵局谈判的影响。

本章将重点讨论世界贸易组织后多哈时期美国棉花案、欧　97
共体食糖案和美国博彩案三个典型案例。正如本书导论所言，美国棉花案特别有助于解释假设 2、假设 4 和假设 5 之间的关系，以及论证导论中提供的对策方案组合 2、4 和 5 的适用性。本章同时还强调美国棉花案给我们带来的经验（从法律或政治角度来看）并非只拥有实际操作意义；相反，这些经验构成了未来世界贸易组织争端和条约谈判相互交织的理论基础。在这个意义上，本章所讨论的案例强调了总体上法律框架对国际谈判——特别是在僵局形成或者打破方面——的重要性。本章通过提供这个理论基础现有和可能使用的政策领域的例子进行总结。

制度发展：连接国际争端与条约谈判

在现有国际体系中，诸如国际法院、世界贸易组织争端解决机构和欧洲法院这些司法机构的存在，在解释基于现有公约、惯例和协议的条约法上发挥着规范性作用。尽管这些机构争议可能是由个体或具体问题具体分析的情况带来，但这些机构的司法作用不应被低估，因为它对其执行的条约制度的未来有直接的影响——既可能是消极的影响，也可能是积极的影响——此外，对产生争端解决机制的整体机构内谈判的未来也有影响。另一方面，可以说，由于摆在这些机构面前的争端具有单一和议题特定的性质，我们能够吸取的教训只有在这些机构本身的背景下，以及其他争端解决机制类似的条约制度的背景下才能发挥用途，作用极其有限。

98　　但是，本章的基础是这样的一个工作假设：各国在其所运行的机构框架内战略性地发起争端解决案。本章认为，国家从战略层面提出争端解决案有三个原因：改善谈判地位、打破僵局并影响谈判、更大程度地改变机构制度的规则。如果国际机构的争端解决机制——诉讼功能——被认为是以权力为基础的动态迈向和平的冲突解决制度的一大步，则我们必须认识到，各国间以权力为基础的关系在这些机构中依然存在，尽管它们增添了一定层次的客观考虑以及在法律术语上设计争议的必要性，这能帮助各国寻求同存异。但有时，旨在以和平与合法的方式解决冲突的机构本身恰好就成了各国间玩弄权术的目标，被战略性地利用，因而不能为打破僵局提供唯一答案。

应注意的是，本章所谈论的三个制度的管辖权和诉讼结构方面，欧盟、联合国与世界贸易组织仅有一些相似点：它们都拥有相对强势的争端解决机制。因此，通过各个机构内部及其以外的谈判僵局来比较和对比各个机构争端解决机制的运作，可以吸取重要的经验教训。

欧盟的战略诉讼：欧洲法院

作为一个机构，欧盟本身就是由许多谈判和司法建设塑造的。欧盟中的谈判曾不时为了消除外交僵局而被几起诉讼案例打断；这些诉讼案例在发展国际法律制度上富有成效，并已构成欧盟对自身功能与边界理解的核心。因此可以说，如果没有谈判和诉讼的相互作用，欧盟整体上就不会演变成为当下的欧洲共同体。其实，关于欧洲法院执法规定的《罗马公约》，就有断言，"任一缔约方都有兴趣看到其他方或他们的责任方因未能履行（契约）而受到惩罚。法院的一项工作就是去澄清随着时间过去的契约的意义，并监督和惩罚违约行为。"[1]

欧洲法院的能量对欧盟及其成员的法律制度和一体化过程均产生了影响。与世界贸易组织不同，欧洲法院受理的案件主要是私人之间的争议，这意味着欧盟不会遭遇如世界贸易组织争端解决机制处理的诉讼所带来的那种对公平裁决的政治和机构性阻碍。但是，如果我们对欧洲法院的判例法及其对立法或者谈判产生的影响进行分析，我们会发现某些成员在实体法中已将欧洲法院判决吸收为法律。在某些情况下，成员将欧洲法院判例作为谈判和/或某些立法的基础。通常这些成员只是简单

99

---

[1]　Sweet 2004, p.25.

地将判决结果编纂成国内法典。

而且，即使欧洲法院就法律问题的判决不利于成员的陈述偏好，这些判决也被遵循了。很明显，这是商品自由流动领域的问题：欧洲贸易商引用《欧洲共同体条约》第234条中的初步裁决程序去打破本国建立的贸易壁垒。就如在第戎黑醋栗酒案中，德国在国内外生产商面临模糊不清的适用规则的情况下强烈反对贸易自由化。但是，欧洲法院的裁定反对法律中详述的成员优先权，并允许贸易商在不必证明有歧视的情况下对国家法律提起诉讼。因此，可以说在《单一欧洲法案》（Single European Act）之前，欧洲法院基本上在货物自由流动方面作为积极一体化的力量取代了欧盟理事会。[1] 类似的趋势可以在环境政策[2]和性别歧视[3]政策中得到确认。

100　　　丹麦瓶子案（Danish Bottles）是另一个好的例证[4]，该案中的成员支持欧洲委员会反对将对环境保护的认可作为理由限制《欧洲共同体条约》第30条范围内超出人类生命和健康的保护之外的贸易。这个案件（1986年12月）发生在《单一欧洲法案》已被通过（1985年12月）和签署（1986年2月）之后但生效（1987年7月1日）之前。《单一欧洲法案》将环境保护纳入欧洲共同体的管辖范围，但没有包括对《欧洲共同体条约》第30条的任何修改。然而欧洲法院反对陈述优先权，这次欧洲委员会和英国通过承认对环境保护的总体强制性要求支持了欧洲法院，该要求可以作为建立对欧共体贸易壁垒的基础。

---

〔1〕 See McCown 2004, ch. 3.
〔2〕 See Gehring 2004, ch. 5.
〔3〕 See Cichowski 2004, ch. 4.
〔4〕 ECJ, Case 302/86, Commission vs. Denmark〔1988〕ECR 4607.

最后，可以说各成员，尤其是比利时，惊讶地发现《欧洲共同体条约》第 119 条不仅在德弗雷纳案（Defrenne case）[1] 中直接适用，而且也横向适用。欧洲法院在以下声明中提到了欧洲委员会与几个欧盟创始国之间的一系列谈判，以及这些创始国在通过国家工业巨头之间的谈判而试图影响相关条款方面的失败：

> 欧洲委员会提供的资料表明，几个创始国未能遵守该决议内容，因此，根据《欧洲共同体条约》第 155 条规定的成员任务的背景，委员会被引导着去聚集政府与行业代表，并共同商讨必要的措施以确保充分实现第 119 条规定的目标。[2]

换句话说，这个初步裁决程序让委员会有能力采用有利的战略定位，指出成员未能遵守以前的协议。这表明，在欧洲范围内能够潜在影响谈判的诉讼也可以由私人根据《欧洲共同体条约》第 234 条初步裁决程序发起。

联合国的战略诉讼：国际法院

鉴于国际法院并无实际管辖权和执法权，用其进行战略诉讼的频率就更低。另应注意的是，这一章节可用来进一步强化外部僵局（例如联合国体系之外的僵局）更可能持续存在的假说。的确，国际法院是否享有适当的管辖权去聆听援引的案件问题一直困扰着国际法院，以至于这些决议中的大部分都证实

---

[1] ECJ, Case 43/75, Defrenne II [1976] ECR 455.

[2] ECJ, Case 43/75, Defrenne II [1976] ECR 455, para. 49.

了国际法院行使实权的正当性。许多反对国际法院行使实权的争论都是程序性的，但一个不变的主题是，各方之间，或是针对一方可能会因国际法院的决定而受损的问题（因为国际法院会就案件的根本问题提出意见）已有正在进行的谈判。由于这是一个被特别关切的问题，国际法院会被告知要向联合国大会或联合国安理会提供咨询意见。

一个关于谈判和诉讼关系的有趣的例子是加布奇科沃-大毛罗斯案（Gabcikovo-Nagymaros case）。[1] 这是匈牙利提出反对斯洛伐克（作为捷克斯洛伐克继任国）的案件——事关匈牙利是否有能力废除要求两国共同在多瑙河上建设一个水利系统的条约。[2]该案僵局的大部分源于建设共同工程的条约性质，因为它没有规定缔约方退出协议的问题。[3] 因此，导致僵局产生的核心原因与导论中的假设 4 有关，制度特点（这里指条约）限制了僵局方案。假设 5——因为公平与正义至关重要，僵局出现——也体现在这个僵局里。对匈牙利人来说，这是一个公平问题，因为他们认为不公平的是，被要求遵守的条约会对其领土造成环境破坏。但是，对于已经完成该项目大部分工作的斯洛伐克人来讲，他们认为其投入得到补偿是个正义问题，而确保他们的投资受益则是个公平问题。

102

最初，匈牙利试图将纠纷起诉至国际法院，但是当时国际法院的管辖权还存在争议，因此欧共体委员会主动提出调解这个争议。[4] 一开始，在接受协助之后，匈、斯双方由于调解拖

〔1〕 Gabcikovo-Nagymaros 1997.

〔2〕 Gabcikovo-Nagymaros 1997, para. 15.

〔3〕 Gabcikovo-Nagymaros 1997, para. 15.

〔4〕 Gabcikovo-Nagymaros 1997, para. 24.

延决定接受国际法院对争议的管辖权。[1] 虽然国际法院受理了案件，并就错误和获赔权益给出了法律结果，但有趣的是，国际法院要求当事双方就本案中涉及的许多争议展开进一步谈判，并指出谈判是解决这些问题的恰当途径。[2] 因此，国际法院的判决可以看作是证实了组织间的联系作为协议推动者的作用——迄今为止，双方同意将被证实无法谈判的一系列法律问题提交给国际法院作出裁决——以及作为能够降低双方未来引用和互动的法律不定性的参与者。这也支持了对策方案组合 4 的有效性，因为谈判主要绊脚石的对策方案至少可以通过国际法院的机构进行解决，并且各方都同意受此约束。这同时也支持了对策方案组合 5，因为国际法院的裁定通过解决双方之间的种种错误与损失，重新框定了留给谈判解决的问题。

　　在国际法院层面的诉讼案件，咨询意见常被用来摆脱国际条约法的僵局。巴勒斯坦隔离墙案可能是促使一方参与谈判的最明显的尝试之一，尽管收效甚微且耗费了各方大量的公共关系。在本案中，僵局不仅是有关狭义的约旦河西岸隔离墙的合法性问题，也关乎以色列和巴勒斯坦当局的整体关系（此时的巴以关系已低到极点，双方之间也没有计划新的谈判）。这似乎再一次表明，即使存在司法机制，外部僵局仍然会持续下去。虽然国际法院有关巴勒斯坦隔离墙案[3]中的意见大体上是不成功的，但由于它在与国际法院诉讼同时进行的谈判和仲裁的尝试，它仍对本章的主题有重要意义。该案的僵局源于公平与正

　　[1]　Gabcikovo-Nagymaros 1997, para. 25.
　　[2]　Gabcikovo-Nagymaros 1997, para. 83.
　　[3]　Legal Consequences of the Construction of a Wall in the Occupied Palestinian Territory 2004.

义的重要性（假设 5）以及特定机构的结构（假设 4）能阻碍或者促进协议的思想。在本案中，双方都认为自己的诉求是正义的，而谴责、唾弃对方的行为（对于巴以冲突中的任意一方来讲，对方的行为确实是带有侵略性的）。具体来说，国际法院的意见认为，双方"谈判框架"的存在并不预示着其有能力对案件实施管辖权。[1] 国际法院还重新框定了所涉及的核心问题不单纯限于两方的范围，而是关乎全球利益。[2]这么做，国际法院通过强调国际社会和各方的公平与正义援引了假设 5 背后的原则，也援引了对策方案 5，其方式是重构各方的争议使其成为国际社会都有考虑并在其中发挥作用的更大争议。

103　　纳米比亚案和核武器案也可以看作是推进联合国谈判摆脱僵局的一种方式。在纳米比亚案中，联合国安理会要求就"南非在纳米比亚持续存在对各国的法律后果"提供咨询意见。[3]考虑到国际社会允许南非以托管制的方式统治纳米比亚，因此这个问题对于联合国本身来讲特别难以回答。[4]这里的僵局是几个假设，即假设 2、假设 4 和假设 5 的结果。国际法院明确指出，任何国家——不管它们是否是联合国的成员——有责任不去协助南非继续占领纳米比亚，同时也不能采取可能损害纳米

〔1〕 Legal Consequences of the Construction of a Wall in the Occupied Palestinian Territory 2004, para. 53.

〔2〕 See Legal Consequences of the Construction of a Wall in the Occupied Palestinian Territory 2004.

〔3〕 See Legal Consequences for States of the Continued Presence of South Africa in Namibia (South West Africa) notwithstanding Security Council Resolution 276 1970.

〔4〕 Legal Consequences for States of the Continued Presence of South Africa in Namibia (South West Africa) notwithstanding Security Council Resolution 276 1970.

比亚的行动。[1]因此，国际法院借此再次提及了假设 5 和假设 4
的前提条件，因为当其在不同于联合国安理会的制度环境下运
作时，国际法院可以提供意见但难以达成协议。在核武器案中，
联合国大会要求国际法院就国际法背景下使用或者威胁使用核
武器是否合法提出咨询意见。[2]国际法院在处理这个问题前查
阅了大量人权公约和《联合国宪章》。[3]最终，国际法院认为，
尽管其可以就该问题发表咨询意见，但是对于期待解决这个问
题的人而言，最佳途径是颁布不扩散核武器条约。[4]在此，国
际法院的意见可被视为援引假设 4 背后的原则，因为它寻求培
育各方的一致意识，它会产生一个以条约为基础的结果，同时
也提供一套法律原则指导条约谈判进程，这涉及假设 2。类似
地，最近发生的格鲁吉亚和俄罗斯的争议可被分析为试图影响
外交谈判以摆脱僵局的努力。[5]诸如此类的案件不仅在条约谈
判中具有战略重要性，同时也影响着广义上联合国作为一个国
际组织的自身发展。

世界贸易组织战略诉讼：争端解决机制 　104

　　世界贸易组织争端解决机制的设立旨在帮助其成员解决与

---

〔1〕　Legal Consequences for States of the Continued Presence of South Africa in Na-
mibia（South West Africa）notwithstanding Security Council Resolution 276 1970.

〔2〕　See Legality of the Threat or Use of Nuclear Weapons，1996.

〔3〕　See Legality of the Threat or Use of Nuclear Weapons，1996.

〔4〕　See Legality of the Threat or Use of Nuclear Weapons，1996.

〔5〕　See Application of the International Convention on the Elimination of All Forms of
Racial Discrimination（Georgia vs. Russian Federation）2008.

其他国家之间的贸易纠纷。[1]该机制鼓励争议双方进行谈判和调解，也能通过听证小组提供司法裁决，以及通过上诉机构聆听上诉和做出上诉裁决。[2]对世界贸易组织诉讼人而言，争端解决机构的裁决具有"约束力"，但对未来的诉讼当事人没有约束力。[3]。然而，许多裁决发挥的作用类似于遵循先例制度。虽然争议一方可能不遵守争端解决机构的裁决，但是反向一致规则导致涉及的各方采纳争端解决机构的裁决。不过这可能是个漫长的过程，尤其是当国内立法必须完成才能使国家政策或实践上要求的变化生效的时候。

105 目前，围绕世界贸易组织"司法化"这个概念的争议越来越多。此概念所固有的焦点是，外交官在世界贸易组织中正被贸易律师取代。这造成了许多机构功能与理念的潜在转变，至少在世界贸易组织争端解决程序中，有关裁判员或司法活动的有效性问题可能会成为这种制度的一个特点。

尽管世界贸易组织的重要性在提高，其成功依然受到其在解决或避免冲突的能力方面的质疑。世界贸易组织仍对制度性协议进行解释和发表声明。2001年，《多哈部长级宣言》[4]影响了多个争端解决机构的裁定，如墨西哥的电信服务措施案。[5]虽然它还没有形成正式的"法律"文本，但2001年《多哈部长级宣言》为未来世界贸易组织条约法的议定谈判提供了

[1] See Narlikar 2005.
[2] Gehring et al. 2007, p. 15.
[3] Gehring et al. 2007.
[4] WTO, Doha Ministerial Declaration.
[5] 在本案中，墨西哥声称，美国在多哈会议前期提出了索赔请求，而争端解决小组明确拒绝了这些起诉要求（在多哈谈判中，主要问题是其成员理解它是否应该维持而不是它的范围是什么）。

框架。正是这个框架的价值连接了争端与当前世界贸易组织谈判。这个内嵌的议程可以在服务业、农业相关问题的贸易法谈判中得以窥见。

正如美国棉花案所表明的，于 2003 年 12 月 13 日到期的 106 《农业协议》第 13 条的"和平条款"，由于各种约束，没有一致被世界贸易组织成员采用。在这些案件中，继续推进合作的潜在路径包括政治谈判、将案子上诉至世界贸易组织争端解决机构，或者在贸易法的影子里尽力塑造谈判。

案例分析：美国棉花案

诉讼背景

2003 年 2 月，巴西正式就美国向棉花生产商提供补贴提起诉讼。[1]世界贸易组织的成员们为了进一步开放《农业协定》所规定的农业市场进行谈判制定了一些规则[2]。他们也有意图在最初实施阶段（自 1995 年起的 9 年）限制未来的农业措施的法律追索权。[3]这被称为"适当约束"或者第 13 条"和平条款"。[4]初期谈判收效寥寥，直到 2001 年 11 月多哈回合谈判的发起。《农业协定》第 13 节指出（相关部分）：

> 我们承认 2000 年初根据《农业协定》第 20 条发起的谈判已开展的工作，包括代表全部 121 个成员提交的大量

---

[1] See World Trade Organization 2009b.

[2] World Trade Organization 2009m（"认识到长期的目标，即大幅减少支持和保护，从而导致根本改革，这是一个正在进行的过程。成员们一致认为，继续这一进程的谈判将在执行期结束前一年启动"）。

[3] See World Trade Organization 2009m.

[4] See World Trade Organization 2009m.

谈判建议。回顾《农业协议》提到的长期目标是建立一个公平和以市场为导向的贸易体系，其路径是通过在支持和保护方面囊括强化的规则和具体承诺的根本改革方案，以纠正和防止世界农业市场的限制和扭曲。我们重申对这个方案的承诺。在迄今为止已做工作的基础上，对谈判结果不作预判，我们承诺致力于综合谈判的目标是：大幅度改善市场准入、致力于逐步降低所有形式的出口补贴、大幅削减扭曲贸易的国内支持。[1]

107　　这个摘录最后一句的两个条款在棉花谈判中最为重要。它们记录了 2001 年成员所作的承诺："目的是逐步取消所有形式的出口补贴"，"大幅削减扭曲贸易的国内支持"。出口补贴传统上一直被欧盟采用。[2]它们被认为是最能扭曲贸易的补贴类别，因此在追求更为自由的贸易时，将其消除成了当务之急。

　　在启动法律程序前，巴西政府于 2001 年 9 月要求就提供给美国棉花生产商和出口商的补贴问题进行磋商。[3]巴西政府认为，在世界贸易组织法律体系下，这些补贴应当是被禁止的，这意味着巴西可以在世界贸易组织争端解决机构采取行动。[4]最初，双方展开了几次磋商，但是并没有解决争端。[5] 这是一个由于谈判方虚张声势以及撒谎的行为导致僵局发生的案例——本案中，美国没有意识到农业贸易部门力量平衡的状态（详见下文）——以及公平与正义，因为巴西政府更多的是用这

---

〔1〕 See World Trade Organization 2009m.

〔2〕 International Centre for Trade and Sustainable Development 2005b.

〔3〕 World Trade Organization 2009b.

〔4〕 World Trade Organization 2009b.

〔5〕 World Trade Organization 2009b.

种方式把公平竞争和贸易带到棉花贸易领域，而不仅仅试图赢得让步。这一观点不只得到巴西的回应，实际上在这次磋商期间，其他利益相关方作为第三方加入到争端解决；最终，第三方成员的数量上升到 13 个。[1]随后，巴西要求、争端解决机构同意成立了一个专家小组，这个专家小组就是专门为裁决美国对棉花生产商提供国内支持和出口补贴问题而成立的。[2]

在小组层面，巴西指控美国影响棉花生产商的措施可以分为七大类。[3]美国反过来在其提交给专家小组的文件中拒绝了这些指控。[4]专家小组于 2004 年 4 月 26 日向各方提交了中期报告，于 2004 年 6 月 18 日向其提交了长达 377 页的最终报告。[5]以下部分总结了专家小组的主要调查结果。

108

"和平条款"（*Peace Clause*）

《农业协定》第 13 条（被称为"适当约束"，也称为"和平条款"）规定只要符合特定条件，签约方就不能在 2003 年底之前挑战有关农业补贴的规定。[6]巴西政府称《农业协定》第 13 条并没有免除美国基于《补贴和反补贴措施协议》和 1994 年《关贸总协定》第 16 条第 1 款内容受到非难的行动措施。[7]美国认为，根据《农业协定》第 13 条第 1 款第 2 项，《2002 年农业安全和区域投资法》规定的直接支付和《1996 年联邦农业改

---

〔1〕 World Trade Organization 2009b.
〔2〕 World Trade Organization Dispute Settlement Body 2004.
〔3〕 World Trade Organization Dispute Settlement Body 2004, pp. 28-30.
〔4〕 World Trade Organization Dispute Settlement Body 2004.
〔5〕 World Trade Organization Dispute Settlement Body 2004, pp. 372-6.
〔6〕 World Trade Organization Dispute Settlement Body 2004.
〔7〕 World Trade Organization Dispute Settlement Body 2004.

善和改革法》规定的过期生产弹性合同支付"完全符合《农业
协定》附件 2 规定的不受第 13 条约束的行为"[1]。美国还认
为，根据《农业协定》第 13 条第 2 款第 2 项的规定，包括市场
贷款计划（涉及市场贷款收益和贷款差额补贴）、用户市场支付
（被称为第 2 步）、直接补贴、反周期补贴、2002 年农作物保险
补贴以及 1999—2001 年间所提供的补贴等国内支持措施完全符
合《农业协定》第 6 条的规定，这些措施也"没有在 1992 年给
予特定商品超过规定的补贴"，"基于《1994 年关贸总协定》第
16 条第 1 款和《补贴协议》第 5、6 条的内容"可免于
诉讼。[2]

站在反对美国的立场上，专家小组发现这些确立和维持直
接补贴计划的生产弹性合同补贴、直接补贴和立法与监管规定
不满足《农业协定》第 13 条第 1 款规定的条件，是第 13 条第 2
款涵盖的"非绿箱措施"。[3]专家小组还认为，争议中的美国国
内支持措施"为特定商品提供了超过 1992 市场年所规定的补
贴"，因此"不符合《农业协定》第 13 条第 2 款的规定，因而
也不能免除基于《1994 年关贸总协定》第 16 条第 1 款和《补贴
与反补贴措施协议》第 5、6 条"的诉讼。[4]

出口信贷担保计划（Export credit guaratee programmes）

109 巴西政府认为，美国采用的特定出口信贷担保计划构成了
《农业协定》规定所指的出口补贴，通过规避和威胁规避美国出

〔1〕 World Trade Organization Dispute Settlement Body 2004.
〔2〕 World Trade Organization Dispute Settlement Body 2004.
〔3〕 World Trade Organization Dispute Settlement Body 2004, p. 144, para. 7. 414.
〔4〕 World Trade Organization Dispute Settlement Body 2004.

口补贴承诺违反了《农业协定》第 10 条第 1 款内容。[1] 相应地，巴西的立场认为这三个计划也违反了《农业协定》的第 8 条。[2] 而且，巴西认为，它们构成了出口补贴说明清单第（j）项以及《补贴和反补贴措施协议》第 3 条第 1 款第 1 项和第 3 条第 2 款所规定的禁止性出口补贴。美国拒绝了所有这些指控。[3]

专家小组发现，无论是高地棉花等其他计划外农产品的出口，还是大米这一计划内的农产品出口，美国出口信贷担保计划以规避美国出口补贴承诺的方式构成出口补贴，符合《农业协定》第 10 条第 1 款的规定，也违反了《农业协定》第 8 条的规定。[4] 专家小组认为，这些计划"不完全符合《农业协定》第五部分的规定，不满足《农业协定》第 13 条第 3 段规定的条件，因此不能免除基于《1994 年关贸总协定》第 16 条和《补贴协议》第 3、5、6 条规定"的诉讼。[5] 专家小组还进一步裁定："美国政府经提供的这些计划的保险费率不足以支付前者长期经营成本和《补贴协议》附件 1 说明清单第（j）条所列损失，因此从根本上构成了《补贴协议》第 3 条第 1 款第 1 项和第 3 条第 2 款所规定的禁止性出口补贴。"[6]

《2000 年域外收入法》（*Extraterritorial Income Act 2000*）　110

巴西声称，《2000 年之废止海外销售公司及域外收入法》与

---

〔1〕　World Trade Organization Dispute Settlement Body 2004.

〔2〕　World Trade Organization Dispute Settlement Body 2004.

〔3〕　World Trade Organization Dispute Settlement Body 2004.

〔4〕　World Trade Organization Dispute Settlement Body 2004.

〔5〕　World Trade Organization Dispute Settlement Body 2004.

〔6〕　World Trade Organization Dispute Settlement Body 2004.

《农业协定》第10条第1款和第8条以及《补贴和反补贴措施协定》第3条第1款第1项和第3条第2款内容不一致。[1]美国则认为，巴西未能提供表面上成立的案件来支持这些请求。[2]专家小组认可了美国的观点。[3]

巴西还控诉美国违反协定的其他行为，并取得部分成功。

专家小组在总结报告中指出，"根据《世界贸易组织争端解决谅解》第3条第8款规定，如果违反某适用协议规定的义务，该行为表面上被认定无效或损害"，根据《世界贸易组织争端解决谅解》第19条第1款，建议美国最迟在小组报告通过之日起6个月内或者2005年7月1日之前（以较早者为准）采取符合《农业协定》的措施，并立即停止提供补贴。[4]

在专家小组做出决定之后，美国和巴西都提出上诉。[5]上诉机构在其决定中维持了专家小组的主要调查结果。[6]世界贸易组织争端解决机构于2005年3月21日通过了上诉机构的决定，为从2003年2月启动的法律程序核心部分画上句号。[7]但是，随后关于执行专家小组和上诉机构决议的听证会又表明美国并未充分履行决议规定的要求。这就意味着，尽管美国棉花案已经走完诉讼程序，但是在服从决定方面还有很长的路要走。[8]

---

[1] World Trade Organization Dispute Settlement Body 2004.
[2] World Trade Organization Dispute Settlement Body 2004.
[3] World Trade Organization Dispute Settlement Body 2004.
[4] World Trade Organization Dispute Settlement Body 2004.
[5] See World Trade Organization 2009b.
[6] World Trade Organization Dispute Settlement Body 2005.
[7] World Trade Organization Dispute Settlement Body 2005.
[8] See World Trade Organization 2009b.

考虑到专家小组和上诉机构的决定对美国和巴西的影响，[111] 可能在考察诉讼和谈判的总体影响之前，最好先研究下各方对这些程序是如何反应的。

美国认为，存在一个陈述偏好，"谈判，而不是诉讼，才是解决农业贸易扭曲的最有效途径"。[1]美国对专家小组作出决定的方式表示不满，认为除了与自己相关的争端调查结果外，专家小组整体上采用的方式存在严重缺陷，这使世界贸易组织采用的制度受到质疑。[2]

巴西对专家小组和上诉机构的决定感到满意。巴西官员强调他们将美国棉花案提交给世界贸易组织，"一开始并没有计划影响世界贸易组织的谈判或者在该领域寻求法理"。[3]但是，巴西认为，除非把这些案件提交给世界贸易组织，否则"欧盟和美国永远不会改变他们的政策"。[4]

单独条约谈判（Separate treaty negotiations）

2003 年 4 月，贝宁、布基纳法索、乍得和马里向世界贸易组织提议消除三年（至 2006 年 12 月末）棉花出口补贴和与生产相关的国内支持。[5]提议还包括过渡性赔偿机制应对补贴造成的损失，该提议在墨西哥坎昆举行的第五届世界贸易组织部

---

〔1〕 *Bridges Weekly Trade News Digest*, 23 March 2005, vol. 9, no. 10, http: //ic-tsd. net/I /news/bridgesweekly /6092/ (last accessed 9 February 2009).

〔2〕 *Bridges Weekly Trade News Digest*, 23 March 2005, vol. 9, no. 10, http: //ic-tsd. net/i/news/bridgesweekly/ 6092/ (last accessed 9 February 2009).

〔3〕 *Bridges Weekly Trade News Digest*, 15 September 2004, vol. 8, no. 30, http: // ictsd. net/i/news/ bridgesweekly/7458 (last accessed 9 February 2009).

〔4〕 International Centre for Trade and Sustainable Development 2005a.

〔5〕 See World Trade Organization 2003a.

长级会议上提出。[1]但坎昆会议并未就包括棉花提案在内的大会议程上的问题达成任何协议。

112　　在坎昆会议之后，包括中国、印度、巴西和南非在内的发展中国家组成的 20 国集团成为国际贸易谈判的主要参与者。20 国集团所占据的重要地位明显削弱了以前"老四国联盟"（由美国、欧盟、日本和加拿大组成）主导谈判的能力。国家集团之间权力关系的变化被以下事实证实——达成七月一揽子协议的是由美国、欧盟、印度、巴西和澳大利亚组成的"五国集团"。[2]在这些谈判过程中，美国同意将棉花纳入农业谈判中，并建立了一个专门分委员会进行指导。这将"确保棉花问题独立于行业倡议的适当优先权"。[3]

后美国棉花案时期

2005 年，《世界贸易组织香港部长宣言》坚称：在"不损害成员现有世界贸易组织框架内权利和义务前提下，包括争端解决机构采取的行动，我们重申承诺确保在农业谈判中就棉花问题做出明确决定……发达国家在 2006 年消除各种形式的棉花出口补贴。"[4]在这段引文中，《宣言》明确表达了要遵循争端解决机构决定的意愿。

从起初谈判的考察中可以清楚地看出，尽管从 2000 年起，农业领域就在着手进行一系列总体改革，但棉花一直未能成为明确的谈判内容。事实上，一项针对贸易和可持续发展国际中

〔1〕 World Trade Organization 2003b; World Trade Organization 2003c.
〔2〕 International Centre for Trade and Sustainable Development 2005b.
〔3〕 International Centre for Trade and Sustainable Development 2005b, p. 4.
〔4〕 World Trade Organization 2005.

心常规性农业谈判的调查显示，在农业谈判的头三年里——2000 年 11 月至 2003 年 10 月间，并未提到棉花问题的具体谈判。[1]

在巴西向争端解决机构起诉之后的时间里，棉花成为世界 113 贸易组织农业谈判的关键问题，但这一发展与法律程序之间的联系远远不够清晰。尽管专家小组就棉花补贴诉讼作出的最终裁决有所偏离，但重要的是要记住，直到七月达成一揽子协议时，谈判参与方已收到专家小组的临时报告和最终报告。[2]换句话说，截至此时，美国应该意识到争端解决机构很可能已经发现其与棉花有关的贸易措施违反了世界贸易组织的有关协议。当然，美国仍有可能诉诸上诉机构，但是专家小组的裁定能在多大程度上被否决尚未可知。

可能最有趣的一点是，这个时期能找到的评论似乎聚焦在棉花倡议：一个在世界贸易组织贸易谈判背景下的政治谈判工具，而不是聚焦巴西在世界贸易组织争端解决机构起诉美国的案子。政治倡议而非法律程序的认知具有极端重要性的现象受到坦桑尼亚贸易部司长助理提交的一份备忘录的支持，该备忘录并没有提及法律程序，而是总结道：

> 棉花倡议的主要教训是协调分析的能力能让即使是弱小贫穷的国家将对其经济具有首要意义的问题提到多边贸易体系的中心舞台，并从以规则为基础的体系中受益。显然，相比以前聚焦世界贸易组织主要协议——如农业协议

---

〔1〕 2000 年 11 月至 2005 年 4 月的报告，参见 www.agtradepoicy.org/page/ictsd/resource.htm.

〔2〕 中期报告于 2004 年 4 月 26 日发布；终期报告于 2004 年 9 月 8 日发布。

广泛领域的普遍性倡议，小国聚焦高度具体的问题是有优势可得，也有明显的内在优点……棉花倡议指明的道路是，最不发达国家必须采用这种强化谈判能力的战略，并在此结果的基础上强化执行效果。[1]

到 2005 年春季前，法律程序取得了明显成效，值得注意的是，上述提及的谈判联盟都具体参考了争端解决机构的决定，这表明取消日益显著的棉花补贴合法性的呼吁明显增强。因此，在本书考察的各种假设的参数内，美国棉花案和多哈谈判以及相关的世界贸易组织农业谈判都证明了机构结构的重要性。美国棉花案有司法结论是因为争端解决机构的结构的要求，争端解决机构的裁定一般由受其约束的那些给出权重。相比之下，世界贸易组织农业谈判框架——特别是与棉花有关的——并没有规定相同类型的结构故而一路崩溃。虽然世界贸易组织农业谈判未取得任何成果，但重要的是要注意，正如在对策方案 3 中讨论的，它们已受到成员变化的权力平衡的影响。这也涉及假设 5 和对策方案 5，因为它反映了对发展中国家棉花贸易转向公平的政策变化，以及谈判涉及的超出单纯经济条款的问题的重塑。

114

其他相关的世界贸易组织争端

在多哈谈判之后，提交给世界贸易组织争端解决机构的许多涉及各种贸易领域的案件都具有相似的谈判相关性。以下讨论的目的是强调那些争端解决案例，其可被视为在后多哈谈判更大框架内以及在特别争端的各方具有重要性。

---

[1] Lyimo 2004.

在农业贸易政策领域，有几个案例值得注意。在加拿大小麦出口和谷物进口案中，美国以及随后加入的澳大利亚、智利、中国、中国台北、欧盟、日本和墨西哥均要求就加拿大对进出口小麦的待遇与之磋商。[1]这个争端的僵局围绕假设 5 是因为各方提出的观点与进入加拿大小麦市场的公平性有关。[2]最后，专家小组和上诉机构都对加拿大做出了限制决定。[3]

欧共体食糖案

在欧共体为食糖提供补贴争议中，许多国家对其就进出口食糖提供拨款和补贴的做法提出索赔。该案件的技术性法律细节涉及补贴的计算和非（洲）加（勒比）太（平洋）国家/印度支持水平的困难问题，但在多哈谈判尤其是农业谈判的背景下，这一争端显得重要和有趣。2002 年底和 2003 年初，争端之初，由澳大利亚、巴西和泰国提出磋商要求。许多非洲、加勒比和太平洋国家正式反对。该争议谈判在即将开始的多哈谈判大背景下启动，是构成要求谈判"减少直至逐步取消一切形式的出口补贴"和"确保发展中国家有效地考虑如粮食安全和农村发展等切实需要"的关键部分（《多哈宣言》第 13 节）。没有直接证据表明启动谈判是为了可能包括实质性削减或逐步取消出口补贴内容的部长级宣言，但在农业委员会的前期会议上，食糖出口补贴是讨论的关键内容。世界贸易组织秘书处 2000 年为"内嵌式"农业谈判的特别环节准备的一份背景文件的焦点

115

---

〔1〕　See World Trade Organization 2009c.

〔2〕　World Trade Organization 2009c.

〔3〕　World Trade Organization 2009c.

就是食糖是接受出口补贴的主要产品之一。[1]就在几个月之后，仅有澳大利亚就代表凯恩斯集团在农业谈判领域提出消除并禁止出口补贴。该提议的时事政策批评家关注了美国和欧盟并专门提到欧盟的食糖补贴。凯恩斯集团通过公开反对农业贸易的出口补贴寻求公平：

> "非常不公平。他们对那些财政上不能与之竞争的国家实际上实施'以邻为壑'的政策。他们反映出对那些未对农业出口进行补贴的国家——其实是对其农民和农村地区——贸易规则的歧视；反过来，他们又为那些在制造业有相对优势的国家有效地提供了有利歧视，而这些政策在40年前就被取消了。"[2]

因此，当澳大利亚和巴西终于提出争端时，这与当时正如火如荼进行的农业谈判和凯恩斯集团在多哈宣言中获得的部分胜利有明显联系。

在欧共体食糖案中，专家小组和上诉机构发现欧共体违反了世界贸易组织法；但只是在上诉机构作出仲裁决定后，双方才开始就执行专家小组决定进行富有成效的谈判。[3]考虑到该案件和其他案件，不足为奇的是，最终在中国香港，欧盟同意"平行地取消所有形式的出口补贴和对所有出口措施的约束"设定最后日期，"都在2013年年底前完成"。[4]

导致专家小组介入干预的僵局涉及假设5有关双方贸易政

---

〔1〕 World Trade Organization 2000.
〔2〕 World Trade Organization 2000.
〔3〕 See World Trade Organization 2009d.
〔4〕 World Trade Organization 2005.

策上的公平因素，这也证明世界贸易组织争端解决程序的磋商因素能阻止协议的达成，因为根据假设 4，各方知道可以向专家小组提出诉求，从而被视为不那么有动力去采用和解方式去行动。

欧共体香蕉案

116

与关于公平与正义僵局假设稍微不同的变量在欧共体—香蕉进口制度案里得以体现。[1] 2007 年 6 月，巴拿马要求与欧共体就其自 2006 年 1 月 1 日起实施的香蕉进口制度进行磋商。磋商要求未能促使专家小组的成立，但与正在进行的谈判有某种联系。在本案中，巴拿马起诉欧共体采用不同的标准对待从非洲加勒比太平洋（ACP）国家和最惠国（MFN）进口的香蕉。[2] 尽管欧共体在多哈谈判期间已经就其非加太国家农业领域的制度收到弃权声明，为建立农产品自由市场，"市场准入的大幅度改善" 仍然是《多哈发展议程》农业领域的关键部分。因此，双方的争论不仅围绕贸易政策的公平问题，也围绕欧共体试图通过为发展中国家提供特定益处的方式将正义概念囊括到其贸易政策中。[3] 最后，另一个因公平引起的僵局造成的世界贸易组织争端解决机构的案件是美国—对玉米和其他农产品的补贴和其他国内支持。此案中其他几个国家加入加拿大的行列抗议美国在玉米补贴和其他形式补贴上的政策。[4]

---

〔1〕　See World Trade Organization 2009h.

〔2〕　World Trade Organization 2009h.

〔3〕　World Trade Organization 2009h.

〔4〕　World Trade Organization 2009h.

美国博彩案

117   美国—影响跨境赌博和博彩服务供给措施案涉及的问题就与《服务贸易总协定》有关，说明假设 4 在世界贸易组织争端解决案例上的适用性，因为案件源于双方不能执行争端解决机构先前的决定。[1]案件挺有趣，是因为它再次表明可以将公平整合到谈判中。在美国博彩案中，安提瓜岛上的小岛国针对其在线赌博服务的市场准入受到的限制起诉美国。因为大多数国家实际上还没有在许多服务部门实现自由化，服务贸易谈判遵循的逻辑与货物贸易谈判略有不同。根据本案中专家小组和上诉机构的解释，美国同意将赌博服务自由化，安提瓜互联网赌博行业希望从这种自由化中获益，抱怨美国各州和联邦法律禁止赌博。此案是少数几个高调的服务贸易案例之一，因此在服务部门的谈判中留有印记。该案可以被视为有助于发展中国家。如《多哈发展议程》所述，"为了促进所有贸易伙伴的经济增长"，美国一直是综合服务业自由化的最大支持者之一。但该案表明，甚至美国都没有实现其在《服务贸易总协定》中承诺的服务业自由化与正面清单。某种程度上，正在进行的谈判也帮助了美国，从而确认上述美国棉花案的调查结果，因为美国能尽力推翻安提瓜在服务贸易谈判中的胜利，就像美国与自由贸易协定伙伴签署的许多附函一样，如中美洲自由贸易区、巴林甚至是来自俄罗斯对市场准入的承诺。[2]

118   另一方面，欧共体—生物技术产品的批准与营销案证明假

---

〔1〕 See World Trade Organization 2009e.
〔2〕 See USTR, *U. S. –Russia Bilateral Market Access Agreement Side Letters.*

设 4 也适用于后世界贸易组织争端解决机构决定，因为执行专家小组和上诉机构决定的谈判成果丰硕，这表明执行决定的制度性压力有利于谈判和打破。[1]在欧洲共同体关税优惠案[2]、欧洲共同体沙丁鱼（重点渔业补贴）案[3]以及欧洲共同体商船案[4]中，假设 4 的解读也很明显。[5]但是，后续的案件，如欧洲共同体—商标与地理标志案，表明世界贸易组织争端解决机构的后决定机构结构也会引起打破僵局的消极氛围。[6]此外，诸如美国归零方法的持续存在与应用案[7]证明了各方在世界贸易组织争端解决机制初始阶段打破僵局存在的机构弱点。可能的情况是，争端解决机构做出决定时，这些案件可能发挥着先例的作用并影响后续谈判结果。在某些案件中，有些起诉者打算利用争端解决程序影响正在进行的或将来的谈判。例如，欧洲共同体特定海关事项案说明，"美国也没有提出异议，它在本案背后的动机之一是影响多哈贸易便利化谈判"。[8]

结　论

本章考察了两个多边机构（国际法院和世界贸易）和一个区域机构（欧盟）中诉讼与谈判的关系。通过这次考察，观察 119

〔1〕　See World Trade Organization 2009f.

〔2〕　See World Trade Organization 2009a.

〔3〕　See World Trade Organization 2009i.

〔4〕　See World Trade Organization 2009k.

〔5〕　See World Trade Organization 2009j.

〔6〕　See World Trade Organization 2009l.

〔7〕　See World Trade Organization 2009l.

〔8〕　See World Trade Organization Dispute Settlement Body 2006.

到几个趋势。第一个趋势是，假设 5 是个重要考虑，尤其是在多边环境下，因为在公平与正义方面框定诉讼与谈判的问题在机构框架内开启了对话。这也暗示了对策方案组合 5，因为重构什么是危险以及如何评判胜利与失败的思想也将允许涉及的各方和机构朝着不同的、经常是不那么极端的目标迈进。机构作为在诉讼和谈判发生范围内的实体的整体重要性已被证明为诉讼和谈判关系的关键，强化了假设 4 和对策方案组合 4 的适用性。对策方案 3 提出的权力均衡的考量与假设 2 暗指的法律不确定性问题也是可以从本章所做研究中吸取的教训。在法律之外，有关诉讼摆脱僵局的进一步研究能够影响一大批学科，并协助理解如何从总体上打破僵局。

第二部分　案例分析

跨越大西洋的谈判僵局：

多哈谈判中的国内政治和互不妥协

阿拉斯代尔·R. 杨

多哈回合多边贸易谈判自 1999 年 12 月启动失误后，于 2001 年 11 月再次开启缓慢的进程。2003 年在坎昆和 2005 年在中国香港召开的两次部长级会议并未取得实质性进展。随后开展的小型非正式会议意在促进 2007 年和 2008 年夏天举行的谈判。但是，因谈判各方之间分歧较大，最终都以失败告终。直至 2009 年底，谈判仍在推进，但是由于诸多重要成员的内部偏见，快速解决争议的前景愈发渺茫。因此，在撰写本章时（2010 年 1 月），多哈谈判依然处在"无限延迟"的僵局状态。

不考虑造成谈判僵局的任何原因，本章只考察谈判对欧盟[1]和美国的挑战，以及它们对这些挑战的回应。本章重点介绍欧盟和美国的原因是因为它们是世界上最大的经济体和最大的商品服务进出口商。此外，多边贸易体系一开始是作为跨大

---

〔1〕 随着《里斯本条约》生效，欧盟正式取代了欧洲共同体，成为世贸组织的一员。

西洋项目而出现的，美国和欧盟在前几轮多边贸易谈判中担任主要角色。随着新兴国家政府——尤其是巴西和印度政府，以及更为低调的中国政府——对自身国力更为自信，多边贸易体系不再像从前那样由两强垄断。然而，多边贸易谈判的成功进行依然离不开欧盟和美国的积极支持。

本章认为，多哈回合谈判形成僵局至少有一部分原因在于，国内政治约束了美国和欧盟在谈判中产生的领导力。在这两个政体中，某些影响力特别大的部分，尤其是农业部门，一直持有非常浓厚的保护主义立场。此外，公众对贸易自由化的批评与日俱增。与此同时，出口导向型利益在支持回合谈判的过程中已经受到了部分压制，因为贸易伙伴单方自由化和基于双边或区域协议实际或可能的自由化已经或将会改变市场准入资格。所以，每个体系内的重要参与者相比于任何可能达成的协议更偏向于保持现状，或者认为在未来情况只会变得更糟；现状已经胜过了谈判协议所提出的最佳替代方案。在这两个政体中，所达成的政治均衡倾向于通过相对较高的准入资格进一步反对自由化，这加强了那些最支持停留于现状的人的理由。因此，用双层博弈的语言来说，二者的"赢集"（win-sets）相对较小；这些结果对那些缺其不可的国家来说非常重要。有限的赢集已经宣告多哈回合谈判可能产生的结果，因为新兴经济体的影响力不断增强，已经削弱了欧盟和美国影响国际谈判的能力，使得谈判结果不再令国内所接受。

124　　因此，本章主要阐述本书提出的三个假设之间的相互作用是如何帮助打破多哈谈判僵局。对这两个对批准程序要求非常严格的政体（假设 1）中关键参与者而言，存在一个更为优惠的、至少是可以接受的最佳替代方案意味着双方的赢集都比较小（假设 6）。因此，全球经济（假设 3a）中权力分配相对稳定在很大程度上避免欧盟和美国的谈判代表改变谈判局面，比如达成一项足以超越现状的前瞻性协议，使其落入他们的赢集内。

首先，本章总结了跨大西洋伙伴关系在促进多边贸易自由化方面的作用。其次，我们简单总结了双层博弈的框架并介绍其在两种政体——特别在批准程序——中如何适用。再次，在讨论美国和欧盟是如何成功实现其目标之前，我们先考察欧盟和美国所组成的利益集团及其追求的谈判目标。最后，本章总结了打破多哈谈判僵局可能产生的影响。

跨大西洋伙伴关系：非主导但至关重要

从一开始，多边贸易体制就是以跨大西洋合作为基础。[1]　125
自二战结束以来直至 20 世纪 70 年代，美国一直占据主导地位。随着美国经济停滞不前，欧洲一体化进程同时在参与国家的实力和数量方面取得了进步，欧盟在多边贸易体系中成为美国实质地位平等的伙伴；正如在乌拉圭回合谈判中表现得那样明显。[2] 然而，随着发展中国家政府在乌拉圭谈判中开始更积极主动地表现自己，这种双重垄断几乎一出现就开始走向衰败。[3] 发展中国家的过分自信也因此上升，随着世贸组织 1999 年西雅图和 2003 年坎昆部长级会议的召开，它们尤其想证明自己的谈判影响力变得更强了。[4] 因此，虽然欧盟和美国依然是

---

〔1〕　Ikenberry 1993; Ruggie 1982; Warwick Commission 2007.
〔2〕　Peterson 2004.
〔3〕　Hoekman and Kostecki 2001.
〔4〕　Baldwin 2006; Narlikar 2004; Wilkinson 2005.

贸易政治博弈中最大的玩家——它们占到了世界经济生产总和的一半以上，并且是全球领先的货物和商品服务进出口大国。正如著名的四国集团（欧洲、美国、巴西和印度）和七国集团（四国集团加上澳大利亚、中国和日本）中所承认的那些玩家一样，它们现在仅仅只是众多玩家中的两个。四国集团和七国集团的形成是为了在之后到来的 2005 年中国香港部长级会议中找到打破僵局的办法。

　　虽然跨大西洋公约已经不足以继续推动多边贸易谈判，但是公约依然具有必要性[1]，然而，在多哈回合谈判中，跨大西洋合作并没有表现得很活跃。在多哈谈判早期，欧盟和美国之间的合作即使很大程度上是非正式的，但也相当广泛，但是早期合作的成功之处一部分是因为它避免了两者之间可能发生争议的一些问题[2]。也有人担心过多合作会产生相反效果[3]；回到了以欧盟和美国达成协议后再将协议多边化的情形[4]。

126　　因此，到 2009 年底，在多哈谈判中只达成了少数欧美联合提出的倡议。最实质意义的合作是在坎昆部长级会议上提出的农业联合提案。但是，这一提议并未很好地被接受。它没有解决其成员担心的重要问题，同时被视作欧盟和美国力求强制规定过去这二者之间达成的协议条款。鉴于谈判内部的新平衡，联合提案无望取得成功。但是，跨大西洋合作在 2005 年 5 月发挥了重要作用——因为其对如何将农产品从量税转为从价税作

---

〔1〕　Peterson 2004；Zoellick 2002.

〔2〕　Author interviews with US State Department and USTR officials, Washington, DC, 12 and 14 January 2005.

〔3〕　Author interview with a US State Department official, Washington, DC, 12 January 2005.

〔4〕　Grant 2007；Peterson 2004.

出贡献。[1] 不过，欧盟和美国之间的差异也更加经常和尖锐，例如二者未能就农业关税削减程度取得共识就导致无法在 2006 年夏天启动新一轮谈判[2]，取而代之的是后来双方相互进行尖刻的指责[3]，以及欧盟在随后举办的 2008 年夏七国集团对话失败中表达对美国的批评[4]。因此，至少在 2009 年底之前，多哈回合谈判一直缺乏积极且具有建设性的跨大西洋领导者。

双层博弈：国内政治和国际谈判的交叉领域

一般意义上的国际合作，尤其是国际贸易谈判，通常被称为"双层博弈"[5]，各国"政府首脑"之间达成协议的需求也需要在国内得到正式批准。有望获得批准的条约表明了各国政体的批准程序和国内利益集团；我们可以将国内大多数人批准同意的谈判结果称之为"赢集"。尽管这个隐喻包含了谈判和批准这两个截然不同的阶段，但我们期待的是"批准的阴影"会影响谈判；谈判者将避免接受那些不被国内民众所认可的协议。

"双层博弈"这个隐喻对分析国际谈判有几个重要的意义。　127
首先，如其他条件均相同，批准的门槛越高，赢集越小。其次，由于利益集团受到谈判协议最佳替代方案的吸引，替代方案或者其他现实情况越糟糕，赢集范围就越广。再次，受国内的赢

---

[1]　*The Economist*, 5 May 2005.

[2]　*Financial Times*, 10 June 2006.

[3]　*Financial Times*, 25 and 26 July 2006.

[4]　Mandelson 2008.

[5]　See, for example, Evans et al. 1993; Hocking and Smith 1997; Milner 1997; Moravcsik 1997; Putnam 1988.

集范围和谈判伙伴的立场所限，政府首脑能够"选择"最接近其偏好的交易。最后，政府首脑可能会增加国内赢集的范围来增强达成协议的可能性，比如通过利用信息不对称或者给因为协议而可能吃亏的其他主体或谈判伙伴的赢集以补偿性支付，例如，威逼或者利诱。

因此，适当运用双层博弈这一比喻来解释政府在国际谈判中的行为，要求满足以下具体标准[1]：

（1）国内政治，包括基于最佳替代方案的评估而形成的有影响力的国内利益集团、基于优先权而产生的机构以及批准程序。

（2）政府首脑的个人偏好。

（3）谈判者所处的国际背景、权力分配及其喜好。

本章主要侧重分析与欧盟和美国有关的前两个因素，但是国际背景也显示出，在当时，政府首脑有能力改变谈判的本质，这使得其在国内政治层面更能被接受。

政治机构：放大保护主义者的压力

128   在欧盟和美国，设立贸易政策机构的目的是为了减轻贸易保护主义者的压力，在某种程度上是通过将决策者与既得利益隔离的方式实现的。[2] 但是，尽管这两种政治制度的源头各不相同，他们的创设目的都是去限制包括贸易政策在内的中央政

---

〔1〕 Milner 2002；Moravcsik 1993.

〔2〕 On the United States see Bailey et al. 1997；Destler 2005；Goldstein 1993；O'Halloran 1994；Sherman 2002. On the EU see Bayne and Woolcock 2003；Dür and De Bièvre 2007；Hocking 2004.

府的权力，所以批准贸易协定的门槛很高。高批准门槛给予那些支持维持现状的人（更多的保护主义者利益）特别优待，在其他条件相同的情况下，减少每个政体赢集的规模。

欧盟：多重严控的共同政策

1957 年在六个创始国之间建立关税同盟的决定对于即将成立的欧盟来说，需要在成员一致同意的基础之上确立面向世界其他地区的共同政策：共同商业政策。这些安排以成员政府在部长级会议上的集体授权为根据，与欧盟委员会（欧盟的上级行政单位）进行谈判。因此，欧盟贸易政策在很大程度上反映了双重代表：对欧盟来说是成员，（在欧盟一级）对理事会来说是欧盟委员会。因此，应该将欧盟参与国际谈判描述为欧盟层面的两个双层博弈：在"一个博弈"中，欧盟是那些代表国内利益的成员政府寻求共同立场的国际谈判主体；在"另一个博弈"中，欧盟是国内利益和委员会在国际层面上进行谈判的代表。[1] 为了与文章主题契合，本章接下来所关注的案例主要集中于欧盟——国际谈判层面，重点关注成员政府的立场，而不是进行谈判的缘由。[2]

批准基于共同商业政策缔结的协议需要得到成员的多数支持。[3] 虽然多数表决制（QMV）相比全体一致决定对自由化来说更受青睐，但是就协议的达成来看，门槛依然很高。成员国

---

〔1〕　Young 2005.

〔2〕　Woolcock 2003.

〔3〕　在欧盟 27 个成员中，有效多数是绝对多数选票（345 中的 255，约 74%）比重上大致符合各国的人口，虽然小国有相对于其人口更高比例的选票（see Nugent 2006, pp. 106-9）。各成员投票赞成的还必须至少占欧盟 62% 的人口。

政府以协商一致的方式对贸易政策做出决定的做法加剧了这样的现状偏差。[1]

129　　　而且，共同商业政策并没有完全跟上国际贸易议程的进度。因此，贸易政策的某些方面超出了贸易政策本身的范围，这就意味着任何处理这些问题的贸易协议都必须经过所有成员的单独批准：要求全面的贸易协定得到全体成员的有效批准。2009年12月生效的《里斯本条约》扩大了欧盟的竞争力，因为该条约使得批准贸易协定不再需要得到每个成员的同意。但是，那些"有损欧盟文化或者语言多样性（即影响视听服务）"或"产生严重社会不安的风险"和"有损成员对社会、教育和卫生服务责任的承担"的贸易协定仍然必须得到全体一致同意方可（第207条第4款）。

美国：两院分歧

贸易协定在美国得到批准也需要跨过很高的门槛。美国宪法规定由国会负责实施贸易政策，这就意味着贸易协定必须通过国会两院批准，不需要绝对多数（尽管需要60票以上才能克服参议院的阻挠），只是双重多数就够了。贸易促进授权法案在过去被视作"快速通道"，在此框架之下，国会授予总统贸易谈判的权力，这就意味着上下两院只对协议进行最终确认投票，而不再参与协议的修改。然而，《贸易促进授权法案》在2007年6月30日就期满终止了。

130　　　尽管我们可以认为美国的贸易政策批准门槛低于欧盟，但

---

　　[1] Woolcock 2000. The European Parliament would also have to give its consent to the agreement.

其影响却因投票主体的性质差异而大大增强了。在欧盟，由各国政府做出批准决定；在美国，批准决定由议员做出。这个特别重要，因为美国议员的选区，特别是众议院议员以及部分参议员所在的选区，很大程度上只为一个或者几个产业部门服务；而欧盟成员往往拥有相对多样化的经济体。因此，与欧盟成员政府相比，美国的议员不太可能代表具有对抗性质的贸易利益。

此外，美国贸易政策比欧盟更具有党派立场，这使得批准程序进一步复杂化。许多因素强化了美国贸易政策中的党派偏见。德斯特勒（Destler）认为，通过让某一党派占据绝对优势地位，国会重新划分选区将党派间的竞争转变为只有党内活动家参与的党内竞争。[1] 这意味着候选人有动力去走极端而非争取中间立场。新兴贸易问题——诸如环境问题和劳工标准——也因党派分歧加剧了上述趋势。民主党在 2006 年中期选举中取得成功——取得对两院的控制权——和 2008 年赢得总统选举后，强化了他们在两院的多数地位，这可以说是削弱了对贸易自由化的支持。[2]

国内对贸易自由化的支持微乎其微

由于贸易自由化在两方政体中都缺乏国内支持，欧盟和美国的政治机构对现状的偏见已经对多哈回合谈判结果产生极度怀疑的态度。缺乏政治支持反映了三个方面的影响，而这些因素在两大政体中大致相似。首先，多哈回合谈判主要集中在农

〔1〕　Destler 2005. See also, Washington Post, 6 July 2005.
〔2〕　Evenett and Meier 2006；McMahon 2007；Washington Post, 6 July 2005.

业领域；在农业领域中，保护主义者施加的压力在每个政体中都是最强的[1]。其次，虽然在欧洲和美国制造商中保护主义的趋势普遍减弱，但是生产工人对国际竞争的担忧增加了，这在美国表现得最为明显。最后，由于许多重要的新兴经济体开始主导商业国际化和单边自由化，以出口为导向的行业压力较小，这就为那些保护主义者的担忧增加了政治上抵制的理由。

农业：棘手的问题

在多哈谈判期间，欧盟和美国之间一直就各自农业制度处于防御状态。两者都为农民提供了广泛的支持，但是欧盟主要是通过价格支持，而美国则是通过直接给农民支付补贴来实现。由于二者对农业进行支持的做法不同，欧盟和美国除了2003年的农业联合提议外，（其他时候）彼此之间以及与其他世贸组织成员均存在分歧。

由于其明确的贸易效应——高关税和出口补贴作为通过价格支持的方式以维持农场收入的内部政策目标所产生的附带后果，欧盟的共同农业政策在多哈谈判持续的很长一段时间里引起了特别关注。在多哈谈判中，欧盟的立场是：它在谈判中只会接受现有内部政策许可的内容；不会对任何与共同农业政策不相容的提议做出让步[2]。但关键是，2003年6月，欧盟对共同农业政策进行改革，随后又在2008年11月做出调整，进一步以直接支付而不是价格支持的方式补贴农民[3]。尽管受贸易政策压力影响，这些改革也反映出预算方面的考虑，尤其在2004

〔1〕 Grant 2007.
〔2〕 European Commission 2004；Council of Ministers 2005.
〔3〕 Roederer-Rynning 2010.

年和 2007 年欧盟扩大后[1]。进而，对农业的支持与农业生产进一步"脱钩"，使欧盟的贸易谈判代表有可能在共同农业政策中的贸易方面对关税，特别是出口补贴，做出一系列让步。[2]

但是，这些准入，特别是市场准入，已多次遭到欧盟某些成员政府的强烈反对。[3]

虽然美国有一些直接扭曲贸易的措施——对某些诸如食糖、棉花、乳制品和橙汁等农产品作进口限制和提供出口补贴[4]——美国的贸易伙伴特别担心美国的农业补贴。随着美国在多哈回合期间增加扭曲贸易的补贴，这些担忧加剧了。除了其他事项，《2002 年农业法案》增加了商品补贴支出、采用"反经济周期补贴"耕地作物支付（以补偿价格下跌）并增加出口援助措施。[5]《2008 年农业法案》引入了另一项耕地作物反周期支付计划［平均农作物收入选择计划（Average Crop Revenue Election programme）］，略微调高了部分农作物的贷款利率和目标价格。[6] 尽管高昂的食品价格很大程度上削减了对农业补贴的需求，美国在现行《2008 年农业法案》中依然表现出对农业发展的支持和明显的保护主义倾向。

132

---

〔1〕　Dinan and Camhis 2004；Roederer-Rynning 2010；Swinbank and Daugbjerg 2006；Woolcock 2005.

〔2〕　For a discussion see Young 2007.

〔3〕　Young 2007.

〔4〕　European Commission, Market Access Barrier Fiche 020074. Available at http://mkaccdb.eu.int/ (accessed 19 January 2009).

〔5〕　European Commission 2003, p.55.

〔6〕　European Commission, Market Access Barrier Fiche 020074. Available at http://mkaccdb.eu.int/ (accessed 19 January 2009).

工人对自由化的焦虑加剧

美国工人对保护主义的支持在多哈回合中得到了强化。[1]
贸易对美国有利的美国人比例已经从 2002 年的 78%下降到 2007
年的 59%，再到 2008 年的 53%。[2] 美国劳工运动对与发展中
国家签署贸易协议的抵触态度也反映出贸易对就业的影响引起
了人们的担心，他们认为，发展中国家抢走了美国人民的工作
机会，并且导致他们的工资降低[3]。由于劳工是民主党的重要
支持者，他们对贸易自由化并不能使自身个体受益的担忧使
得[4]民主党自 2006 年掌控国会两院以来，对工人们的这一担
忧给予了政治上的重视[5]。最明显的表现是 2009 年的经济刺
激法案中加入了"购买美国货"（buy American）的条款。[6]

133　　在欧盟，工人反对国际贸易自由化的声音已经渐渐消失了。
德国（87%）、法国（82%）和英国（77%）的大多数支持者对
于贸易的前景较为看好。[7] 对此，合理的解释是：在西欧，对
全球化的恐惧主要是因为新成员低成本劳动力的涌入。[8] 另一
种可能是，西欧相比于美国，福利制度更为丰富，这可能会减
轻工人在面对巨大竞争时所产生的担忧。

---

〔1〕 Destler 2005, p. 251.

〔2〕 Pew Research Centre 2008, p. 7.

〔3〕 Eizenstat and Cheek 2007.

〔4〕 在 2007 年和 2008 年，民主党在参议院没有占据正式的多数席位，但实际
上拥有是因为有两个独立参议院席位倾向于和民主党一起投票。

〔5〕 Destler 2005；Eizenstat and Cheek 2007；McMahon 2007；Scheve and Slaughter
2007.

〔6〕 Gamberoni and Newfarmer 2009.

〔7〕 Pew Research Centre 2008, p. 18.

〔8〕 See, for example, *The Economist*, 6 October 2007, p. 50.

尽管如此，多哈谈判早期，欧盟呼吁加强世贸组织与国际劳工组织的合作，大力支持保护劳工的核心权利，但利用贸易制裁来促进这些权利的办法不包括在合作范围之内[1]。这种做法旨在弥补成员之间的不同立场：有些成员将世界贸易组织视作推动劳工权益（如丹麦、德国和瑞典）、有些成员将其视为提供保护的方法（如法国）[2]，还有那些从战略层面反对纳入社会权利的成员（如荷兰和英国）[3]。但是，鉴于 2001 年多哈世贸组织部长级会议上发展中国家的敌对态度非常明显，即使是这样有限的目标，欧盟委员都决定不将它纳入多哈回合谈判的议程中。[4]

此外，欧盟内部依然存在着保护主义的支持者。法国总统萨科奇在 2007 年 5 月表示，"欧洲必须保护自己的公民"并且"为全球化做好准备"[5]；2008 年秋，保护主义的论调已经随着经济进一步明显下滑而进一步加剧。尽管欧盟已经对黄油、奶酪和奶粉采用新的出口补贴政策并且频繁地对反倾销行为征税[6]，但是某些成员政府的保护主义论调并不能普遍代表欧盟开始偏向于施行保护主义政策。[7]

对多哈商业支持寥寥无几

自 20 世纪 80 年代中期以来，欧盟和美国的商品生产商对保　134

---

[1]　Council of Ministers 1999.

[2]　Ahnlid 2005；Young et al. 2000.

[3]　Ahnlid 2005.

[4]　Lamy 2002.

[5]　*Financial Times*，24 May 2007，p. 9.

[6]　Gamberoni and Newfarmer 2009.

[7]　House of Lords 2008，p. 16.

护主义的支持已经减退。甚至传统意义上诸如纺织业等保护主
义盛行的行业，也不再像从前那样主张保护主义。[1] 在这两个
政体中，随着国内企业越来越多地融入国际经济——明显体现
在企业内部高比例的外向型加工贸易和具有外包功能的贸易，
这一转变反映了商业日益国际化的趋势[2]。因此，美国和欧盟
在多哈谈判中均觉得大幅减少新兴经济体——主要来自巴西、
中国和印度等——非农业市场准入没有遇到太大阻碍。[3]

对多哈回合的商业支持由于市场准入的放宽而逐渐削弱。
由于新兴经济体的单边自由化，尤其是致力于通过和美国公司
签署双边或区域自由贸易协议的方式，放宽了市场准入[4]。因
此，许多欧美企业对现状相对满意，并认为这是最具有实现可
能性的谈判协议的最佳替代方案。故而，尽管许多企业希望看
到一个能够带来真正利益、削减应用关税而不是约束税率的谈
判协议，[5] 但鉴于谈判本身的拖沓、任何可能的协议都不会在

〔1〕 Author interviews with a former senior Commission trade official, London, March 2005; a German trade official, Brussels, March 2005.

〔2〕 Destler 2005, p. 234; Dür 2008; Heron 2007; van den Hoven 2006; Woolcock 2005.

〔3〕 Fergusson 2007. 但是，值得注意的是，如果新兴市场的市场准入没有真正的增长，欧洲企业不愿看到任何降低欧洲工业关税的情况（Adrian van den Hoven, Director of International Relations, Business Europe, testimony, House of Lords 2008, p. E90-1）. 此外，美国抵制对贸易救济规则的限制，以限制其范围和影响。许多提交的提案要求修改美国立法（Fergusson 2007, p. 18; *Bridges Weekly Trade New Digest*, 13/1, 14 January 2009）.

〔4〕 Destler 2005, p. 251; Evenett 2007.

〔5〕 Business Europe 2007, 2008; Business Europe and NAM 2007.

市场准入方面带来显著成果，他们并不倾向于做出大幅度让步。[1] 这并不是说企业没有主张结束这一谈判，特别是在农业支持做出妥协和/或农业保护方面这样做，但他们的支持通常被认为是间歇性的和三心二意的。[2] 因此，虽然在欧盟和美国，商人的态度已经从传统的贸易保护主义发生了很大的转变，但同时没有一个敢于直言不讳的支持者为了多哈回合谈判取得成功结果而支持艰难地削减国内（农业）保护。

鸽派政府首脑

135

美国和欧盟的谈判代表似乎比国内选民更愿意支持贸易自由化。例如，欧盟委员会 2007 年"世界竞争中的全球欧洲"通讯附件指出"开放的贸易对经济增长和就业至关重要"[3]。"我们需要通过国外的积极行动而不是国内的保护主义来促进自身的经济利益。"[4]美国国务院在 2007 年 1 月发行的期刊《经济展望》中专门对"贸易的益处：保护的代价"做了讨论。[5]

---

〔1〕 Adrian van den Hoven, Director of International Relations, Business Europe, testimony (House of Lords 2008, p. E89); interviews with a German trade official, Brussels, March 2005 and a European trade association representative, Brussels, 26 March 2004. This view was supported by others off the record. See also USTR Schwab's call for business to make the case for trade liberalization (*Financial Times*, 2 July 2007, p. 10).

〔2〕 European Commission 2004, p. 27; van den Hoven 2006; Interviews with European trade association representatives, Brussels, 16 September 2003 and 26 March 2004; comments by a WTO official, Birmingham, 12 November 2005.

〔3〕 European Commission 2007, p. 6.

〔4〕 European Commission 2007, p. 7.

〔5〕 vol. 12, no. 1. Available at http: //usinfo. state. gov/journals/ites/0107/ijee/ jee0107. htm (accessed 26 October 2007).

在多哈谈判期间，两组谈判代表一再提出让步，这些让步已经引起了那些不得不批准协议的人的强烈抗议（见下文）。因此，两组谈判者似乎比各自国内的重要政治力量更愿意选择妥协。但是，这两组谈判人员都试图将其国内的弱点转化为谈判优势，以寻求主要的发展中国家政府和彼此之间做出重大让步，他们以为了协议而争取充足政治上的支持为名，进而说服那些协议的反对者。

136
欧盟、美国和多哈谈判

在多哈回合谈判中，美国和欧盟主要进行了分配式谈判，致力于获取贸易伙伴的让步，以抵消对农业让步的政治反对。尽管欧盟最初寻求扩大谈判议程，至少努力创造更多的机会来部分弥补农业上的让步，但新兴经济体政府的反对削弱了这个具有深远意义的议程，以至于尽管重点内容存在一些重要的差异，但是议程的内容更为传统、更以美国市场准入为导向[1]。

欧盟：寻求跨部门权衡[2]

欧盟是发起广泛多边贸易往来的主要国家，他们的需求超过了乌拉圭回合谈判中，在农业和服务业方面为准备谈判而达成一致的"既定议程"本身。为了确保其他部门的谈判成果能抵消农业让步所产生的政治成本，欧盟委员会提出就非农业市场准入（NAMA）进行谈判，内容囊括"新加坡问题"——竞

---

[1] Falke 2005.

[2] For a more extensive discussion of the EU's approach to the negotiations, see Young 2007.

争政策、投资、公共采购和贸易便利化、劳工标准、环境保护以及其他规则。[1]

　　虽然有些人将这些"深层次贸易"的问题视作拖延战术或隐性保护主义，但欧盟委员会认为这些规则有益于全球经济。[2] 因此，尤其就"新加坡问题"而言，委员会试图说服其他成员遵守全球规则的价值，从而背离了典型的让步谈判。[3] 但是，它却令人吃惊地失败了。

　　对欧盟扩大议程的广泛反对导致其中大部分内容半途而废。[4] 多哈谈判部长级会议降低了劳工标准，这启动了多哈回合谈判，在明确世贸组织规则与多边环境协定关系方面只有非常有限的谈判被纳入谈判议程。在随后召开的 2003 年坎昆部长级会议并不成功，因为新加坡议题中的三个问题——竞争、政策、投资和公共采购被搁置了。因此，欧盟对谈判的态度更倾向于传统，即寻求非农产品的市场准入以换取其在农业方面做出的让步。

　　因为它已经采取了单方面的农业改革，欧盟的谈判立场非常复杂。如上所述，欧盟在 2003 年对其共同农业政策进行了改革，并在 2008 年再次进行了相对而言规模较小的改革。这些改革包括从价格支持到减少那些违反贸易规则的直接补贴。[5] 因此，这些改革意味着，出口补贴将不再是必要的，并为削减农

137

―――――――――

〔1〕　Allen and Smith 2001；Kerremans 2005.

〔2〕　Rollo 2003；Woolcock 2005；Young et al. 2000.

〔3〕　Jean Charles Van Eeckhaute, Directorate-General for Trade, European Commission, testimony, 23 June（House of Lords 2008, p. E58）.

〔4〕　Damro 2004；Falke 2005；Sek 2004；Paolo Garzotti, Directorate-General for Trade, European Commission, testimony, 23 June（House of Lords 2008, p. E58）.

〔5〕　Roederer-Rynning 2010.

业关税创造了空间。欧盟一直在多哈回合全程中坚持的观点是：任何农业上的让步都必须与已经合意一致的共同农业政策[1]改革保持一致，这种立场给欧盟委员会带来了两个问题。首先，欧盟已经对国内支持和有效出口补贴采取单边改革，这些改革完成之后，欧盟很难要求其他成员让步。[2] 其次，为欧盟所采用的共同农业政策改革限制了欧盟委员会在农业市场准入这一关键问题上有能力做出的让步。[3]

在多哈谈判期间，欧盟委员会反复鼓动更多持保护主义立场的成员政府对农业市场准入做出让步。[4] 这样做可以说是与已经形成合意的共同农业政策改革所具有的外部限制相一致。[5] 欧盟贸易专员（2004—2009 年）彼得·曼德尔森（Peter Mandelson）声称"在多哈回合中，欧盟在农业方面付出了很大的代价"[6]。

138　　　但是，欧盟并没有在跛脚前行的多哈谈判之外因为这些让步而获得很多好处。欧洲商界[7]对非农业市场准入和服务业谈判的"有限野心"感到不满和警觉，其坚持认为它希望真正增加市场准入，而不仅仅是已经单方面实现的具有法律约束力的自由化。2008 年 7 月，时任欧盟贸易专员的曼德尔森认为，如

---

〔1〕 Council of Ministers 1999, 2005; Young 2007.

〔2〕 Pascal Lamy, Director General, WTO; former European Commissioner for Trade, testimony, 10 July 2008 (House of Lords 2008, p. E149).

〔3〕 Young 2007.

〔4〕 Young 2007.

〔5〕 I am grateful to Jim Rollo and Wyn Grant for sharing their assessments with me. Then US Trade Representative Susan Schwab even indicated that the EU has gone far enough in its offers to reduce agricultural tariffs (*Financial Times*, 17 October 2007, p. 11).

〔6〕 Mandelson, testimony, 24 June 2008 (House of Lords 2008, pp. E81-2).

〔7〕 Business Europe 2007, 2008.

果非农业贸易市场准入没有得到真正的改善，欧盟成员不会批准该协议；如果委员会提出这一协议，那么专员和成员之间就会发生"严重交通事故"。[1] 从欧盟委员会角度来看，显然，除非制造商和服务提供商真正改善市场准入，否则反对农业改革的成员不会支持削减农业关税,[2] 至少在 2009 年底，新兴经济体政府一直厌恶做出让步。

美国：寻求部门间权衡及其他

美国没有像欧盟那样热衷于加入多哈谈判。美国对多哈谈判的支持反映了在 2001 年 9 月 11 日恐怖袭击后美国自身出于地缘战略的考虑，而不是为了得到潜在的经济利益。[3] 此外，相比欧盟，美国从一开始就追求更有限的、以市场准入为重点的议程。

与欧盟一样，农业是美国贸易伙伴——包括欧盟在内——愿意看到重大变化的关键领域。如上所述，从贸易伙伴角度看，美国农业的关键问题是国内支持程度。但是，在乌拉圭回合期间，处理美国补贴问题更为复杂，因为其补贴数额（191 亿美元）远远高于实际提供的补贴。鉴于农业价格高，尽管 2002 年和 2008 年《农业法案》已颁布实施，美国仍然在这一上限之

---

〔1〕 Mandelson, testimony, 24 June 2008 (House of Lords 2008, pp. E81-2)；see also Peter Balas, Deputy Director-General, DG Trade, testimony, 23 June 2008 (House of Lords 2008, p. E51).

〔2〕 Peter Balas, Deputy Director-General, DG Trade, testimony, 23 June 2008 (House of Lords 2008, p. E51).

〔3〕 Destler 2005；Guy de Jonquiéres, testimony, 6 May 2008；L. Alan Winters, testimony, 13 May 2008 (House of Lords 2008, pp. E2 and E12).

下；[1] 作为它的贸易伙伴，尤其是欧盟希望减少实际补贴，这需要相当大幅度地削减限制税率，这在政治上推行起来特别困难。[2]

139　　由于美国是世界上最大的农产品出口国（和进口商），所以在促进农业利益方面，它比欧盟更具有攻击性，特别是在已经得到了农业游说团体大力支持的情况下美国致力于寻求消除农业出口补贴和降低市场准入壁垒[3]。[4] 因此，美国很大程度上是在寻求一种内部的平衡；寻求改善农业市场准入以抵消对减少农业补贴的反对。[5] 这种部门间权衡将是解决某些州农业所具备的重要经济性地位的一种方式——1997 年，10 个州的就业率 20% 以上集中在农业和相关部门[6]——在一些国会选区比例甚至更大（在较小的地区，在跨部门利益集团之间进行权衡就更难了）。[7] 例如，在 2007 年 4 月，由两党 58 名（共 100 名）参议员组成的小组写信给布什总统，警告他们不要在农业谈判中做出进一步让步，并坚持认为，相对于任何减少违法贸易规则的农业补贴，新的市场准入和取消外国出口补贴为美国

----

〔1〕 高价格意味着 2007 年以价格为基础的补贴为 120 亿美元（*Financial Times*，21 June 2007，p. 6）。

〔2〕 Pascal Lamy，Director General，WTO；former European Commissioner for Trade，testimony，10 July 2008（House of Lords 2008，p. E149）。

〔3〕 Fergusson 2007.

〔4〕 AFBF 2008a.

〔5〕 Bruce Gosper，Permanent Representative of Australia to the 世界贸易组织 and Chair of the WTO General Council，testimony 10 July 2008（House of Lords 2008，p. E138）。

〔6〕 USDA 2000. 按就业比例下降排序的各州为：内布拉斯加州、北达科他州、南达科他州、爱荷华州、北卡罗来纳州、阿肯色州、堪萨斯州、爱达荷州、肯塔基州和田纳西州。

〔7〕 Goldstein 2000.

农业"带来了净收益"。[1] 因此，确保农业市场准入得到改善是代表农村选区的代表和参议员可接受的多边贸易协定的重要组成部分。

　　但是，美国对农业自由化的跨部门平衡并非不感兴趣。如 140 前所述，美国商界一直坚持认为，它希望看到非农产品和服务的市场准入获得真正的成果。美国工业界、[2] 农业领域[3]以及国会在贸易方面的领导人[4]认为新兴经济体（尤其是阿根廷、巴西、中国和印度）提出的让步将无法提供"有意义的市场准入"，因此无法接受。国会领导人表示，发达国家和新兴经济体的新市场准入机会是国会支持多哈回合协议的必要条件。

结　论

　　欧盟和美国基于农业的强大利益驱动，都反对多哈回合提出的国内自由化。两国的谈判代表都试图通过为出口导向型的国内参与者争取利益来换取本国的政治支持。如果不对产品和服务市场准入机制进行真正的改善，企业对该轮谈判的支持不仅是不温不火而是就此消失了。此外，尽管采用的方式不同，欧盟和美国的国内政治机构使得获得批准的问题进一步复杂化。因此，两国政体之间的赢集较小：相对而言几乎没有比现状更

---

　〔1〕　Letter to President Bush, 12 April 2007, available at: http://finance. sentate. gov/ press/Bpress/2007press/ prb041607a. pdf (accessed 19 October 2007). 将近一年前，欧盟贸易专员表示，他认识到国会对美国贸易谈判人员施加了限制（*Financial Times*, 31 July 2006, p. 15).

　〔2〕　NAM 2008.

　〔3〕　AFBF 2008b.

　〔4〕　Bacus et al. 2008.

好的结果；他们有更具吸引力的最佳谈判替代方案。因此，除了新加坡问题委员会之外，两组谈判代表都与贸易伙伴进行了激烈的分配式谈判。实质上，欧盟和美国谈判代表一直致力于转变谈判焦点，使其落入各自的赢集之内。不过，一直到 2009 年底，新兴经济体的政府，特别是印度，一直在抵制他们的这些努力。

因此，欧盟和美国在多哈谈判中所陈述的理由说明了谈判僵局的产生原因主要是两个主要参与者的赢集不够大，反映了现状的可接受性及其对协议条款无力施加影响的无力感（由于全球经济实力分布更加均衡）。因此，本章找到了对假设 1、假设 3a 和假设 6 的支撑依据，并指出正是这些假设之间存在的重要作用导致了多哈僵局。

141　　在撰写本书时（2010 年 1 月），多哈谈判是一种延迟僵局。打破僵局的前景要么取决于新兴经济体做出更大的让步（在欧盟和美国的赢集中转移焦点），要么是美国和欧盟的赢集充分扩张以达成一项没那么雄心勃勃的协议。如果经济下滑促使更多的国家采取贸易保护措施，特别是提高限制税率，那么美国和欧盟的赢集可能会扩大。在此背景下，现状变得不那么有吸引力，而现有的有约束的自由化也变得更有价值。因此，有悖常理的是，未来打破多哈僵局的希望寄托在放大保护主义上。

第6章

知彼：

世界贸易组织中的不确定性与僵局

阿姆里塔·纳利卡　彼得·范·霍滕

知己知彼，百战不殆。

——《孙子·谋政篇》

　　僵局问题一直困扰着多哈发展议程的推进。该轮谈判于
2001 年 11 月启动，但在 2003 年坎昆部长级会议中陷入僵局。
尽管按照计划要在 2005 年 1 月 1 日前完成谈判，但依然未能如
期结束。2006 年 7 月，世界贸易组织总干事帕斯卡尔·拉米呼
吁无限期中止谈判，并承认："我们没有绕圈子。我们正处于窘
境之中。"[1] 6 个多月之后，各方终于在 2007 年 2 月正式恢复

---

　　〔1〕　世界贸易组织多哈回合谈判由于 G6 部长级会议而陷入僵局（*International
Trade Reporter*，vol. 23，no. 30，Thursday，27 July 2006），谈判代表纷纷表示失望。例
如，欧盟贸易专员彼得·曼德尔森（Peter Mandelson）在 2006 年 7 月 24 日的新闻稿
中称："时间已所剩不多。我们不应该自欺欺人。昨天，我们如同错过了高速公路的
最后一个出口一般，错失了谈判的良机。"详见：http://trade.ec.europa.eu/doclib/
docs/2006/july/ tradoc_129415. pdf（accessed 27 April 2008）.

了谈判进程，但是 2008 年 7 月谈判再度陷入僵局。即便在本章撰写之时，本轮谈判能否顺利完成仍是未知数。

谈判长久以来无法达成合意、拖延僵局的形成，成为令人困惑的结果，即使有以下两种原因的产生：其一，发达国家和发展中国家都可以从多哈回合谈判中受益，因此，谈判存在一个积极的可能性。例如，世界银行的一项研究估计，通过"香港部长级宣言"达成的协议将使得全球收益达到每年 950 亿~1200 亿美元[1]。其二，不同于 20 世纪 70 年代根植于深刻的意识形态差异和不同的发展愿景的南北对峙，当今大多数发展中国家已经开始认识到可控的贸易自由化所带来的好处。这种认知的产生是其在与世界贸易组织史无前例的接触中所建立起来的。发达国家也开始对发展中国家的关切给予更多关注，不仅提出诸如千年发展目标等倡议，而且做出了其他发展承诺，如将当前的贸易谈判命名为多哈发展议程。但是，尽管存在思想上的合作空间和物质上的利益承诺，僵局一直存在。

143   我们认为，多哈僵局再度发生的核心原因在于谈判过程的不确定性（假设 2，参见导论）。一般而言，谈判参与者很少在信息对称的条件下谈判；此外，具体到世界贸易组织的制度本身，还存在许多不同的不确定性。但是，我们认为，有一种不确定性对于多哈僵局的形成至关重要：各方无法确定对方谈判立场的可信度，特别是当这些立场是通过联盟集体形成时。[2]接下来让我们重点关注在谈判过程中的两个关键阶段，在这两

---

[1]   Anderson *et al.* 2006.

[2]   我们预计，当联盟由诸如中国、巴西和印度等新兴崛起的国家领导时，可能会出现更多的不确定性，这可能对假设 3b（导论）有一些影响。但是，我们不会在本章中正式评估这一假设。

个关键阶段中，这个问题反复出现。下文的两个案例均说明了发达国家根据以往在世界贸易组织与发展中国家交涉的经验，并在缺乏任何可信的相反信号的情况下，认为南半球国家的新联盟将最终让步并作出相应妥协。面对上述期待，南半球国家拒绝退让从而使得僵局最终形成。诚然，多哈僵局延续的漫长时期意味着，在其他方面也存在可能会导致僵局的直接原因（参见本书第 5 章）。但是即使这些替代性因素消失，在解决双方彼此的目标与底线存在不确定性这一基础性因素之前，僵局也不会被打破。

本章分为四部分。在第一部分中，我们介绍了相关文献的 144 观点以及自身模型的概要。在第二部分中，我们运用模型来解释世界贸易组织中的多哈僵局，这一僵局首先出现在 2003 年坎昆部长级会议上，2006 年 7 月在日内瓦谈判再次错过最后期限。第三部分是对替代性和补充性的解释。第四部分做出总结。

议价、不确定性与僵局

议价和谈判在国内和国际政治中普遍存在，并在学术文献中也受到了足够的重视。[1]我们将重点介绍现有文献中的两个重要观点，这些观点重要之处在于，在世界贸易组织框架下，我们可以去论证不确定性的特定形式对议价结果所产生的影响。

议价理论所持的第一个实用的观点是，不确定性（或者更

---

[1]　大部分著作以理性选择为基础。Schelling 1960 是最重要的开山之作。该理论在各类政治现象中运用的典例以及综述，参见 Doron and Sened 2001；Jonsson 2002；Powell 2002. 谈判理论在经济学中也得到了广泛应用，例如，关于个人信息在经济谈判中的作用，参见 Kennan and Wilson 1993.

准确地说，信息的非公开性或不完整性）可能是造成各方均获得比其他可能的选项更糟糕的协商结果的原因。在信息对称的情况下，这种低效情况不可能发生，因为行动者意识到了可以获得更好的结果，并将能够为此达成必要的合意。但是，正如鲍威尔（Powell）所言，"实践中讨价还价的显著特征是议价过程本身是代价高昂的延迟和低效"[1]。即使在原则上是互利又可行的交易，经济谈判仍会出现僵局，这便是低效率结果的典型。尽管行动者的非理性行为可能被视为造成低效率的原因，但是许多人认为"不完整或不对称的信息能更好地对此做出解释"[2]。国际关系学者已经运用这种观点来解释诸如战争（鉴于战争的成本，与和平的谈判结果相较而言，战争的效率更低下）[3]、国家之间的武器装备竞赛[4]，以及非民主国家参与战争的可能性更大之类的现象。[5]尽管世界贸易组织谈判也存在符合双方共同利益的情形，但仍然出现僵局。因此，在这种情况下，僵局谈判可以适用。

145　　第二个观点是，在部分谈判者对其拥有的非公开信息展开策略互动行为时，释放信号是一个关键问题。[6]传递信号是向其他行动者传达信息的行为，因此这种行为会降低不确定性。对释放信号的分析其关键之处在于，考虑在什么条件下，释放出的信号的确能传递丰富的信息（或者从博弈论层面说，行动

[1] Powell 2002, p. 6.
[2] Powell 2002, p. 7. See also Kennan and Wilson 1993, pp. 45-8.
[3] Fearon 1995; Powell 1996.
[4] Kydd 2000.
[5] Schultz 1999.
[6] 参见 Banks 1991，其中对政治学中的信号传递博弈做出了概述。信号传递在国际关系中的重要性的经典叙述见 Jervis 1976.

者能够根据信号"区分"不同的可能性）。虽然成本低的信号在某些情况，尤其是限制性条件下，内容可能是丰富的，但信号传递成本通常是信号可信度和信息含量的重要因素。在国际关系实务中，释放出具有可信度的意图和相关信息的高价行为[1]，包括了国家威胁、军队动员、国家提出的改变或维持领土现状的提议[2]，以及参与国际谈判的行动者的实质性提议[3]。信号传递成本在我们的分析中也起着至关重要的作用。

　　如图 6.1 所示，一个不完全信息博弈的简单模型应用了这一观点，并帮助我们推出可能产生的后果之后，将其应用于最近的世界贸易组织谈判之中。该模型描述了谈判双方 A 和 B 之间的博弈。博弈中的结果代表最终的谈判结果。[4] 这是一个不完全信息博弈，因为谈判者 B 不确定自己将面临一个"强硬（tough）"或者"软弱（weak）"的对手（以下简称"A_{Tough}"或者"A_{Weak}"）。[5] 即，B 不能确定 A 的偏好以及 A 的本质。谈判者有两种可能的策略：拒绝对谈判对手作任何让步，即"抵抗（Resist）"，或者妥协并让步，即"让步（Give in）"。我们假设如果 A 是"强硬（tough）"的，则它将永远采取"抵抗（Resist）"的方式；如果 A 是"软弱（weak）"的，则它将永远"让步（Give in）"（因此，没有在图 6.1 中明确描述这些策略）。则存在以下四种可能的结果："妥协（Compromise）"（如果双方均让步）；"达成有利于 A 的协议"（如果 A 抵抗，B

---

　　[1]　Fearon 1994.

　　[2]　Powell 1996.

　　[3]　Stasavage 2004.

　　[4]　我们没有准确模拟导致这些结果的过程。在博弈-理论层面，这是一个信号传递博弈，而不是一个谈判博弈。

　　[5]　假设谈判者 B 首先遭遇 A_{Tough} 的概率为 P。

妥协）；"达成有利于 B 的协议"（如果 B 抵抗，A 妥协）；"僵局（deadlock）"（如果双方均抵抗）。各方最偏好的结果是达成有利于其自身的协议，而僵局对于双方而言均是最差的结果。各方均偏好更有利于自身的协商结果。[1]

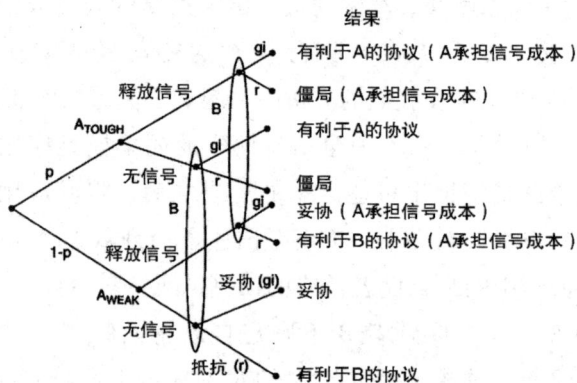

图 6.1　基本的信号传递博弈

146　　　重要的是，谈判者 A 有可能尝试向谈判者 B 发送"信号"，但是会承担"信号费用"。与文献中更为精致的应用（见上文）不同，我们对信号作了概括性的模型化处理（简称为"信号"或"消息"），而不是将其作为具体的行动看待。[2] 这使得我们得以直接导出不同信号成本下的平衡结果，并据此确定信号

---

〔1〕　假设如下：如果达成有利于 A 的协议，则谈判者 A 的获益为 A_A，则谈判者 B 的获益为 a_A；如果达成有利于 B 的协议，则谈判者 A 的获益为 A_B，则谈判者 B 的获益为 a_B；如果双方妥协，则谈判者 A 的获益为 C，则谈判者 B 的获益为 c；如果陷入僵局，则谈判者 A 的获益为 D，则谈判者 B 的获益为 d。谈判者 A 的偏好顺序为 $A_A > C > A_B > D$，谈判者 A 的偏好顺序为 $a_B > c > a_A > d$。

〔2〕　Cf. Banks 1991, ch. 2.

具有信息量的条件。

分析该模型，可以得出如下两个主要结论。

第一，僵局是可能产生的结果之一。请注意，在具备完整信息的条件下，僵局不是可能出现的平衡结果之一。如果谈判者 B 确定其面对着一个强硬的对手（这是可能发生僵局的唯一场景），则 B 会选择妥协以避免出现该种最糟糕的可能性。但是，在缺乏完整信息的条件下，僵局则可能出现。如果谈判者 B 认为其面临着一个强硬的对手的可能性不是很大，则 B 会倾向于拒绝做出让步。但是，如果 B 的期望是错误的，事实上 A 是强硬的对手，那么僵局产生。[1] 这一谈判结果并不取决于任何与信号传递成本相关的条件，而是说明在不确定的条件下，不具有帕累托效应的结果可能出现在具有不确定性的条件之下。

第二，即使在这种情况下，僵局并不是无法避免的。即使 B 最初误认为遭遇强硬对手的可能性很小，谈判者 A 也可以向 B 发送关于其真实属性（强硬）的"信号"，从而让 B 相应地调整策略。这种情况下的结果是达成有利于 A 的协议。从 B 的角度而言，这可能不是理想的结果，但这种做法的重要性在于"陷入僵局"——这一最糟糕的结果得以避免。重要的是，这一结果只有在信号成本满足特定的条件时才有可能实现。基本而言，一方面，信号成本必须足够低，以使得强硬的 A 愿意承担这些费用并使 B 屈服于其要求，达成有利于 A 的协议，而非陷入僵局（如果 A 没有发出信号，则会出现僵局）。另一方面，信

147

---

〔1〕 更正式地说，如果 $p < p^*$，其中 $p^* = (a_B - c) / (a_B - c + a_A - d)$，则出现平衡。在这种平衡状态下，$A_T$ 和 A_W 没有发出信号，当 B 没有观察到信号时，B 会选择抵抗（仍然假设 B 遭遇强硬对手的概率为 P）。注意，如果 $p > p^*$，B 将在没有观察到信号时选择妥协，则僵局便不是可能的结果。

号成本又必须足够高，以防止事实上软弱的 A 伪装其是强硬的，以使 B 做出让步，双方达成妥协协议（而不是有利于 B 的协议)[1]。

本章认为，上述两个观点有助于我们了解世界贸易组织最近的谈判僵局。为此，我们有必要解决如下两个问题。首先，世界贸易组织中的谈判各方是否在类似于模型指出的不确定性条件之下行事？其次，如果确实存在这样的不确定性，是什么阻碍了"成功传递信号"的结果？这些问题将在下一节进行分析。

在世界贸易组织中的应用： 多哈谈判的不确定性与僵局

148

在某种程度上，他人偏好的不确定性在任何国际谈判中都普遍存在。特别是在谈判进程伊始，各方难以充分获取关于他方的真实偏好的信息。当他方声称其行动受制于本国国内势力时，一方难以验证此类声称内容是否属实；当他方声称其拥有更具吸引力的其他替代选择时，一方难以确定此类声称是否属于虚张声势。当各国结成联盟并通过联盟参与谈判时，上述不

---

[1] 令 λ 为 A 的信号成本。如果 $C-A_B<\lambda<A_A-D$，则文中描述的分离平衡将出现。在这种平衡中，A_T 发出信号，A_W 将不会发出信号，且 B 会选择放弃，如果 B 观察到信号，B 会选择抗拒，如果 B 未观察到信号（因为此时 B 的想法转变为：当 A 发出信号时，B 假设其面临强硬的对手，当 A 不发出信号时，则 B 假设其面临软弱的对手）。请注意，这不是信号成本范围内的唯一平衡结果。如上所述，还存在一个汇合平衡，此时两种不同类型的 A 均不发送信号。但是，模型本身不能预测行动者将达成哪一种平衡，这取决于模型外部的因素（例如，"焦点"）。Cf. Schelling 1960.

确定性的程度将大大加深。[1]

在面对国家联盟提出的集体要求时，联盟之外的各方难以确定对方的意图和抗拒点。联盟可能会要求其他方对特定立场做出完全承诺。联盟成员会以集体中止谈判进程相要挟，除非其共同要求得到满足，否则将集体退出谈判。但是，除非外界拥有关于该立场的可信性的补充资料，否则联盟成员可能被认为是在虚张声势，并且事实上是通过私下双边交易的方式收买其他联盟成员。盟外各方可能会认为上述假设具有合理性，特别是如果过去曾发生过此类事件，并且联盟中的主导国家依然和以前一样。但是，如果该假设失实，联盟继续集体行动并拒绝做出任何让步，则如上述模型所示，谈判可能陷入僵局。

偏好的不确定性为我们提供了观察多哈谈判断层的有益视角。农业问题是多哈回合谈判中争议最大的问题。世界贸易组织的 150 多个成员大致可以分为以下三类：欧盟、美国、发展中国家。尽管欧盟内部的各国家之间存在重大分歧，但是发展中国家及其包括二十国集团（G20）、三十三国集团（G33）以及九十国集团（G90）在内的联盟之间也存在分歧。美国通过对所有国家的大幅削减关税的措施，已经显著改善了市场准入情况，但同时明确表示只会适度削减国内补贴。欧盟在拒绝全面降低关税的同时，进一步提出应将"敏感产品"纳入关税减免名单之列，同时想让美国削减国内农业补贴。欧盟与美国的立场差异，以及二者之间的相互中伤和指责，使得协议的达成变

---

〔1〕 此处取"联盟"一词最广泛的含义，涵盖一系列的形式和类型多样化的组织。"联盟是在谈判中经统一协调后对外持共同立场的政府集合"。Odell 2006, p. 13.

得更加艰难。[1] 但是至少已经有学者指出，发达国家与发展中国家之间的断层和冲突同样重要。例如，詹妮弗·克莱普（Jennifer Clapp）认为：

> "尽管将达成农业贸易协议的困难视为美国与欧盟之间长期以来农业贸易争端的一部分可能很有吸引力，但是鲜明的南北特征是现在全球农业贸易政治的有机组成部分，这一点不可否认。对于发展中国家支持的农业贸易协议条款，美国和欧盟均持消极态度。"[2]

发展中国家成为"问题"的主要部分，不仅史无前例，而且至关重要。发展中国家要求已经完成工业化的国家削减关税，但自身不愿意降低本国的市场准入。其他要求包括将某些产品指定为"特殊产品"，适用特殊保障机制，以及其他形式的特殊与差别待遇。

在关于多哈回合谈判的分析中，我们对被称为"北方国家"的发达国家与被称为"南方国家"的发展中国家之间的相互作用给予了特别关注。这些国家联盟有两个重要特征：联盟内部是否团结一致，能承受来自外界的离间（即联盟是"强硬的"还是"软弱的"）；以及联盟内的国家是否愿意为了共同的利益做出妥协，还是对于自身的要求态度坚定（即联盟是"综合"

---

〔1〕 Polaski 2007.

〔2〕 Clapp 2006b. 发达国家与发展中国家之间的严重分歧也受到了主要谈判代表的公开以及私下的评论。例如，罗伯特·佐利克（Robert Zoellick）称，"美国不会对这些不愿作为的国家有所期待"（*The Fifiancial Times*, 22 September 2003）.

的还是"分配式"的）。[1]

"北方国家"是指一个或多个发达国家，既包括发达国家的 150
联盟（例如，美国、加拿大、欧盟和日本组成的旧四方组织），
也包括两个或更多发达国家组成的更为非正式的联盟（例如，
欧盟和美国在坎昆部长级会议之前签署了关于农业的联合文件，
形成了某种形式的联盟）或单个的主要发达国家（例如，美
国）。正如下文案例分析所讨论的，我们认为北方国家是谈判的
有力参与者；无论是联合行动还是单独行事，根据其以往的声
誉，北方国家没有在谈判最终阶段随意撤回其声明和要求，联
盟亦未瓦解。进一步而言，原则上北方国家愿意并有能力采用
综合策略。

南方国家是指由发展中国家的组成一系列联盟。从以前的
关贸总协定（GATT）到现在的世界贸易组织（WTO），在谈判
进程中，多数的南方国家联盟难以在谈判中保持团结。此外，
事实证明南方国家联盟成员易被北方国家借助双边压力和边界
贸易收买。此类联盟在谈判伊始团结一致却在最终阶段瓦解的
例子不胜枚举，如乌拉圭回合谈判的前期和早期阶段的十国集
团（G10），又如2001年多哈部长级会议的志同道合集团（Like
Minded Group）。[2] 我们将这种类型的联盟称为"弱南方国家联
盟"。另一方面，"强南方国家联盟"是指组织化、结构化程度

---

〔1〕 "综合"谈判策略旨在寻求并实现协议之下的双方共同利益，即使双方均
企图获得更大份额的收益。这种策略须各方愿意根据情况灵活处理并作出相应让步。
相比之下，"分配式"战术的目的是为了获得自身利益而牺牲另一方的利益，会诱
发抑制双方寻求共同获益的风险并引发僵局和冲突。Odell 2006，p. 15. 另见导论。
两种类型的战术通常混合使用，见于各种形式的谈判之中。

〔2〕 Narlikar and Tussie 2004.

高的联盟，可以抵御来自北方国家的双边压力和"分制"战略。此类联盟的优势包括强大的领导力、内部的转移支付能力以及其他各种手段。但是，成立如此强大的发展中国家联盟难度甚巨，尤其是在此前未曾实现过的情况下，那么先使联盟变为坚定的谈判参与者则更具可行性。在贸易谈判的历史上，此类强大的发展中国家联盟的例子并不多见，但正如下文所述，多哈已经发生了变化。

151　　尽管达成了部分小范围的妥协，本轮的谈判双方仍然对各自的立场坚定不移。[1] 通过单一承诺以获得双赢的折中方案难以实现的重要原因之一是，各方对彼此的偏好顺位仍然知之甚少。各方均承认，在一定程度上其所述的立场不代表谈判中各方真正的底线。但是，鉴于联盟（及其内部成员）愿意在哪些方面作出何种程度的让步仍不确定，协议本身的涵摄范围亦不明确。

　　当联盟的真实意图和优势的不确定性依然是一个未知数时，可以通过以下两种方式克服这种不确定性。第一种方式是组织化（对策方案4）。通过强有力的秘书处、主席、某种更为透明的组织形式或者调解机制，世界贸易组织可以在谈判进程中建立特定的机制来要求成员表明立场并揭示底线。但鉴于世界贸易组织易为部分成员所引导的特性（关贸总协定的遗留问题），在世界贸易组织内部设置此类机制的难度较大。[2]

　　在缺乏组织化对策方案的情况下，谈判过程本身可以帮助克服这种不确定性。如上一节介绍的模型所示，如果行动者将

[1]　www. WTO. org, Clapp 2006a.
[2]　Barton *et al.* 2006.

有关其偏好的可信信息传达给谈判伙伴（对策方案 2），则不确定性将降低，进而避免僵局的出现。更具体地说，问题应是，是否有有效的方法使信号成本落在"正确的"范围之内。因此，在下文对坎昆谈判和日内瓦谈判的讨论中，我们将寻找此类可能的信号及其并未实际出现的原因。

2003 年 9 月坎昆僵局：南方国家实力的不确定性

根据之前的章节所述的模型，我们认为北方国家恰好是谈判者 B 的立场。北方国家假设其对手系相对较弱的发展中国家联盟（即 A_{Weak}），而事实上南方联盟是强硬有力的对手（即 A_{Tough}）。实质上，北方国家联盟对南方国家联盟的本质信息掌握不全，在没有释放任何信号的情况下，最终失算了。

与模型一致，将北方国家（谈判者 B）假定为强有力的行动者。虽然更大的市场和贸易份额仅仅是议价能力的一部分，但是历史上，贸易谈判的实践进一步证明：由于联盟具有强大的领导力，且成员享有共同利益，即使采取联盟集体行动的方式，对北方国家的实力的假设是基于现实的设想。北方国家联盟通常只包括一小部分具有相似利益的国家；与之相反，南方国家联盟的成员数量越来越多，利益也往往存在分歧。较少的成员数量和相似的利益意味着北方国家联盟如果承诺向南方国家做出让步，便不会冒险毁约。

数个发展中国家联盟在 2003 年 9 月坎昆部长级会议上表现积极，包括太平洋地区国家集团（ACP），非洲国家集团（the African Group），最不发达国家集团（the LDCs，前述三个联盟在会议后期联合成为九十国集团），志同道合者集团，小型脆弱经济体（the Small and Vulnerable Economics Group），新加坡议

152

题核心小组（the Core Group on Singapore issues），三十三国集团，棉花联盟（the coalition on cotton）以及与农业有关的二十国集团。鉴于农业问题已经成为多哈发展议程的核心争议问题，我们接下来将重点讨论北方国家（主要是欧盟和美国）与二十国集团之间的动态。

二十国集团联盟于 2003 年 8 月 13 日坎昆部长级会议召开之前成立[1]，旨在应对欧盟-美国农业联合声明。受这一声明的影响，出于对坎昆谈判可能形成另一个边缘化农业利益的双边《布莱尔宫协议》（Blair House Accord）的担忧，巴西和印度共同起草了替代案文，并得到了中国的支持。发展中世界三大巨头国家的掌舵使得二十国集团联盟吸引了许多其他成员。二十国集团联盟于 2003 年 9 月 2 日发布了框架声明，声明由以下二十个国家签署：阿根廷，玻利维亚，巴西，智利，中国，哥伦比亚，哥斯达黎加，古巴，厄瓜多尔，萨尔瓦多，危地马拉，印度，墨西哥，巴基斯坦，巴拉圭，秘鲁，菲律宾，南非，泰国和委内瑞拉。随后埃及和肯尼亚也加入二十国集团，他们在部长级会议中统称为二十二国集团。

153　　其他学者已经就二十国集团联盟内部的关系作了相关探讨。[2] 在这一点上，二十国集团内部成员并非"天然的盟友"，联盟内部存在潜在的裂痕。最明显的裂痕存在于集团内的农业出口国与担忧农产品进口量激增可能会挤压国内市场且欲保护本国企业利益的国家之间；巴西是前者的代表，印度则代表后者。第二个潜在的裂痕存在于集团内的小国与大国之间；相较

---

〔1〕 详见：www.agtradcpolicy.org/output/rcsource/EC-US_joint_text_13 Aug_2003.pdf（accessed 1 August 2007）.

〔2〕 312 Clapp 2006a；Narlikar and Tussie 2004；Taylor 2007.

于大国而言，小国更易受到来自北方国家的"胡萝卜"（如优惠性市场准入）的诱惑，而抵御"棍棒"（如撤回援助或取消优惠待遇）的能力较弱。此外，二十国集团从形成之时就采取了严格的分配式战术，这一策略过去曾引发他方对联盟的分而治之，导致联盟在最终阶段瓦解。意见一致集团在多哈部长级会议中使用了严格的分配式战术，遭遇了相似的命运。[1]

基于二十国集团联盟内部存在数个裂痕、采取了严格的分配式战术，以及发展中国家联盟曾多次瓦解的先例，美国和欧盟有充分的理由相信其对手系"弱南方国家联盟"。事实上，在私下受访时，即便是二十国集团中较弱的成员也表示不会在最终阶段临阵脱逃，而且任何形式的私下双边交易均无法超过二十国集团的农业自由化提案带来的收益。但由于没有任何具体可信的信号，难以将上述声明与随意的谈话、勇敢或一厢情愿的想法区分开来。坎昆会议中来自发达国家和国际组织的谈判代表遂做出预测：二十国集团将在最后时刻瓦解。[2] 北方国家认为自己的对手仍系"弱南方国家联盟"，因此拒绝做出让步；二十国集团，事实上系态度强硬、立场坚定的联盟，亦拒绝妥协。坎昆会议向我们展示了谈判以均势终结并以僵局作为结果的全过程。

但是通过信号传递可以避免僵局吗？如前所述，在一定的 154 信号传递成本范围内，会出现"强南方国家联盟"发出信号、"弱南方国家联盟"不发出信号的平衡结果，该平衡结果将使得谈判以南北双方达成协议告终。谈判者可以通过以下几种方式

---

〔1〕　313Narlikar and Odell 2006.

〔2〕　28Interviews, Cancun（9-14 September 2003）.

来调整信号传递成本，使其落在此范围内。第一，国家联盟可以选择那些主要利益相似度较高的成员组建或重组联盟。这类联盟成立需要以排除部分成员作为代价，这些被排除的成员可能在其他问题方面是盟友，因此这种代价可能是排除行为本身危及其他的联盟。此外，作为小型联盟，其所付出的代价还包括小型联盟的集体权重不如大型国家联盟，比如说第三世界集团联盟。但是，通过这些代价，成员们可以在主要的、共同的事项上持有坚定立场。二十国集团可能已经通过其成立本身证明了这一点。

第二，每个成员可以拒绝可能面临的双边交易，从而表明它们与联盟团结一致、立场坚定的决心。当然，较小的成员被双边压力俘虏的可能性更高。但即使这样，联盟内部更大、更发达的成员可能补偿这些国家，从而降低成本，防止其临阵脱逃。以二十国集团为例，巴西和印度可以向较小的成员承诺公开的优惠贸易条件，以对抗中美洲和拉丁美洲的部分国家受到的来自美国的压力。

第三，二十国集团可以对其要求按优先顺序作相应处理，通过在北方国家重点关切的领域承诺做出妥协的方式，换取对方在自身优先考虑的领域做出让步。换句话说，通过表达愿意为自己的利益付出代价的意愿，南方国家展现了其以合理的成本达成目标的决心和承诺。例如，发展中国家本可以在新加坡问题上做出让步。相反，它们使用了完全相反的策略：二十国集团把重心单独放在农业问题上，而其他联盟（包括二十国集团成员，如新加坡议题核心小组）拒绝在新加坡问题上向北方国家妥协。

155　　　第四，即使在农业问题领域，二十国集团在消除国内补贴机制方面所持的立场可以不那么强硬，比如说允许欧盟国家对农民实施某种逐步淘汰的补贴，或允许国家实施非贸易领域的农业补贴。这样的优先次序将向北方国家表明，二十国集团甚至愿意承担一定的成本以达成其在农业问题上的主要目标而不是会选择轻易放弃；如果美国和欧盟认识到了这一点，他们很有可能更愿意做出让步。但是，此等信号的缺席使得谈判最终陷入僵局。

2006 年 7 月日内瓦僵局：强南方国家性质的不确定性

上文介绍的信号传递博弈揭示的动态也有助于解释 2006 年日内瓦谈判的僵局。即使可以假定北方国家知道其正在与一个强硬的联盟谈判，但该联盟的目标和弹性对于北方国家而言仍是未知数。此时，北方国家认为南方国家联盟采取了综合策略并据此行事，但是事实上二十国集团仍继续使用分配式战术。因此，无法确保协议得以达成。

我们认为，即使北方国家逐渐意识到对手事实上是强大的发展中国家联盟，由于缺乏过去与该联盟谈判的经验，北方国家仍无法确定二十国集团将采取何种策略或者战略。前述模型可以捕捉并揭示这些动态。北方国家（与上文一致）仍居于谈判者 B 的位置，A_{Tough} 对应"分配式"的发展中国家联盟，A_{Weak} 对应"综合"的发展中国家联盟。我们仍旧假设北方认为正遭遇"分配式"的发展中国家联盟的可能性较小。在多哈回合谈判中，这一假设似乎具有现实意义，尤其在二十国集团已经付出了很大的代价（包括以多哈发展议程的迟延和牺牲部分世界贸易组织成员的区域贸易协定资源为代价)[1] 在坎昆会议上证明了其韧性，北方国家可以合理地预期其会在一定程度上做出让步（"综合"）以确保协议的达成。此外，从北方国家联盟的角度看，如果假设谈判对手实质上与自己旗鼓相当则更趋向于追求共同获益，行事也更为灵活，即采用"综合"战术似乎更靠谱。事实上，在大多数南北谈判中，北方国家在后期均会做出一定让步［例如，北方国家向南方国家妥协，同意将农产品和纺织品纳入乌拉圭回合谈判的"南北大交易"（Grand Bargain）中，或者多哈发展议程的发展部分］。即使结成联盟，如果北方国家实力强大并且一直以来采用这样的策略，那么一旦北方国家联盟意识到南方国家联盟也是一个强大的集团时，北方会期待南方以相似的方式谈判也是可以理解的。

156   现在让我们转向日内瓦谈判来分析模型中的观点是如何解释谈判中各方的动态变化与最后的结果。在坎昆陷入僵局后，谈判继续处在上下起伏的状态。2004 年 7 月达成的《七月套案》（the July Package of 2004）取得了一定进展[2]。二十国集团做出了一个小让步：同意继续适用蓝箱政策（the Blue Box）。但是，作为回报，二十国集团要求使用分层结构的市场准入取代混合结构的市场准入，为糊口农民保留最低限度的报酬，并承认针对发展中国家的特殊产品和特别保障机制。下一步是 2005 年举办的中国香港部长级会议。但是，除欧盟承诺终止出口补

---

〔1〕 北方国家也承担了谈判僵局的一定成本。然后，"可信赖性"制度的首要受益者是发展中国家（Krasner 1985）；总体而言，对于涉及北方国家的双边和区域谈判，发展中国家也缺乏以最优方式参与谈判的能力。因此，一旦坎昆陷入僵局，发展中国家借此证明了其"强硬性"之后，可以合理地预期南方国家联盟不会再次冒险使用该种策略，更可能会利用其强硬的声誉做出让步以确保达成协议。

〔2〕 WT/L/579, 2 August 2007, www.WTO. org.

贴之外，《香港宣言》并未取得超越《七月框架协议》的任何
成就[1]。总而言之，《七月框架协议》和《香港宣言》是一种
象征性姿态，具体模式和数字仍有待形成合意。在发布《香港
宣言》之后的六个月，谈判者仍然无法解决彼此之间的分歧，
最终导致帕斯卡尔·拉米在 2006 年 7 月决定无限期中止谈判。

与 2003 年坎昆会议中欧盟和美国在部长级会议之前提出了
联合草案相比，本次谈判的僵局包括欧盟与美国之间出现的裂
痕。欧盟拒绝大幅削减关税，美国在削减国内补贴方面表现出
同样的沉默，两大巨头之间的这一裂痕在 2006 年 7 月的磋商中
越来越尖锐且渐渐浮出了水面，并受到了媒体的普遍关注。例
如，欧盟贸易专员彼得·曼德尔森指出，因为美国拒绝大幅度
削减国内补贴从而谈判陷入僵局："一直以来，美国对别国要求
太多，而自己付出得太少，这并不符合我对领导力的理解。"对
于欧盟这种"虚假和误导性的"声明，美国回应道："事实上，
欧盟利用漏洞使实际市场准入水平甚至比原来设想的要低得多，
这一点在最近的讨论中已逐渐明晰。"[2] 但是，不能只将僵局
归因于欧盟与美国之间的争论。

二十国集团联盟，尤其是作为联盟领导者的巴西和印度，
通过六国集团与发达国家进行秘密的小范围讨论，推波助澜，
在僵局形成中起到了主要作用。谈判代表，特别是来自美国和
欧盟的谈判代表，反复重申大的发展中国家必须做出让步。在
某种程度上，北方国家的谈判代表必定已经确信无疑，南方国
家能够——而且将会——做出相应妥协，否则它们不会致力于

157

---

[1] WT/MIN（05）/DEC, 22 December 2005, www.WTO.org.

[2] *International Trade Reporter*, 23（30），27 July 2006.

试图说服南方国家的盟友与它们站在统一战线。如上所述，鉴于二十国集团联盟已经在坎昆会议中证明了其作为强硬联盟的公信力，北方国家更有理由相信，二十国集团会基于其新的实力和地位，选择互相让步，而非陷入僵局从而丧失协议带来的可能收益。

巴西、印度加入六国集团的事实，二十国集团在 2006 年 7 月拒绝妥协时欧盟和美国所表现出的惊讶和失望，这些均是欧盟和美国的贸易谈判代表致力于说服二十国集团采取综合行动的证据。2006 年 7 月 24 日，美国农业部长迈克·约翰斯（Mike Johanns）发表如下声明："现在，先进的发展中国家已经成为世界级的竞争对手。它们可能是中国、印度或者巴西，坦诚地说，它们足以与世界上任何一个国家形成有力竞争。但是，在它们提交的议案中，95%～98%的市场是不开放的。"[1]

158   这个僵局能否被避免？根据我们的模型，存在如下两种可能的对策方案：其一，二十国集团联盟可能会采取综合行动，从而达成有利于北方国家的协议；其二，二十国集团联盟可能向发达国家释放分配式策略的信号，从而使北方国家妥协并达成有利于联盟的协议。

尽管北方国家的强大联盟过去曾采取过综合策略，并预期南方国家亦据此行事，但是仍有诸多因素致使南方国家在农业领域难以做出同样的选择。其中最重要的原因是二十国集团联盟的内部因素：联盟成员在农业利益方面各持不同利益，因此在任何一个问题上的妥协都有可能导致联盟瓦解（可能促使在

---

〔1〕 Statement by Mike Johanns, 24 July 2006, http://geneva. usmission. gov/Press2006/0724Doha. html（accessed 27 April 2007）.

这一问题上利益攸关的成员选择退出联盟）。例如，巴西很可能乐意就扩大市场准入方面做出让步，但是这也会遭到印度和三十三国集团其他成员的强烈反对。诚然，二十国集团本身或与其他发展中国家联盟已就农业方面的相关问题联合发表了声明。[1] 但是历史再次重演：在缺乏可靠信号的情况下，北方国家没有理由相信这些言论。

　　二十国集团本可以通过哪些方式表明其在农业问题上的分配式意图？最明显的是，它可以借助原本在坎昆谈判中便可以起作用的信号，并采用混合的交叉领域策略。例如，二十国集团虽然表示无法就农业问题做出让步（农业问题仍然是决定性条件），但可以在非农业市场的准入或服务等其他领域承诺做出一定妥协。或者，它可以放弃特殊与差别待遇的某些特权——对于其大多数成员来说，这并不是巨大的损失，但是二十国集团会因此失去包括最不发达国家集团和非洲国家集团在内的外部团体的支持，这对于联盟而言是相当惨重的代价。但是与以前的谈判一样，二十国集团继续反对此等混合性策略。[2]

　　谈判的时机或阶段是阻碍协议达成的深层原因。坎昆谈判 159 结束约三年后，如果没有任何相反的信号，北方国家可以合理地期待南方国家尽管对外仍在故作姿态，但事实上不再愿意放弃协议的利益。因此，北方国家在期待着南方国家将采取综合策略的同时，拒绝让步，最终陷入了另一个僵局。

---

　　[1]　www. g-20. mre. gov. br/statemcnts. asp（accessed 27 April 2007）.

　　[2]　Joint Statement G-20, the G-33, the ACP, the LDCs, the African Group, the SVEs, NAMA-11, Cotton-4 and CARICON, Geneva, 1 July 2006, www. g-20. mre. gov. br/ conteudo/statemcnt. 01072006. htm（accessed 27 April 2007）.

另一种解释

多哈僵局存续的时间不断延长，意味着单一因素不足以解释这一现象。在本节中，我们将讨论可能导致多哈僵局的其他几种重要解释。我们承认这些因素具有局限性，但是在某些情况下，它们可以为我们解释僵局在特定阶段产生的直接原因。这些替代性因素集中在两大问题上：不断缩小的协议范围和世界贸易组织的制度限制。

第一组合理解释认为，即使多哈回合谈判成功，各方获益仍然很小，所以事实上不存在有效的议价空间。这一观点又细分为四种不同的解释。最简单的解释是，议程本身不足以吸引各方积极参与谈判，或者达成协议的成本超过了协议能带来的收益。[1] 但是，现有的若干研究显示，即使多哈谈判的协议范围缩小，发达国家和发展中国家仍将受益，只是程度不一。[2] 诚然，如果有更多的谈判议题（例如，将新加坡议题纳入其中可能使欧盟获得更大的赢集，商界游说团体所做的承诺亦会更多），受益的范围可能会更广。但鉴于议题应当面向谈判本身，至少在理论上多哈回合谈判要让谈判桌上的各方代表都能参与到谈判中去。

关于协议范围的观点的第二种解释是以相对的方式来看待谈判空间，关注相对于有关各方的"谈判协议的最佳替代方案"（最佳替代方案 BATNA）。根据假设 1，这个观点认为多哈谈判

---

[1] 该种观点的一系列变体详见 Gallagher 2008.

[2] E. g. Anderson *et al.* 2006.

的收益——无论多么显著——均不能与各国现在可以转而选择的区域性和双边性协定相提并论。这个解释可能在一定程度上适用于目前的僵局。但是，处于第二选择顺位的区域贸易协定是各国在多边主义失败后的一种应对措施。在这种情况下，与其说区域主义和双边主义是多哈僵局产生的合理原因，不如说是多哈僵局本身的结果。

协议范围观点的第三种解释认识到，虽然成员可能会从多哈发展议程中获益，但内政影响了该谈判方的赢集（假设 6）。如果在谈判中，关键的特定利益集团不同意达成协议，则可能会发生僵局。这一解释代表了大量文献的观点，即"内政如何促进贸易协定的达成并塑造协定的特征"以及"促使'领导者'参与国际合作的内政激励"。[1] 根据具体情况，这种国内的制约因素既可能会增强一个国家的议价能力，从而达成更有利于该国的协议［参见所谓的"谢林猜想"（Schelling conjecture）[2]］，也可能使协议达成的可能性破灭[3]。

鉴于美国行政机构贸易促进局（TPA）将在 2007 年期满以及 2008 年的美国大选，这一理论推理（本书第五章有详述）为现在的僵局中提供了一种有用的解释路径。但是我们认为，这对于解释 2003 年和 2006 年中期的僵局价值有限。首先，如果正如国内政治经济学理论所言，谈判者达成协议的能力受到来自国内的约束和限制，那么谈判者不太可能会不计成本地推动协

160

---

〔1〕 Milner *et al.* 2004，p. 17. 详见 Milner 1997 and Frieden and Martin 2002，pp. 120-6 关于文献观点的综述，这一综述增强了普特南"双层博弈"的概念。参见 Evans *et al.* 1993；Putnam 1988.

〔2〕 Frieden and Martin 2002；Schelling 1960.

〔3〕 Milner 1997；Milner and Rosendorff 1997.

议的达成。其次，一个反逻辑的思维实验降低了这种解释至少在谈判初期的合理性。即使欧盟和美国的国内游说团体被说服，相信政府对国内支持的某些让步不会对他们造成不利影响（通过补偿计划，甚至是某种"换票"措施），且总统的美国行政机构贸易促进局在 2007 年亦没有到期，如果南方国家不愿做出妥协以回应北方国家的让步，僵局仍然不可能得以解决。[1] 为了使妥协具有建设意义，发达国家和发展中国家均需要知道对方的底线是什么，谈判的空间在哪里，哪些问题是真正的决定性因素。上述两个阶段的推卸责任表明，一直以来，谈判代表不懂得如何权衡国内成本与损失，而后重返谈判桌进行进一步的协商。各方都故作姿态，以致沟通失败，因此即使来自国内的限制彻底消失，这些问题也不会解决。

161 　　对议价空间的第四种解释，与在有限理性的限制之下谈判者不断变化的想法有关。在最近的一篇文章中，奥德尔（Odell）使用这种方法解释了世界贸易组织谈判在 1999 年的西雅图（未达成协议）和 2001 年的多哈（达成某种形式的协议），在类似的制度前提、国家利益和政权类型的情况下产生了不同的结果[2]。结果上的差异可归因于一些关键谈判方对时局，即协议无法达成时自身看法的改变、谈判战略的变化（从分配式到综合策略），以及 2001 年多哈谈判时存在更有力的调停者。我们认为，这种解释缺乏足够的说服力，特别是对于 2003 年和 2006 年的世界贸易组织僵局而言。首先，几乎没有证据表明，上述

---

　　〔1〕 这个论点可以适用于 2003 年坎昆和 2006 年 7 月的僵局。但是，鉴于美国总统的行政机构贸易促进局将在 2007 年 7 月到期，这一论点对国内政治的重视，可以使其在谈判后期适用时更加令人信服。
　　〔2〕 Odell 2009.

这些时期谈判方对协议之外的替代对策方案持积极态度，抑或是世界贸易组织官员和主席的调解不够有力。其次，正如我们在本章中试图说明的那样，正是某一联盟拟采取的替代对策方案和战略类型存在不确定性，以及彼此之间缺乏充分交流的能力，共同构成了致使世界贸易组织谈判僵局的根本原因。因此，把多哈谈判僵局解释为不完全信息条件下理性决策者之间的议价结果，而非部分决策者受限于某种有限理性的结果，更为令人信服。

第二组替代性解释是制度（假设 4）以及权力政治（假设 3）。正如科利尔（Collier）在最近的一篇文章中所概括的那样，"世界贸易组织的成员数量多于关贸总协定，范围也更广。这两点不同使得协议很难达成，这也是多哈回合谈判的进展目前依然停滞不前所揭示的问题。"[1] 我们同意这一观点。但是，我们在本章中认为，当制度本身成为问题症结时，不确定性提供了一种核心的分析机制。此外，在重大体制改革缺位的情况下，信号传递（向对手传达意向和其他信息）成为用以战胜世界贸易组织谈判中的不确定性的少数良方。

162

结　论

在本章中，我们认为多哈僵局的核心原因在于某种特定的不确定性：北方国家无法确定其正面临的南方国家是何种类型的对手。虽然偏好的不确定性是任何谈判过程的内在因素，但是由于谈判发生在联盟之间，因此此等不确定性在 WTO 的框架

---

[1]　Collier 2006, p. 1423; see also Warwick Commission 2007.

下更为复杂了。通过简单的博弈论模型分析，我们已经证明，有效的信号传递可以帮助谈判者克服当前的不确定性。换言之，一个关于行动的预告是必要且正确的行为。

在一个稳定的世界中，我们会期望北方国家——观察到其首先遭遇的是强南方国家联盟，随后遭遇的是分配式南方国家联盟，并从这些经历中吸取经验和教训——更新自身的偏好，并在未来的谈判中妥协以避免僵局。但是，联盟是实力处于动态变化之中的实体。与北方国家在2003年坎昆谈判或2006年日内瓦谈判时面临的二十国集团相比，现在的联盟已经发生了变化。旧的裂痕似乎在联盟内部逐渐加深（在2008年7月谈判中表现得尤为明显），新的裂痕也已经出现。印度是二十国集团的创始成员之一，已经成为三十三国集团的正式成员，并对后者表现出更大的兴趣。有观点认为这说明印度对二十国集团的积极性不复如初。[1] 另一方面，阿根廷、巴拉圭和乌拉圭也表示了对于落实三十三国集团关于特殊产品和特殊保护措施（尽管联盟内部意见不一，二十国集团仍对此表示支持）[2] 的设想的担忧。作为"五大相关方"（Five Interested Parties）、六国集团以及四国集团的一员，巴西和印度成为所有小组磋商的邀请成员，并借助于此，两国已经晋升为"新四核"（New Quad）的一员，这引发了其他发展中国家的不满。此外，北方国家确信，这个新的二十国集团与其在之前的谈判中遇到的强硬的分配式南方国家联盟之间存在较大差异。尽管内部存在明显分歧，如

〔1〕 来自于2007年3月20日在新德里对一名印度智库高级研究员的访谈以及2007年3月13日在巴西利亚对一名巴西外交部高级官员的访谈。

〔2〕 JOB（06）/197/Rev.1，修订了关于市场准入可能模式的综合参考文件，同时仍有部分技术问题留待解决，21 June 2006.

果这个新的二十国集团联盟仍然立场坚定，那么僵局很有可能再次重演。

　　因此，可靠的信号传递的存在——或者缺位——仍将是问 163
题的关键。认识你的敌人可能是谈判成功的最佳路径。但是，由于谈判成功建立在双方合意一致的基础之上，所以必须同时允许并使得你的敌人了解你。如何向对手传达自身的意图也是其中的一个关键环节。

达成协议：

气候变化谈判中的美国

塞瓦斯蒂-艾勒妮·维兹尔吉安尼杜

本章讨论气候谈判，并把重点放在 2000 年海牙谈判中出现的僵局。这一僵局导致美国退出《京都议定书》（Kyoto Protocol）。虽然其他工业化国家决定在没有美国的情况下继续履约，且《京都议定书》最终在 2005 年生效，但美国的长期退出严重影响了京都机制成功的可能性，并给其未来带来了诸多不确定性。因此，美国与其他工业化国家之间的僵局依然没有解决。但是，自从《巴厘路线图》（Bali Roadmap）规定了后京都议定书时代的谈判任务以来，美国同意"巴厘路线图"表明，巴厘会议（Bali Conference）以来美国似乎要重返气候谈判。这一轮事件可能意味着美国愿意加入后《京都议定书》协议，甚至会承担重大减排目标。尽管在 2009 年哥本哈根会议（Copenhagen Conference）举行之前，这一点还不得而知，但是美国同意"巴厘路线图"的举动表明，其正开始重新加入全球气候制度。

在本章中，我将论证，美国与《京都议定书》的其余缔约国之间僵局的根源是如下两个主要原因：对发展中国家竞争力的担忧，以及对高额履约费用的看法。这些基本上与僵局形成的两个主要假设有关：对处于优先地位的"谈判协议的最佳替代方案"（最佳替代方案）的看法和国内偏好（假设 1 和假设 6）。从美国 2001 年退出《京都议定书》到 2007 年认可"巴厘路线图"，造成僵局的国内和国际因素发生了显著变化。一方面，发展中国家同意在新协议中有所行动，尽管这取决于有关的筹资机会。另一方面，美国的国内利益诉求开始多样化，支持气候政策的声音显著增多。国会和行政机关的变化也更有利于监管。因此，虽然 2000 年至 2001 年时，协议范围对美国而言过于狭窄，但现在国内和国际因素的变化已经使得协议范围得以扩大。

　　本章的第一部分介绍了全球气候制度的主要发展，特别侧重于美国的立场和美国气候政策发展中里程碑式变化。这也解释了为什么美国的参与是气候条约成功的先决条件。接下来两部分重点关注在美国－京都僵局中发挥主要作用的两个理论假说。更具体地说，第二部分论证了为什么"谈判协议的最佳替代方案"和利益的国内结构这两个假设可以解释这一导致美国退出的僵局。第三部分则再次应用这两个假设来解释美国方面在巴厘会议期间的转变，同时也提出了一些质疑美国在气候变化国际条约范围内作出实质性承诺的意愿的理由。与导论中介绍的理论框架相比，第四部分从更一般的角度讨论了在导论中提出的与理论框架相关的案例。最后，结论部分综合了所有论点来论证，美国愿意在气候变化上采取更为务实的国内行动，但愿意受到强有力的国际条约约束的程度可能仍然有限。

165

气候制度中的美国

气候制度的发展经历了几个重要阶段。1987 年，世界气象组织（World Meteorological Organization）和联合国环境规划署（United Nations Environment Program）共同成立了政府间气候变化专门小组（Intergovernmental Panel on Climate Change），主要负责收集和传播关于气候变化的原因和后果的最新科学知识并提出政策建议。迄今为止，政府间气候变化专门委员会已经编制了四份关于气候变化的评估报告，每份评估报告都提供了更加有力的人为原因导致气候变化的证据，以及关于气候变化的可能影响的更多具体信息。根据 2007 年最新的评估报告，按照目前全球温室气体（GHG）排放量的趋势，在未来的一百年内，全球气候变化将导致海平面上升、水资源短缺、食物生产减少以及更加频繁的极端天气事件。在更远的未来，这一影响将逐步加剧。[1] 为了避免全球平均气温上升超过 2 摄氏度（这一过程事实上已经开始），全球温室气体排放量必须在 2015 年之前达到峰值，此后应开始锐减。[2] 但是，目前的趋势远非如此。

166
应对气候变化的第一个条约是 1992 年签署的《联合国气候变化框架公约》（the United Nations Framework Convention on Climate Change）（以下简称《框架公约》），这一条约为全球气候制度的进一步的发展奠定了基础。《框架公约》将其成员分为两类国家：附件一国家（Annex 1 countries）和非附件一国家

---

〔1〕 IPCC 2007, pp. 11–12.
〔2〕 IPCC 2007, p. 67.

（non-Annex 1 countries）；附件一国家主要包括工业化国家，承诺在减缓气候变化中起主导作用。发展中国家则属于非附件一国家，根据共同但有区别的责任原则，应在气候变化中承担一定的但少于附件一国家的责任。《框架公约》还确立了国际社会在气候变化方面的目标；因此，公约的宗旨是"防止危险的人为干扰对气候产生的影响"[1]。本着共同但有区别的责任的精神，附件一国家自愿承诺到 2000 年将其温室气体排放量降低到 1990 年的水平。

《框架公约》生效之后，1995 年缔约方第一次会议（COP1）在柏林举行，经商定各缔约方一致认为，公约的现有规定不足以限制危险的气候变化，并授权继续谈判以达成新的、具有法律约束力的承诺协议。谈判的结果便是 1997 年《京都议定书》。《京都议定书》为附件一国家设定了减排的具体目标，在 2008—2012 年第一个承诺期内，与 1990 年的水平相比其排放量应平均减少 5.2%。本着共同但有区别的责任的精神，《京都议定书》没有对非附件一国家的排放目标做出强制性规定。此外，各国的个别承诺有所不同，部分附件一国家设法通过谈判增加其排放量。美国承诺减少 7% 的排放量。尽管各国的承诺存在差异，大多数附件一国家纷纷表达了对于减排成本的担忧。[2] 借助于美国领导的联盟，条约中得以插入了几项关于成本节约机制的条款，包括排放权交易、联合履行、清洁发展机制（Clean Development Mechanism）和碳汇[3]。尽管《京都议定书》已于 1997 年签署，但有关条约执行机制的具体细节留待

---

〔1〕　UNFCCC 1992, p. 5.

〔2〕　Saunders 2006, p. 173.

〔3〕　Earth Negotiations Bulletin 1996.

后续谈判确定，包括合规性、碳汇的确切用途、灵活性机制的运作细节，以及允许通过灵活性措施完成的减排目标的数量。

167　　《京都议定书》的部分实质性规定，特别是关于成本节约机制以及一部分履约机制的条款，反映了美国的谈判立场。[1] 但尽管如此，美国国会对于条约带来的利益仍持怀疑态度。国会主要关切的是履行条约的成本和履约影响经济后可能带来的潜在成本，以及在免除发展中国家强制减排义务的情况下，美国可能丧失相对于发展中国家的竞争力。[2] 在 1997 年《京都议定书》签署之前，参议院通过了一项决议，根据该项决议，参议院将拒绝批准任何可能损害美国经济且发展中国家并未做出实质性承诺的条约。虽然克林顿政府签署了条约，但条约从未提交参议院批准。

　　同时，关于制定"京都议事规则"（the rulebook of Kyoto）的谈判继续进行。1998 年和 1999 年缔约方会议的关键议题是灵活机制的运用问题。一方面，美国以及伞形国家集团（the umbrella group）的其他成员，均希望能够最大限度地利用灵活性机制，以最大限度地降低成本。另一方面，欧盟则认为这些机制应仅在有限程度内使用，并希望通过国内措施来实现大部分的减排目标。各方立场难以相容导致了谈判的僵持，并推迟了《京都议定书》的生效，因为这些问题得到解决之后，各国才会批准条约。2000 年缔约方会议在海牙举行，会上发生了关于碳汇的重大争议。美国、加拿大和日本希望在第一个承诺期增加额外的碳汇活动，并在清洁发展机制中使用碳汇。这遭到欧盟、

----

〔1〕　Hovi *et al.* 2003, p. 1.
〔2〕　Saunders 2006, p. 185.

七十七国集团（G77）和中国的反对。[1] 英国代表团试图和解的最后一次尝试也以失败告终，因为这对欧盟而言是不可接受的。[2] 随后谈判终止，此次会议未达成任何协议。[3]

此时可以视为谈判陷入了僵局，而且根据僵局的定义，我们发现构成僵局的条件已经满足。一方面，从 1997 年到 2000 年，谈判进展甚微，主要是由于伞形国家集团与欧盟、七十七国集团、中国的立场之间存在不可调和的矛盾。另一方面，英国提案并试图使各方和解，但是最终这一目标落空，导致海地谈判崩溃从而陷入僵局。

168

谈判进程在 2001 年重启。但与此同时，美国政府更迭，2001 年布什总统决定退出《京都议定书》。他提出的理由与《伯德-哈格尔参议院决议》（Byrd-Hagel Senate Resolution）相似：条约将有损美国经济的发展，且不包含发展中国家的义务。[4] 因此，尽管其余的附件一国家继续参加谈判，并最终达成了关于碳汇问题的协议（具有讽刺意味的是，这一协议与欧盟在 2000 年反对的协议非常相似），美国退出了《京都议定书》并不再参加谈判进程。但是，美国仍然是《框架公约》的成员，因此将继续派代表团参加缔约方会议。

尽管美国选择退出，但议定书的其余缔约方仍继续参与谈判进程。2005 年 2 月，《京都议定书》满足了批准书的数量要求，正式生效，但美国的缺席对于这一条约的成功产生了重大影响。在环境方面，在附件一各国之中，美国的排放量最高，

---

〔1〕 Earth Negotiations Bulletin 2000, pp. 10-11.

〔2〕 Earth Negotiations Bulletin 2000, p. 18.

〔3〕 Hovi *et al.* 2003, p. 17.

〔4〕 Boehmer-Christiansen and Kellow 2002, p. 80.

也是持续时间最长的主要排放国。2002 年，美国占全球年排放量的 23%，比第二大排放国中国高出 74%。[1] 美国的人均排放量居附件一国家之中的第三位（仅次于卢森堡和澳大利亚），居世界第七位，明显高于中国。[2] 如果美国不履行《京都议定书》之下本应承担的减排义务，则《京都议定书》对全球减排的作用将大大减少：假如美国选择参加，则全球排放量会减少 5.5%，但现在这一数字将变成 0.9%。[3] 美国选择退出，随之而来的负面影响还包括灵活机制的最终运用将发生变化，这也会影响《京都议定书》的环境承诺的质量。美国退出之后，欧盟急于使议定书得以生效，因此在灵活机制上对俄罗斯、加拿大和澳大利亚等国家做出了很大的让步，以使其继续留在条约之内并力争说服其批准议定书。[4]

169 美国的缺席除了产生环境影响之外，还诱发了其他并发症。鉴于美国在全球政治中的突出作用，各国通常期望其在包括安全、经济和环境问题在内的全球问题上发挥主导作用。因此，缺乏美国的参与和领导也使得其他国家更容易拖延或者要求其他方进一步妥协以作为其参加谈判的条件。此外，工业化国家在减缓气候变化中起主导作用，已经成为发展中世界参加气候谈判的先决条件。如果作为超级经济大国和温室气体的主要生产者的美国在应对气候变化的进程中缺席，更难使发展中国家参与其中。

---

〔1〕 Kopp 2006, p. 6.

〔2〕 数据来源于世界资源研究所（World Resource Institute）的气候分析指标工具（Climate Analysis Indicators Tool），详见 http://cait.wri.org/cait-unfccc.php.

〔3〕 Hovi *et al*. 2003, p. 4.

〔4〕 Hovi *et al.* 2003, p. 19.

　　鉴于美国在全球政治中的核心作用，只要它在全球气候谈判中的立场不包括任何与减轻温室气体排放有关的实质承诺，美国与《京都议定书》其他缔约国之间的僵局将继续存在。但是，有证据表明这个僵局可能即将结束。《京都议定书》从来都不是一个独立的条约。2005 年《京都议定书》生效后，公约和议定书之间开展了以向未来承诺为主题的对话。美国虽然不是议定书的缔约国，但会参加公约的有关议程。2007 年巴厘会议通过的《巴厘路线图》，成立了一个在《框架公约》的主持下旨在长期合作行动的特设工作组，发展中国家和未签署《京都议定书》的发达国家（主要指美国）将在这一工作组中继续谈判并采取进一步应对气候变化的措施。[1] 美国虽然避免提及《京都议定书》中的特定排放目标，但是参与了旨在达成新协议的谈判进程。此外，在巴厘会议后期，针对印度提出的以发达国家向发展中国家的财政和技术转移作为发展中国家有所行动的前提条件的提案，美国也做出了让步。[2] 最后，美国同意了一致意见，并将参与针对所有公约成员的新一轮谈判议程。虽然由巴厘会议开启的这一谈判最终将产生怎样的结果仍是未知数，但是我们有理由对美国参与全球气候谈判持乐观态度，这将结束美国与《京都议定书》其余缔约国之间的僵局。下文将回顾僵局发生的原因，并分析美国为何重返全球气候谈判。

气候制度中的美国立场与僵局

　　我在本章中提出，美国退出《京都议定书》主要基于两个　170

---

〔1〕　UNFCCC 2007.
〔2〕　Earth Negotiations Bulletin 2000, p. 20.

原因，这两个原因分别对应导论一章介绍的关于僵局原因的两个假设。在上一节讨论了导致僵局的事件之后，我在此将从美国的角度重点介绍导致僵局的原因，主要包括美国倾向于维持现状而非达成协议的立场、美国国内利益集团。这两个方面显然是相互关联的，因为不支持协议达成是基于国内利益集团的意志。但是，议定书的某些制度特征和其他国家的立场也是美国不支持协议达成的主要原因。我会先讨论这些问题，然后再探讨国内政治在美国最终选择退出《京都议定书》这一事件之中扮演的特殊角色。

因此，将要讨论的第一个假设是"僵局的出现是因为'谈判协议的最佳替代方案'处于优先地位，或者无论何时，各缔约方相对于达成协议更倾向于选择协议之外的替代对策方案"。我认为，美国相信其在协议之外的替代对策方案更具有优越性，而替代方案是维持现状或不达成任何协议。基于对《京都议定书》的具体条款和参与水平所做的粗略的成本效益分析，美国认为不达成协议对自身而言更有利。美国的主要担忧集中在履约的经济成本，及其相对于发展中国家的竞争力。

尽管美国对于气候变化的长期成本进行的研究相对较少，但是为了评估履行《京都议定书》的经济成本，这一类的研究活动也十分活跃。克林顿政府和布什政府均进行了一些研究，国会以及部分非政府组织也不例外。某些独立研究预测，在第一个承诺期内，美国的履约成本将在国内生产总值（GDP）的0.25%至1.6%之间。[1] 支持议定书的克林顿政府则估计这个

---

[1] Vezirgiannidou 2008, p. 49.

数字为 0.15%，因此履约是有成本效益的。[1] 但是，最终拒绝
议定书的布什政府预计履约成本约占国内生产总值的 1% 至 2%，
并将这一数字与 20 世纪 70 年代的石油危机相提并论。[2] 大部
分研究的成本预测明显偏高。

　　另外一个成本因素是，发展中国家不承担强制性减排义务
将造成投资和就业机会由美国向海外的发展中国家转移。参议
院和众议院的许多辩论均以这一主题为中心，部分参议员和众
议员表达了对产业转移和就业流失的强烈担忧。[3] 参议院关于
《伯德-哈格尔决议》的辩论主要集中于此。因此，参加条约产
生的全部成本不仅包括履约成本，而且还包括因资金和潜在就
业机会向发展中国家流失而产生的其他间接成本。

　　除了高昂的成本之外，有观点认为条约带来的环境效益过
小，无法为投入的成本提供合理依据。这与以下看法有关：附
件一国家所做的任何努力将因发展中国家的经济增长而落空。
除非在全球范围内对气候变化进行监管，否则美国的努力无法
从根本上扭转气候变化的趋势，与此同时，美国也会为此付出
高昂的代价。政策领域有观点认为，《京都议定书》对美国而言
是不公平的，因为它仅仅要求美国做出牺牲而不要求全球范围
内的共同减排。[4] 如果对比美国与其他附件一国家各自做出的
承诺，这种不公平的感觉更加强烈。某些国家，如澳大利亚，
通过谈判成功获准了比 1990 年的实际排放水平更高的基准排放
量。其他国家，如苏联和俄罗斯，通过谈判设定了不同于他国

171

〔1〕　Barrett 1998, p. 27.
〔2〕　Bush Administration 2001.
〔3〕　Vezirgiannidou 2008, pp. 50-1.
〔4〕　Saunders 2006, pp. 184-6.

的基准水平，这为他们提供了足够的排放量增长空间。仅有少数国家承担了以通常排放量水平为基准的强制性减排义务，而美国正是负有这一过重义务的少数国家之一。许多国会议员认为这是政府的失败，政府未能在谈判中为美国争取到一个令人满意的承诺。[1]

172　　正是由于这样的担心，在议定书缔结之后，美国代表团正在努力设法推动灵活机制的广泛运用。克林顿政府认为，如果可以减少减排成本，参议院便会批准议定书。但是，2000 年因碳汇而发生的谈判僵局表明，政府可能无法如其希望的一样，完全依赖于履约是有成本效益的这一因素。[2] 这甚至进一步降低了议定书在决策者中的支持率。在 1998 年至 2000 年期间，美国也试图让发展中国家加入谈判，但并没有取得成功。[3]

　　据此，美国不赞成协议并选择退出，并不令人诧异。但是，如果将相同的成本效益分析逻辑用于其余附件一国家，我们就会发现真正的疑点不是为什么美国选择退出，而是为什么其他国家选择继续留在条约内。除了少数通过出售排放权从《京都议定书》获益的国家外，附件一国家缺乏批准议定书的额外的经济或环境奖励措施，并且其中的大多数国家面临与美国类似的不利条件。[4] 这表明，判断美国退出《京都议定书》的原因不能仅仅通过对条款的成本效益分析。因此，下文将重点考察致使美国退出的特定国内利益集团。

---

　　〔1〕　Park 2000, p. 83.

　　〔2〕　Lisowski 2002, p. 111.

　　〔3〕　Lisowski 2002.

　　〔4〕　为什么其余的附件一国家选择继续留在《京都议定书》之内，各界对此有诸多解释，部分解释仅适用于个别国家，部分解释可普遍适用。详见 *Global Environmental Politics* vol. 7, no. 4（气候变化比较政治专题），另见 Hovi *et al*，2003.

在美国，做出关于公共和外交政策的决定需要考虑几项因素，其中与国际条约相关、最重要的两大因素是行政机关和国会。行政当局负责参加国际条约的谈判，而国会则负责批准条约并控制履约的经济成本。[1] 在较低的层级上，政府和国会在做出决策时会受到来自各方利益相关者集团的影响，包括行业组织以及非政府组织等公共政策倡导团体，也会受到公共舆论的广泛影响。国会议员受制于当地社区并倡导地方利益[2]，而政府需考虑更为全面的前景。下文中，我将从较低的层级开始逐级向上，回顾所有群体在此次事件中的立场。

就《京都议定书》的公共舆论而言，根据在条约签署前后 173 分别进行的意见调查，大多数人表达了对议定书的支持。在 2001 年和 2002 年进行的调查显示，受访者倾向于支持美国履行强制性排放控制义务，即使这样会产生一定的不利经济后果。不过，他们不支持因排放控制而增加税收，有关燃油汽车的税收除外。[3] 2002 年和 2004 年针对国会议员和行政官员的调查也显示，大多数受访者赞成美国加入《京都议定书》（其中，在 2004 年的调查中，有 72% 的受访者表示赞成）。[4] 所以，这样看来，公众舆论和政界人士都表示会支持《京都议定书》。那么为什么最终未获得批准呢？

首先，尽管《京都议定书》的合法性及合理性得到政治界和公众舆论的全面认可，但主要政党的态度之间仍存在差距。在 2004 年的调查中，仅有 21% 的共和党国会议员表示支持议定

〔1〕 Hao 1997, p. 27.

〔2〕 Harrison and McIntosh 2007, p. 10.

〔3〕 Brewer 2005, pp. 368-9.

〔4〕 Brewer 2005, p. 371.

书；有意思的是，议定书在当时共和党行政官员之间取得的支持率高达 68%。[1] 另外，在公共舆论方面，虽然在 2001 年和 2003 年的调查中，分别有 54% 和 83% 的共和党选民表达了对《京都议定书》的支持，64% 和 49% 的共和党选民认为国会未批准议定书的决定是正确的（其中，在 2002 年的调查中，仅有 37% 的共和党选民认为这一决定是错误的）。[2] 相比之下，94% 的民主党国会议员支持批准加入《京都议定书》。在 2001 年和 2003 年的调查中，分别有 86% 和 94% 的民主党选民表示了支持态度；并且，分别有 66% 和 70% 的民主党选民对于行政当局退出《京都议定书》的决定感到失望。[3] 由此可见，民主党支持《京都议定书》的态度是相当明确的，而从调查结果来看，共和党的态度似乎更加难以捉摸。这似乎也是两党在是否应批准《京都议定书》之上存在分歧的证据。共和党对加入议定书使美国受益持怀疑态度，因此当时的执政党即共和党政府选择了退出。

174　　决策者未对公众意见做出回应的另一个原因可能是，他们没有意识到公众对议定书的实际支持率如此之高。2004 年针对政界人士的同一调查显示，仅有 38% 的政客认识到，大多数公众都倾向于支持美国参加《京都议定书》。[4] 这表明政界对于公众舆论的认识存在一定的缺陷，这也是他们经常被诟病的问题。但政客明显不想过度曝光于公众面前，尤其是掌握政权后。但是，他们显然面临着来自游说团体的舆论压力，这些组织对

---

〔1〕　Brewer 2005.
〔2〕　Brewer 2005, p. 367.
〔3〕　Brewer 2005.
〔4〕　Brewer 2005.

包括气候变化政策在内的部分问题提出了更为迫切的要求。

行业团体和商业团体在美国政治中具有突出的作用。在美国，行业组织对决策过程的影响程度是相当高的，且高于其他的工业化国家。[1] 这得益于美国的联邦体制，联邦制赋予了每个州重要的权力，反过来却培养了以狭隘的本地利益为主要关切的政客。在京都谈判直至美国退出《京都议定书》的这些年间，美国工商业界对议定书的态度并不完全是负面的。首先，美国的部分行业将受到全球变暖的极大不利影响。气候变化可能造成热带疾病蔓延，海平面上升，洪水肆虐，极端高温和火灾增加，因此保险业将尤其会遭受重大损失。[2] 因此，这些行业有意于保护气候，并纷纷支持《京都议定书》。即使在化石燃料行业内部，也不存在统一的利益联盟，因为石油比煤更清洁，而天然气比石油更清洁。[3] 另外，包括英国石油公司（BP）在内的欧洲化石燃料生产商已将气候变化视作挑战，并开始投资可再生能源。[4]

尽管美国工商业界强烈反对《京都议定书》的理由不得而知，但这一事实确实在 1997 年前后发生了。一方面，保险行业也并没有为议定书发声并表示大力支持。另一方面，化石燃料行业和制造业强烈反对美国缔结条约，承担有法律约束力的义务则遭到了更为普遍的反对。[5] 这些行业使用了如下策略来质

175

〔1〕 Depledge 2005, p. 12.

〔2〕 Saunders 2006, pp. 201-5. 虽然气候敏感地区的保险费将会上涨，短期内这可能对保险业有利，但保险索赔的潜在成本将大大超过可能的获益。最近在新奥尔良飓风卡特里娜之后出现的持续性的保险索赔，已经证明了这一点。

〔3〕 Boehmer-Christiansen and Kellow 2002, p. 36.

〔4〕 Levy 2003, p. 94.

〔5〕 Levy 2003, p. 83.

疑气候政策。起初，他们质疑了气候变化这一命题的科学性。[1] 行业游说团体资助了气候-怀疑科学研究，从事研究的科学家也经常被邀请到参议院或众议院的各种委员会作证。[2] 但是，随着时间的推进，这一论点越来越难以站得住脚，因为气候科学研究取得了重大进展，怀疑论者越来越被边缘化。在京都谈判之前，这些行业反对控制温室气体排放的关注点从自然科学转向了经济学。他们认为美国经济会因此受到不利影响，并指出来自发展中国家的竞争对手并非承担强制性减排义务的主体，这无疑会增加美国的失业率并造成资本向海外流失。[3]

行业组织对国会的确切影响是无法直接追溯的。但是，众所周知，向美国政治家进言对于行业组织而言并非难事。[4] 另外，行业组织的论点与1997年国会提供的反对《京都议定书》的理由（以及后来布什政府提供的理由）之间存在很强的相关性。因此，可以说，《伯德-哈格尔决议》受到了来自化石燃料业和制造业的利益集团相当大的影响。

但是，显然无法将2001年美国做出退出《京都议定书》的决定直接归因于商业利益。因为到了2000年，总体上化石燃料业已经改变了其顽固的立场，并对控制温室气体排放的态度有所缓和。[5] 利维［Levy（2003）］将这归因于两个因素。一方面，欧洲的创新者已经开始实行多元化的投资组合，逐步进入新的市场，而美国的同行业竞争对手在这一点上已经开始落后。

---

[1] Levy 2003, p. 82.

[2] Levy 2003.

[3] Levy 2003, p. 83.

[4] Bang *et al* . 2005；Bryner 2000, p. 127；Depledge 2005, p. 12.

[5] Bang *et al* . 2005, pp. 291-2.

考虑到化石燃料行业的全球性，这一态度转变被认为是美国公司的妥协。[1] 另一方面，对减排成本的看法也开始改变：双赢的表述越来越普遍，因为减排也可以通过新技术和"绿色市场"实现，并从中盈利。[2] 从这个角度来看，利维认为布什总统决定退出《京都议定书》的这一事实是令人困惑的。[3]

　　但是，如果考虑到布什政府以及总统个人与石油和天然气行业，特别是那些仍然强烈反对温室气体减排措施的公司之间的密切联系，那么这一决定便不难理解。[4] 布什政府在美国退出《京都议定书》中独立地发挥了一定的作用。即使公众对条约的支持率相当高，部分行业也逐渐开始倾向于赞成减排措施，甚至部分州和城市已经开始了地方性的减排举措，布什政府仍然不赞成控制温室气体排放。这主要是由于布什政府与特定化石燃料利益集团之间存在联系，以及鉴于当局远没有意识到公众对此抱有如此高的关切，便认为退出议定书将不会承担任何政治成本。[5] 根据利索夫斯基（Lisowski）的说法，布什总统更赞成扩大石油和天然气使用的能源政策，而这与《京都议定书》的目标相悖；虽然退出条约需要承担一定的来自国际社会的成本，但政府认为在国内范围，这一选择带来的利大于弊。[6] 虽然对于与政府有联系的化石燃料行业而言，这的确属

［1］　Levy 2003, p. 94.

［2］　Levy 2003, p. 93.

［3］　Levy 2003, p. 94.

［4］　布什总统曾在石油和天然气行业工作了 11 年。此外，布什政府的部分成员，包括副总统切尼、商务部长及能源部长，均曾在油气行业、汽车行业担任过高级职务，并持有股份和股票。详见 Lisowski 2002, p. 106.

［5］　Lisowski 2002, p. 104.

［6］　Lisowski 2002, p. 112.

实，但显而易见的是，退出议定书确实产生了一定的国内成本。
下一节将对此做详细论述。

总之，公平地说，美国的退出是各种因素综合作用的结果，
包括真实的成本效益计算、布什政府的偏好以及其对于公共舆
论和利益集团的偏好的看法。也许当局没有意识到公众和工商
业的态度在改变，彻底放弃《京都议定书》绝非明智的选择。
下文将通过分析处于优先地位的"谈判协议的最佳替代方案"
和国内利益群体这两个因素在 2001 年至 2007 年间如何变化，以
试图解释美国重返气候变化谈判的原因。

2007 年美国重返气候谈判

177　　2007 年美国同意《巴厘路线图》，选择重返全球气候谈判
的原因，可再次追溯到其对优先的"谈判协议的最佳替代方案"
和国内利益群体的看法。

关于优先的"谈判协议的最佳替代方案"，促使美国将不参
与条约作为首选的主要因素是美国将为履约付出的经济代价以
及发展中国家的缺席。在巴厘会议上，发展中国家的立场发生
重大变化，意味着它们已经同意在后京都议定书时代承担额外
的减排义务。[1] 当然，它们也要求这需要以附件一国家的财政
和技术支持为前提，而这一点险些导致美国不再支持《路线
图》。[2] 此外，发展中世界的承诺水平也将在 2009 年达成哥本
哈根协议的谈判中进一步磋商。非附件一国家作出承担实际减

---

　　〔1〕　Depledge 2005, p. 154.

　　〔2〕　Earth Negotiations Bulletin 2007, p. 20.

排义务的承诺的可能性相当小，最有可能的磋商结果是同意为发展中国家的新增排放量设置上限。即便如此，这毕竟是发展中国家做出的实质性承诺，所以履约的灵活性以及成本效益将有所提高，而这两者均是美国力争实现的主要目标。在这个意义上，发展中国家的参与消除了美国参与气候谈判的主要障碍之一。

导致美国退出的另一个重要因素是对履约成本的担忧。发展中国家的参与降低了美国丧失相对于发展中国家的竞争力的可能性，这在一定程度上使美国对成本的忧虑有所减轻。碳汇、联合履行以及排放权交易均是额外的节约成本机制的表现形式之一。这使得美国参与气候谈判的可能性更高，因为成本效益也是其主要关切之一。但是，对于任何拟议的后京都议定书条约的成本评估都只能在文本最终定稿之后进行，而我们尚无法得知具体条款将以何种方式呈现。可以确定的是，无论何种形式，评估成本都将对美国批准任何未来的条约产生重大影响。但是，与 1997 年甚至 2001 年的情况相比，美国国内对于气候政策的兴趣显然变得更为浓厚，这也将对成本评估的进行产生影响。

国内政治这一因素将再度对美国如何看待"谈判协议的最佳替代方案"以及协议所带来的利益起到重要作用。2001 年至 2008 年之间的诸多进展使我们对此持乐观态度。无论是州层面还是联邦层面，公共舆论和私人利益的攸关方对于温室气体减排所可能产生的成本与收益的看法已经产生了一定的改变。如上所述，各行业反对气候政策的统一战线正在开始转变。部分行业已经在遏制美国的温室气体排放量上有所行动，例如气候行动伙伴关系，其目标是在 2020 年之前使温室气体排放量较之

1990 年减少 15%。[1] 与《京都议定书》相比，这个目标更加雄心勃勃，并且这一伙伴关系的成员包括美国化石燃料业和制造业的几家大型公司：壳牌、英国石油公司、杜邦。其他倡议，如芝加哥气候交易所，致力于将排放权交易作为温室气体减排的机制之一。[2] 这些行业对温室气体减排产生兴趣主要是受到技术进步和先发优势利益的驱使。[3] 另一个诱因是潜在的环境污染诉讼（主要针对如烟草行业和快餐连锁行业）。[4] 此外，部分公司采取措施是基于对政府行动的预期。[5] 一旦有公司采取了减排措施，它们就希望将这些措施同样加诸竞争对手，甚至是行业之外的主体。因此，联邦政府承受的压力也来自这些行业本身。但是，并非所有的公司都赞成减缓排放温室气体，且根据邦（Bang）等人的观点，政府能对于反对减排的声音产生更多共鸣。[6] 对于布什政府来说更为如此，因为他们与反对减排的行业组织关系密切。但是，对于奥巴马政府来说，情况并非如此。

地方行动，尤其是各州和城市采取的行动，是影响美国国内利益集团的另一个重要因素。[7] 联邦政策不足以应对温室气体排放，促使部分州和其他地方主体开始采取行动。虽然各自的目标存在很大差异，但大多数反映了对于联邦不作为的普遍

---

[1] Bang *et al.* 2005, pp. 291-2.

[2] Bang *et al.* 2005.

[3] Bang *et al.* 2005, pp. 292.

[4] Saunders 2006, pp. 201-5.

[5] Bang *et al.* 2005, pp. 292.

[6] Bang *et al.* 2005, pp. 292.

[7] Bang *et al.* 2005；Koehn 2008；Kosloff *et al.* 2004；Moser 2007；Rabe *et al.* 2005.

不满。部分州开始实施强制性的政策来遏制温室气体排放；加利福尼亚州（共和党州政府）已在政策中采取措施以控制汽车的二氧化碳排放量；东北部各州也正在考虑这么做，但遭到了州法院的质疑以及汽车行业的反对。[1] 截至 2007 年，已经有超过 20 个州明确地采取了减少温室气体的措施。[2] 另外，22个州实施了可再生能源组合标准，规定应在 2006 年之前提高可再生能源在电力供应中所占比例。纽约市已承诺，在 2013 年之前达成可再生能源电力在总用电量占比 25% 的目标。[3] 各州选择采取这些措施出于如下几个原因：部分州受到公众支持气候变化政策的影响，也希望通过提供环境服务来吸引专业人员。[4] 其他州则是出于经济动机，为了保护其资源基础免受气候变化的影响，或者通过投资清洁技术来增加经济产出。[5] 在这个意义上，尽管行动的结果可以改善环境，[6] 环境保护并不完全是各州做出相应行动的主要目的。

无论各州推进气候变化政策是出于何种原因，一旦它们开始行动，便有了向其他州推广减排措施的动力，以减少自身竞争压力，并为产品进一步开拓市场。[7] 因此，它们很有可能促使联邦颁布相应的政策以便与其他各州分担成本，以及减少对自身工业发展的不利影响。事实上，某些州已经通过针对"清洁空气法案"中对二氧化碳不加规制的行为在法院提起诉讼，

179

---

〔1〕 Koehn 2008, p. 66.

〔2〕 Koehn 2008, p. 61.

〔3〕 Koehn 2008, p. 65.

〔4〕 Rabe *et al.* 2005, p. 23.

〔5〕 Rabe *et al.* 2005, p. 10.

〔6〕 Rabe et al. 2005, p. 32.

〔7〕 Rabe et al. 2005, p. 26.

以此对联邦政府施压，其中，2003 年共计有 13 个州法院涉及其中。[1] 尽管 2007 年联邦最高法院判决环境保护局负有规制二氧化碳排放的权力，但是布什政府拒绝执行，并称以此产生的减排量将被中国的排放量抵消。[2]

180 　　基于对减缓气候变化的成本及收益的分析，近年来美国部分州和行业对于气候政策的立场发生了转变，选择支持减排，这也意味着来自国内的压力越来越大。不过，此次各界的立场不太统一。仍有部分州和行业反对采取行动应对气候变化，部分学者也认为积极发展减排是一种例外情况而不是常态。[3] 但是，许多减排倡议是由跨国公司提出的，且部分州和城市也逐渐将其自身的努力纳入包括《京都议定书》在内的减缓气候变化的全球体制之中，如欧盟排放交易机制。这种与国际社会的联动无疑给政府带来了更大的压力。另外一个因素当然是这样的努力与国会和政府之间的联系。正是由于联邦的不作为，才出现了这些倡议。[4] 但是，国会的发展和总统竞选也为美国照亮了在巴厘会议上重返气候谈判之路。

　　学界普遍认为，美国批准《京都议定书》的主要障碍之一是克林顿执政时期政府与国会之间的权力分离。同时，国会在国际政策制定中的特殊作用也扮演了重要角色。[5] 具体来说，国会议员受制于直接选区的选民及其与工商业界的密切联系，

---

〔1〕　Kosloff et al. 2004, p. 192.

〔2〕　Koehn 2008, p. 64.

〔3〕　Bang *et al.* 2005, 293；Moser 2007, p. 140.

〔4〕　Kosloff 2004.

〔5〕　Bang *et al*. 2005, p. 293；Bryner 2000；Depledge 2005, p. 12；Harrison and McIntosh 2007, p. 9；Tamura 2006.

这两点被视作造成国内气候政策僵局的原因之一。此外，共和党人在国会中具有多数优势的事实也对克林顿政府参与京都谈判产生了影响。在布什政府当政的大部分时间，国会中共和党占多数的情况均没有发生变化。因此在类似于京都谈判的情况下，国会的偏好也是相似的。

但有趣的是，国会中已经涌现了相当数量的新法案，要求在联邦层面规制温室气体的排放。从 2003 年起，两党开始联合向众议院和参议院提交关于温室气体综合管理的提案，并得到越来越多的支持。这些提案设定的目标均低于《京都议定书》，但都没有通过。仅有一部在参议院委员会获准通过，即 2008 年的《利伯曼-沃纳法案》（Lieberman–Warner Bill）。[1] 虽然大部分法案没有成功通过，但自从 2006 年民主党取代共和党成为国会的多数派以来，与气候变化相关的国会法案数量真正意义上开始增加。从 2007 年至 2008 年 7 月一年的时间内，共计有 235 项关于全球气候变化和温室气体排放量的议案、决议和修正案；在上一任期（2004 年至 2006 年）期间，向国会提交的有关法案仅有 106 项。[2] 其中一些措施已被纳入法律，如 2005 年《能源法案》（Energy Act）规定了数项温室气体减排措施。[3] 此外，2005 年，参议院通过了一项决议，认可"强制性的、以市场为基础的温室气体排放限制以及激励措施"，从而"取代"了 1997 年的《伯德-海格尔决议》。[4] 最后，2007 年 3 月，众议院以 269 票支持、150 票反对的结果投票通过，组建了由民主党

〔1〕 Pew Centre 2008a.

〔2〕 Pew Centre 2008a.

〔3〕 Pew Centre 2005.

〔4〕 Saunders 2006, p. 207.

代表爱德华·马基领导（Edward Markey）的新的能源独立与全球变暖问题特别委员会（Select Committee on Energy Independence and Global Warming）。[1]

181　　上述关于国会倡议的讨论表明，国会在认真考量如何应对气候变化，并试图在联邦层面实施更多的规制措施。诸如《利伯曼-沃纳法案》等更为实质性的倡议没有取得成功，表明赞成减排措施的利益群体尚未取得在国会中的主导地位。气候立法倡议的增加，则表明国内的利益平衡不再是单一式的，气候议程得到越来越有力的推进，尤其在地方层面的发展趋势亦如此的情况下。2008年的总统大选结果表明，随着热衷于气候议程的候选人当选总统，这一趋势只会有增无减。行政当局支持采取行动以减缓气候变化，这会对国会产生积极的影响，民主党主导的国会会更加支持政府的减排措施。

　　以上段落重点关注了工商业、地方当局和国会对于全球气候变化不断改变的态度。在现阶段讨论公共舆论及其在这些过程中扮演的角色，也是必要且有用的。在本章的最后一部分讨论公众舆论的原因是，因为大多数决策者在进行决策成本分析时公共舆论因素往往被放在末位，大多数情况下决策者们甚至没有意识到这一点。[2] 多数分析都认为，政客没有充分听取公众在气候变化这一议题上的声音。[3] 公众对于气候变化的态度也促成了这一结果的发生。虽然调查显示公众对于《京都议定书》的支持率很高，但是舆论对于气候变化的关注度在2000年

---

〔1〕　Pew Centre 2008b.
〔2〕　Brewer 2005, p. 371.
〔3〕　Bang *et al.* 2005, 295；Harrison and McIntosh 2007, p. 6；Lisowski 2002.

达到峰值 40%，随后逐年下降，在 2004 年降至 26%。[1] 这大致反映了"9·11"爆炸事件之后，舆论中心已经发生变化，公众对恐怖主义战争更为关注。2005 年卡特里娜飓风（Hurricane Katrina）发生后，气候变化问题再次受到关注（2007 年关注度达到 41%），但 2008 年初也有所下降（关注度为 37%），这也许反映了金融危机后经济问题跃居为舆论中心。[2] 总体而言，公众对于气候变化问题的关注度并不足以引起决策者的关注。相较于公众关切而言，其他因素如来自于国际社会的压力、不断变化的工商业界的立场以及州和地方层面的相关倡议，对联邦政策具有更大的影响力。

公众对气候变化问题的关注度有限，在很大程度上是因为 182 人们认为气候问题属于远虑而非近忧。[3] 经济问题和安全问题等其他更为紧迫的问题更容易受到公众的关注。尽管卡特里娜飓风等重大事件被认为可能会影响到公众对于气候变化问题的态度[4]，但这一期待最终落空，因为媒体报道中没有强调卡特里娜飓风与气候变化之间的关联。但是，相当多的民众表示支持《京都议定书》，并对美国退出的选择感到失望，这一事实使我们有理由保持乐观。虽然公众似乎还没有做好积极应对气候变化的准备，但是他们也并不反对规制措施（恰恰相反，大部分民众赞成实施温室气体减排措施）。规制气候变化的措施得到了公众的普遍支持，这一态度也可以支持赞成监管的州和行业的立场。公众似乎也缺乏反对监管的动机，这对于美国重返气

〔1〕 Gallup, 21 April 2008.

〔2〕 Gallup, 21 April 2008.

〔3〕 Gallup, 21 April 2008.

〔4〕 Saunders 2006, pp. 199-201.

候谈判是一个利好因素。

联邦气候政策的演进也反映了美国在气候变化问题上所持立场的不断变化。布什政府承认气候变化是一个真正存在的威胁，但是，拒绝参加《京都议定书》是美国为解决气候问题做出贡献的最佳途径；布什政府也制定了自己的气候政策方针。这一方针设定了减排目标和行业自愿减排方案（方案被认为无法反映日常经营排放量的真实变化），但显然不足以应对气候变化。[1] 在国际社会中，由布什政府主导并发起了关于技术创新和技术转让的合作协议，主要缔约国是东南亚国家。但这些协议都是没有法律约束力的，一些评论家认为此类谈判甚至对于《京都议定书》起到了一定的反作用。[2] 布什政府在国内也颁布了诸多技术类政策。但是，上述政策都不足以证明，布什政府在应对气候变化问题上具有坚定的决心。不过，这说明了来自国内和国际社会的压力使得布什政府无法忽视气候变化，促使他们至少表现出正在采取措施来解决气候问题。

183   上述事态的发展共同说明了，为什么美国谈判代表最初对于印度提出的《巴厘路线图》文本修正案（其中规定发展中国家承担减排义务应以接受来自发达国家的资金和技术转让为前提条件）表示强烈反对，最终却同意了《巴厘路线图》的协商一致意见。行业利益集团的态度转变、来自个别州的压力、民主党主导的国会以及来自国际社会的压力和妥协，共同促使了美国选择重返气候谈判。对履约成本的担忧也正在减少，工商业界、地方政府以及国会逐渐意识到绿色技术的发展将带来潜

---

〔1〕 Bang *et al.* 2005, p. 291.

〔2〕 Bang *et al.* 2005, p. 292.

在利益。因此，国内支持实施减排措施的声音越来越多。同时，发展中国家的让步可以减轻对于竞争力这一因素的担忧。最后，值得注意的是，《巴厘路线图》仅仅是一个框架性文件，设定了下一步的谈判议程，美国并没有明确表明将承担任何具体的、具有约束力的义务。因此，美国所做出的程度会达到哪一个层面依然有待观察。2008 年 11 月奥巴马当选总统，给全球气候谈判带来了希望，因为他一直致力于积极应对气候变化，并在竞选过程中强调了这一点。鉴于民主党成为国会的多数派，美国可能会通过更多气候政策立法。

我认为美国选择再次参与全球气候谈判主要可归因于，国内的一系列变化使得气候政策的支持率有所上升，以及发展中国家同意参与《后京都议定书》时代的协议。但是，虽然我们有理由对全球气候谈判保持乐观，但未来条约的达成仍然可能存在某些障碍。下面，我将对此作简要讨论。

潜在的障碍主要存在于谈判进程之中，尤其是发达国家与发展中国家之间的财政移转水平。[1] 美国并不乐见，将接受财政转移作为发展中国家承担减排义务的前提条件。如果财政移转的水平过高，则发展中国家的参与给包括美国在内的发达国家带来的好处，将被高额的财政和技术转移成本消弭。特别是在发展中国家承担的义务强度远低于美国的情况下，这将使条约丧失对于美国国内利益群体的吸引力。在 2008 年 12 月举行的波兹南气候会议上，这一迹象已经开始出现。发展中国家认为附件一国家应明确承诺，其会承担向发展中国家转移财政和技

---

〔1〕　Saunders 2006, p. 207.

术的义务。[1] 美国参议员约翰·克里（John Kerry）虽然表示"奥巴马总统将与布什总统的政策截然不同"[2]，但也重申了美国的既有立场，即美国承担减排义务以发展中国家的参与为前提。[3] 如果双方都在等待对方率先表明决心，则谈判很有可能陷入双方互相指责的僵局之中，无法取得任何实质成果。

184　　另一个悬而未决的问题是，推动美国气候变化政策不断向前推进的力量是否足够强大以确保美国选择批准新的协议。部分学者认为这些力量仍然处于决策的边缘。[4] 新的奥巴马政府无疑会推进议程，但国会是否会受到影响？事实上，气候政策综合法案设定了比《京都议定书》更为谦和的目标，却仍然未能在国会通过，这一事实也是令人担忧的原因之一。此外，美国还有几个州依赖于化石燃料的开采或加工，有些则是化石燃料消耗大户。[5] 这些地区的议员很可能会坚决反对包含实质性减排义务的政策。不断扩张的支持气候政策的行业联盟，也会在美国选择是否接受未来的条约时发挥重要作用。实质性减排义务的目标高低也是重要因素之一。

　　目前影响全球经济的金融危机是最后一个显而易见的障碍。这是与谈判过程无关的一个因素，但可能会改变多方的谈判立场，使他们在做出减排目标的承诺时更倾向于保守。谈判预定于 2009 年底结束，根据大多数专家的预测，此时恰好是全球经济陷入衰退的时期。这可能会影响大多数缔约方承诺大幅度减

---

　〔1〕　Rosenthal 2008.
　〔2〕　Rosenthal 2008.
　〔3〕　Black 2008.
　〔4〕　Bang *et al*. 2005；Moser 2007.
　〔5〕　Tamura 2006, p. 296.

排的意愿，同时也会加剧分配性的忧虑。强有力的领导能够解
决这些问题，但可能使后京都协议的谈判和/或批准过程复
杂化。[1]

气候僵局及其破局

本节将论证，美国与《京都议定书》其余缔约国之间僵局 185
的根源植根于美国对处于优先地位的"谈判协议的最佳替代方
案"的看法，以及这种看法的塑造者——国内利益集团。正如
上文所示，在美国的例子中，这两个假设被一一证实，与"谈
判协议的最佳替代方案"相关的对策方案在这个案子中也发挥
了一定作用。根据导论，谈判者可以扩大协议范围，使所提出
的对策方案胜过"谈判协议的最佳替代方案"。来自美国和其他
附件一国家的谈判代表设法说服了发展中国家在原则上同意承
担后京都条约下的部分减排义务，从而扩大了美国的协议范围，
使其更有可能参与其中，《巴厘路线图》便是这种方案的成果
之一。

但是，相较于谈判代表所追求的这种变化，国内利益集团
的变化更为系统。虽然发展中国家的参与一定程度上有利于减
轻国内在履约成本和竞争力方面的担忧，但目前尚未出现任何
足以显著改变国内利益结构构成的国际社会活动，无论主导这

---

〔1〕 截至本书撰写及出版之时，哥本哈根会议已经结束。达成的新协议规定
了主要发达国家和发展中国家的自愿排放目标，美国在这一协议的形成中发挥了主
导作用。协议尚未得到公约的正式成员的认可，同时遭到了不尊重公约进程的多边
主义者的批评。但是，这并不会改变本文关于美国重返气候谈判的一系列观点，也
不会改变这种参与背后的驱动力。

一活动的谈判代表来自本国还是他国。考虑到美国已经从《京都议定书》中退出，几乎没有谈判代表能这么做。在国内，布什政府无意于推进气候议程。[1]因此，一切进展都是由议员和州政府积极驱动的。而工商业界利益集团的形成建立在对立法的预测之上，旨在获得先发优势。[2] 这可能表明，国际谈判进程对特定国内利益集团的看法产生影响的可能性比较小。不过，一个"气候政策友好型"的白宫相比于其在本案中的表现在国内可能会取得更大的进展。

186　　　除了上文重点考察的两个假设之外，分析其他假设是否适用于本轮事件也是必要且有用的。第二个假设认为，僵局的发生可能是由于各方虚张声势。此轮事件中并未出现这种迹象，尤其在 2000 年海牙气候会议陷入僵局之时。尽管最终达成的关于碳汇的协商结果在海牙气候会议上曾遭到欧盟的强烈反对，但这主要是因为美国退出《京都议定书》导致谈判动态发生了变化。[3] 据我们所知，虽然谈判各方拒绝做出让步导致了海牙僵局的发生，但这一拒绝妥协的行为是完全真实的。也许在当时，各方的临界点都没有得到充分理解。

第三个假设认为，僵局有时会发生在更对等的权力分配体系之下，或者构成权力平衡体系的各方具有不同的文化背景。这一假设似乎也不适用于此轮事件。此次权力分配更倾向于美国，因为美国与很多附件一国家结成了联盟（并领导着伞形国家集团），俄罗斯与经济转型国家（the Countries with Economics

---

〔1〕 Lisowski 2002.

〔2〕 Saunders 2006, pp. 201-5.

〔3〕 这实质上相当于欧盟站在了持不同立场的附件一国家的一边。根据 Hovi *et al.* 2003, p. 19, 欧盟向这些国家妥协，同意对方的要求，旨在确保达成协议。

in Transition）也赞成美国关于成本效益优先的立场。相比之下，强调国内履行条约的欧盟，虽然得到了发展中国家的支持，但是仍旧显得相当孤立，因为发展中国家在《京都议定书》中没有做出任何承诺，因此发展中国家的这一支持对于欧盟的帮助非常有限。考虑到这一点，虽然我们无法预料到僵局的出现，但是欧盟谈判代表在立场上的灵活性是完全可以预见的。

第四个假设认为，某些制度性机制可能导致僵局。以世界贸易组织的协商一致规则为例，这一规则应用到了本轮事件中。气候变化制度中规则的采纳需要各方达成一致意见，这确实对于僵局的形成起到了一定的作用。但是即使不适用世界贸易组织的协商一致规则，美国或者欧盟至少无法绕过多数决程序。因此，考虑到两个主要竞争对手的重要地位，可以确信的是，即使采用不同的制度安排，僵局同样会出现。

第五个假设认为，公平和正义有时同样可能会导致僵局。在这种情况下，发生僵局是因为一方或多方认为规则不公正或不合法。美国经常抱怨《京都议定书》会对其经济，特别是与发展中国家之间的经济往来，造成不公平的影响。[1] 虽然《京都议定书》在短期内确实可能有损美国经济，并给发展中国家带来便利，但这是否对美国是"不公平的"仍存在争议。因为美国的人均收入水平以及人均排放水平，远远高于其发展中国家竞争对手。鉴于国内利益群体曾反对《京都议定书》，美国提出公平论主要是出于国内利益集团的需要。

187

---

〔1〕　Vezirgiannidou 2008.

结　论

　　本章以气候制度为例，考察了两个关于谈判僵局的原因以及对策方案的假设。本书认为，美国与《京都议定书》其余缔约国之间的僵局是美国国内利益集团以及部分美国政治精英对于优先"谈判协议的最佳替代方案"的看法所共同作用的结果。

　　对国内履约产生的直接成本及丧失竞争力产生的间接成本的担忧，很大程度上导致了僵局的出现，并使得美国最终选择退出《京都议定书》。公众对此无动于衷的态度，以及布什政府与化石燃料行业保守派之间的密切联系也起到了一定作用。但是，国内发生的一些变化，特别是有关成本评估以及对竞争力和参与度的担忧发生转变，导致了美国逐渐开启了重返全球气候谈判之路，并在一定程度上同意在《框架公约》下作出进一步的承诺。

　　对美国重返气候谈判持乐观或悲观态度的人，均有各自的理由。根据已经达成的协议，美国原则上同意在后京都条约下承担新的减排义务。美国的重返之路取得了一定的进展，但仍未走出深水区。仍需进行下一步具体的谈判，并达成能使国会满意的对策方案。

非正式谈判过程在打破僵局中的作用：

以联合国安理会为例

约亨·普兰特尔

这一章分析了联合国安理会（UN Security Council）僵局形 188
成的原因以及造成的后果，特别强调了其成员之间基础权力分
配的影响（假设3），促进或阻碍解决集体行动问题的国际公约
达成的制度特征（假设4），以及所涉及的规范性问题（假设
5）。其中，最重要的前提是，为了理解僵局如何形成与打破，
需要考察一个组织成员如何形成制度对策以便于改变权力内在
结构的平衡（对策方案3），并调整制度决策过程以促进一致意
见的达成（对策方案4），此外，上述调整所产生的规范性问题
也需要解决（对策方案5）。我们需要特别对正式以及非正式过
程的动态属性做出说明，因为其在一定的制度环境中界定了多
边外交的性质。为了证实这一主张，本章讨论了三个问题：其
一，权力配置和制度设计如何促进或者阻碍僵局的出现？其二，
为什么非正式谈判过程在打破或者预防僵局上的作用日益突出？
其三，这些过程的性质是什么，以及它们如何有助于打破或预

防制度性僵局的出现？

如果必须用一句话定义联合国安理会的制度设计，那么其"内在的灵活性"必定是显著区分其与其他政府间机构的一个重要因素。在吸取了国际联盟（League of Nations）缺陷的基础之上，通过灵活的程序性规则和指导性原则，联合国创始国"决心避免出现持续性的静态防御，即制度性的马奇诺防线（Maginot Line）"。[1] 安全理事会决策的最大灵活性，被认为是有效应对安全挑战的关键性条件。大多数列入安全理事会议程之中的当前有效的项目——例如维和、建设和平（peacebuilding）、武装冲突中的儿童保护、恐怖主义、气候变化、大规模毁灭性武器——在《联合国宪章》（UN Charter）中均无法找到。因此，理事会成员不得不发明新的程序，并调整既有程序，以应对不断出现的新挑战。安理会作为临时"暂行议事规则"的主人，拥有在理论上不受限制地调整正式的和非正式的制度决策的选择权，以便于促进风险管理和冲突解决以达成一致意见。[2] 这些谈判过程可以有更为常规的范式，也可以临时出现，下文将对此作进一步说明。

189　　虽然安理会的内在灵活性显然避免了*制度性*的马奇诺防线的出现，但各成员之间的内在不平等造就了一个以五个常任理事国的一票否决权为代表的*政治性*防线（五大国）。[3] 联合国创始国利用特别投票权和决策权将昔日第二次世界大战联盟转化为永久的权力垄断。大国利益的安排，包括常任理事国对于战争与和平的核心问题的共识，被认为比安理会成员在行动方

---

〔1〕　Luck 2008, p. 62.

〔2〕　Aust 1993.

〔3〕　常任理事国包括中国、法国、俄罗斯、英国和美国。

针决策上享有平等的权利和机会更为重要，这也是特权的集中体现。因此，联合国安全理事会能否发挥相应的作用，取决于其内部并存的灵活性以及不平等性所共同引起的紧张局势。上述两个基本特征也是形成或打破僵局的决定性因素。从这个角度来看，安理会的工作实际上类似于假设 4 和假设 3 共同出演的一场戏剧。构成建立永久权力垄断的基础是这样一种信念，相较于在各大国之间利益和文化高度分化的制度环境，权力达成一致的要求更能避免僵局的出现。与此同时，对大国共识的依赖构成制度特征，反而使得安理会更易出现僵局。尤其在安理会已经或即将陷入僵局的情况下，其内在的灵活性却因允许程序创新，从而得以克服或规避僵持情况的出现。

本章重点关注了制度创新以及非正式谈判过程在打破僵局方面的作用。虽然这些过程是"世界政治的重要特征，并不罕见也并不次要"，但是显然长期以来它们一直遭到忽视。[1] 非正式的谈判过程介于正式过程与非正式过程之间，具有不同程度的组织性和合法性。它们可能永久性存续，或者为了解决特定问题而临时设立。从介于正式过程与非正式过程之间这一特征进行检视，采取相对而言非正式的过程，如双边和多边的核心会议或者幕后谈判，得以规避集体行动问题以促进协议的达成。而更为正式的非正式过程，则是更为正规的非正式机构，例如谈判联合、联络组、核心集团和伙伴小组等。

有观点认为，非正式谈判过程可能打破由于国际体系结构 190 条件的改变而产生的僵局局面——如冷战的开始及结束，20 世纪六七十年代非殖民化进程的加快——或者因否决国和成员分

---

〔1〕 Lipson 1991, p. 498.

别采用的分配性战略产生的僵局。纵观安全理事会的制度历史，可以观察到这个关键性范式的作用。[1] 为了说明这一点，本章将重点介绍安全理事会历来关于决策的重要创新，这些创新不仅在直接应对僵局中出现，也旨在试图减少政治僵局出现的可能性。[2] 本章将重点关注：

（1）在朝鲜战争（1950 年至 1953 年）期间首次通过了"联合一致共策和平"决议案（Uniting-for-Peace Resolution），以牺牲安理会为代价扩大了联合国大会（General Assembly）的权限。

（2）安全理事会在 1956 年苏伊士运河危机（Suez crisis of 1956）中陷入了僵局，为了打破这一僵局，设立了联合国紧急部队咨询委员会（Advisory Committee on the United Nations Emergency Force，UNEF），并由此衍生出联合国维和行动的概念。

（3）20 世纪 70 年代初，为摆脱正式会议的多重制约，作为退出策略的安理会非正式磋商程序启动。

191　（4）冷战结束后出现的五大国非正式磋商，并成为后冷战时代的常规范式。

（5）自从 1989 年以来，非正式国家小组的数量不断增加，以应对安全理事会工作量的激增。

---

〔1〕 从其他复杂的国际组织如欧盟的历史中，也可以观察到僵局和制度发展往往同时出现（Heritier，1999）.

〔2〕 Heritier 同样主张，创新的非正式战略和决策模式事实上可以预防政治僵局的出现，并强化欧洲政治的基本功能，即多样性、政策创新及合法化（Heritier，1999）.

"联合一致共策和平" 决议案

通过调整制度决策程序，"联合一致共策和平" 决议案成为最早的在重大危机局势下，打破安全理事会僵局的例子。这项决议案建立了一种 "紧急特别会议" 的退出机制，在安理会陷入僵局时，这一会议可以由联合国大会召集。1950 年 6 月 25 日，朝鲜战争爆发后，安理会虽然能够要求立即停止战争行动，但是要求朝鲜军队退至三八线以及授权美国统一指挥联合国军事行动这样的回应，只有在 1950 年 1 月苏联因为中国在联合国的代表权问题拒绝参加安理会会议的情况下才可能发生。[1] 1950 年 8 月，苏联虽然终止了其 "空椅政策"（empty chair policy），但是以投票否决理事会随后做出的全部决定的方式，抵制任何进一步的行动。[2]

为了打破这一僵局，美国国务卿艾奇逊（Acheson）发起了一项行动计划，由所谓的联合七大国（Joint Seven Powers）——美国、英国、法国、加拿大、土耳其、菲律宾、乌拉圭七个国家——提交给由西方国家主导的联合国大会。经过十四天的辩论，该计划最终在 1950 年 11 月 3 日获得通过，即所谓的 "联合一致共策和平" 决议案：

> 在出现任何危及和平、破坏和平或侵略行为的情况下，安理会负有维护国际和平与安全的首要责任。如果安理会由于常任理事国未达成一致意见而无法履行该职责，联合

---

〔1〕　Hiscocks 1973, pp. 163–4.
〔2〕　Hiscocks 1973, p. 166.

国大会应立即以向成员提出有关集体措施的适当建议为目的审议该事项，这些措施包括在破坏和平或侵略行为的情况下，如有必要可使用武力以维护国际和平与安全。如果不在大会会期之内，联合国大会可以在 24 小时之内召开紧急特别会议。应安理会的任何七个成员，或者经过多数的联合国成员国的要求，可以召开这样的紧急特别会议。[1]

192   实质上，该决议案提供了一种打破安理会僵局的退出策略，即通过程序性的投票反对任一常任理事国的明确不一致意见，这一程序性的投票不同于关于实质性的事项，是可以被采纳的。"联合一致共策和平"决议案的例子说明了，在 20 世纪 50 年代初，美国如何积极利用由其主导的联盟所控制的联合国大会以达成特定目的。美国政策的最终目的，是制定出一种退出选择，这种选择允许利用另一个论坛来规避偏向安理会的否决权。但是，联合国大会的这种吸引力却是短暂的。1955 年，16 个新成员[2]加入了联合国，这些国家的加入改变了大会内部的权力平衡，使美国丧失了"自动获得多数投票地位"。此外，"联合一致共策和平"决议案作为打破僵局工具的效果必定是有限的，因为联合大会通过的任何军事措施均没有法律约束力，从而产生了重大的执行缺陷[3]。该决议案缺乏其他进一步的配套措施以增强联合一致共策和平的效力。

---

〔1〕 UN Document A/RES/377, 3 November 1950，决议草案第一段。

〔2〕 阿尔巴尼亚，奥地利，保加利亚，柬埔寨，塞西昂，芬兰，匈牙利，爱尔兰，意大利，约旦，老挝民主共和国，利比亚王国，尼泊尔，葡萄牙，罗马尼亚和西班牙；详见 www.un.org/members/growth.shtml（2009 年 1 月 21 日访问）。

〔3〕 截至 2008 年，仅召开了 10 次特别紧急会议。详见 www.un.org/ga/sessions/emergency.shtml（2009 年 2 月 1 日访问）。

虽然"联合一致共策和平"决议案是一种制度创新，有助于规避极少数情况下的安全理事会僵局，但从长远来看，它既没有严重破坏《联合国宪章》第 24 条授予安理会的维护国际和平与安全的职权（虽不具有排他性但仍是首要的），也没有打破安理会的权力垄断。随着联合国大会日趋成为南北对抗的舞台，这个机构的政治属性变得相当难以预测，以至于即使是机构中最强大的成员也难以操纵大会，这极大限制了它作为维护和平的替代论坛的吸引力。此外，从五个常任理事国的角度来看，长远来说，赋予联合国大会过多的权力会削弱这些国家强大的政治防线，并破坏他们的守门员的功能。

联合国紧急部队咨询委员会

1956 年 10 月 29 日爆发的苏伊士运河危机是一个相当重要　193但是罕见的冷战事件，安全理事会因为英国和法国直接参与侵略埃及而不是由于美苏对抗而陷入僵局。为了应对危机局势，美国和苏联随后向安理会提交了决议草案，但来自英国和法国的常驻理事国代表却纷纷投票否决。安理会僵局最终通过一个程序性投票决议（第 119 号决议）得以规避，该决议要求根据"联合一致共策和平"决议案召开一次联合国大会紧急特别会议。[1] 大会决定组建一个紧急部队，即第一支联合国武装部队，并提请秘书长商定将其部署到埃及。紧急部队应负责维持当地局势稳定，直至各方达成一个更长久的解决方案。

但是，虽然在"联合一致共策和平"决议案的帮助下，安

---

〔1〕　UN Document A/RES/119（1956），31 October 1956.

理会僵局得以打破，但是将磋商论坛由安理会转变为联合国大会仅仅是解决方案的一部分，并引发了需要解决的新问题。这里重点强调两个方面，具体可参考解决方案 3、4 和 5 的主张。首先，避开安理会产生了合法性问题。紧急部队的授权来自联合国大会决议而非安理会。根据《联合国宪章》第 24 条的规定，安理会负有维护世界和平与安全的首要责任。但是其责任来源于一系列联合国大会的解决方案。因此，部署联合国紧急部队明显偏离了《联合国宪章》的规定，有违其对安理会常任理事国须采取一致行动的预期。虽然这些对策成功地改变了制度上的权力平衡，但是正如假设 3 所示，这种制度创新产生了新的合法性问题（对策方案 5）。其次，规避安理会的这一行为产生了权力断层。于是，联合国成员将界定联合国第一次军事行动的原则的权力转交给联合国秘书长达格·哈马舍尔德。面对制度化的马奇诺防线缺位所造成的深刻紧张局面，程序创新之门已经打开，包括"联合一致共策和平"决议案在内的创新性制度不断涌现。五大常任理事国构成的强大政治防线已经暴露无遗。因此，鉴于英国和法国直接参与冲突，苏联对于组建不由安理会直接领导的军事力量并无兴趣，秘书长面临着如何在执行联合国大会赋予他的授权的同时，不招致五大常任理事国的反对的挑战。显然，这是一项极其微妙的任务。因此，如解决方案 3 和 5 所述，秘书长以及紧急部队咨询委员担任调解员的角色，以在竞争性的权力以及合法性要求之间寻求平衡。

194　　联合国大会应达格·哈马舍尔德的要求组建的联合国紧急部队咨询委员会有效地提供了一个解决这些问题的机制：由意见一致的国家组建一个小组，为秘书长制定有关紧急部队政策

和法规提供支持。[1] 咨询委员会最初由七个已经明确表示将向
联合国紧急部队派军的国家组成，包括巴西、加拿大、锡兰、
哥伦比亚、印度、挪威和巴基斯坦。由联合国秘书长担任主席，
咨询委员会应"承担为紧急部队及大会尚未解决的事项或者不
属于司令长官直接责任范围的执行事项制定发展计划的责
任"[2]。通过委员会的意见，秘书长取得与埃及政府不断谈判
的反馈情况，无须大会批准每一步的具体行动。一些执行问题
被委托给由巴西、印度和挪威组成的小组委员会解决。在埃及、
法国和英国之间的直接谈判中，该小组委员会从旁协助。[3]

　　有时，哈马舍尔德也会以个人身份咨询委员会的代表，这 195
些讨论过程被严格记录下来。正如布赖恩·厄克特（Brian Ur-
quhart）回忆：

　　　　这也允许哈马舍尔德向这些政府代表传达他的看法，
　　然后解释他不能在公开场合发表的事项。例如，一个非常
　　复杂的关于沙姆沙伊赫的安排……其中一个关键点是埃及
　　无法再次接管沿海炮台。当然，法奇[4]（Fawzi），作为一
　　个刚被三国军队入侵国家的政府代表，不可能公开地表示
　　埃及同意第四股外国势力在埃及的一个关键战略位置驻扎。
　　所以哈马舍尔德说，"让我换种方法问：我假设……只要联
　　合国部队驻扎在沙姆沙伊赫，埃及便会发现其实自己没有
　　必要坚守在那里"，然后法奇闭上眼睛并点了点头。哈马舍
　　尔德不可能将这些公之于众，但是他将这些内容告诉咨询

---

〔1〕　Urquhart 1972, pp. 183-4.
〔2〕　UN Doc A/RES/1001（ES-I），7 November 1956，第 6 段.
〔3〕　United Nations 1956.
〔4〕　马哈茂德·法齐在 1952—1964 年间担任埃及外交部部长。

委员会，咨询委员会是某种形式的担保人俱乐部。[1]

联合国紧急部队咨询委员会的担保人俱乐部功能尤其说明了其作为合法性提供者，为了确保联合国部队在埃及领土的部署规划得到更广泛的支持的作用。

虽然哈马舍尔德致力于强调咨询委员会作为利益一致的国家集合的支持作用，但是有关权力政治的考虑因素当然也存在。因此，建立改变权力平衡的制度性对策可能会产生新的权力分配，这会对制度效果产生重大影响，有时甚至会造成意想不到的后果。例如，印度，作为即将向联合国紧急部队派军最多的国家，同时也在不断寻求与埃及进行幕后谈判。时任印度常驻联合国代表亚瑟·拉尔（Arthur Lall）告知了埃及代表奥马尔·卢特菲（Omar Loutfi）咨询委员会的全部谈判过程。[2] 两位代表在会议召开之前协调了各自的立场，试图达成一致性协议，以便拉尔据此协议发表意见。借助于此，埃及政府试图从外部对咨询委员会的非正式咨询程序产生影响，以使得紧急部队在埃及低调行事，且在任何情况下都不应像另一个占领军一样行动。

196 最后，大会的参与打破了 1956 年苏伊士运河危机造成的安全理事会僵局，同时也诱发了需要由联合国紧急部队咨询委员会解决的合法性问题以及权力断层问题。咨询委员会提供了一种使秘书长的静默外交合法化的机制，从而减少了其在大会的主要成员和联合国安理会常任理事国，特别是英国、法国和苏联面前的曝光度。在这个意义上，秘书长和委员会在竞争性的

---

〔1〕 UN Oral History Interview Transcripts, Brian Urquhart, 15 October 1984.

〔2〕 Yale-UN Oral History Project Interview Transcripts, Arthur Lall, 27 June 1990.

权力要求（对策方案 3）和合法性要求（对策方案 5）之间发挥了调解员的作用。

考虑到咨询委员会成立的具体背景，联合国第二期紧急部队（UNEFⅡ）在咨询委员会未参与的情况下将会行动，这并不是一个巧合。1973 年 10 月，联合国派出第二期紧急部队，旨在监督埃及与以色列部队之间停火。美苏之间矛盾的缓和大大促进了双方在第二次维和行动时达成一致意见并选择合作。在这一阶段，国际体系的结构性条件使美国能够利用安理会作为多边工具来支持其中东双边政策。虽然联合国第一期紧急部队是在安全理事会僵局的背景下成立的，但是 20 世纪 70 年代国际体系的结构条件不断变化，形成了有利于美苏密切合作的政治环境，使安理会能够在本土危机来临时做出相对明确的反应。[1]

安理会的非正式磋商程序

20 世纪 60 年代和 70 年代非殖民化进程的加速，使联合国成员的数量大幅增加，这也改变了联合国体系内部谈判过程的特点。截止到 1965 年，联合国成员数量已经由 51 个增至 117 个。亚洲、非洲和加勒比国家的比例从 1945 年的 25% 上升到 1965 年的约 50%（见图 8.1）。后殖民国家在世界组织中获得了更强有力的话语权，改变了机构内部的权力平衡，尤其是在联合国大会内。但是，虽然后殖民国家的话语权和影响力在联合国总部变得更强有力，但它们在国际事务中的实际影响却"逐

---

〔1〕　例如，1973 年 10 月 22 日和 23 日分别通过的关于当地局势的安理会第 338 号决议和第 339 号决议，事实上是由美国和苏联代表团共同提出的。

渐减弱"。[1]这一情形十分明显，例如，后殖民地国家奋力推动将经济制裁作为对发生在南非的侵犯人权行为的有力国际回应，在这一反种族隔离的斗争中，这些国家未实际执行这种政策。此外，20 世纪 70 年代进行的有关新国际经济秩序的讨论，探讨了就如何重组世界经济进行南北对话，以改善发展中国家的贸易条件，并允许这些国家更多地参与国际经济体系，这说明"南方"国家相当依赖于"北方"国家的政治和经济善意。与此同时，在纽约，大多数后殖民国家常驻代表团面临着明显的能力问题，难以有效影响安理会或大会的决策进程，因为它们仅有能力雇用极少数的全职工作人员，但是必须需要同时应对联合国总部正在审议的各种项目。因此，后殖民地国家在全球政治中的影响力显著不足，但是在联合国总层面上却有着强烈的发言权诉求，这两者的关系几乎是颠倒的。

197　　　非殖民化进程以及随之而来的新成员的加入，对于安理会的治理产生了深远的影响。最直接的影响是增加安理会成员的压力越来越大。最终，增加非常任成员的安理会决议于 1965 年 8 月 31 日生效。安全理事会的组成成员变化，包括通过决策的法定票数的变化，有效促进减少西方国家主导地位这一制度进程的变更。

　　　原则上，如果存在共同利益，亚非国家与苏联和东欧成员合作，可能形成一个阻挠联盟，阻止安理会通过任何决议。非常任理事国范围的扩大影响了联盟建立，反过来又影响到了五大常任理事国使用否决权的模式。在安理会扩大之前，美国

---

　　〔1〕　Mayall 1971, p. 9.

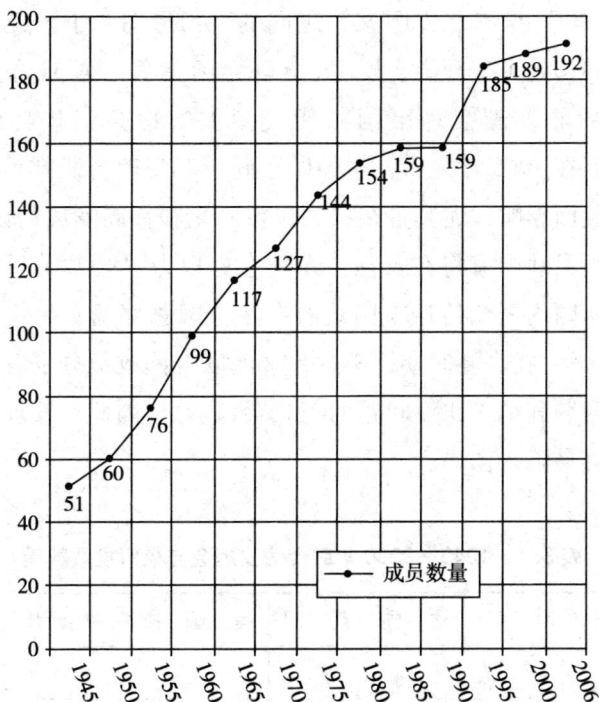

图 8.1　1945—2006 年联合国成员数量增长情况

资料来源：www. un. org/Overview/growth th. htm，最后访问日期：2009
年 1 月 21 日。

在安理会中组建了一个投票联盟，这样的结果便是美国只有在
极少数情况下才被迫行使否决权。自此以后，这一投票模式几
乎完全逆转：在 1965 年之前，虽然苏联行使了 92% 的投票否决
权，而 1965 年之后，英国、美国以及法国行使否决权的次数占
所有常任理事国总计次数的 86%（见表 8.1）。

　　此外，对发言权的强烈要求大大改变了安理会审议的性质，[199]

"南方国家"与"北方国家"之间的意识形态斗争已经由联合国大会转移到了安理会会议厅。《联合国宪章》第31条允许利益攸关的非安理会理事国派代表参加安理会正式会议的讨论。[1]但在1965年之后，这种做法开始对安理会谈判程序的效率产生负面影响，尤其是在有关非殖民化和种族隔离的议题上。许多后殖民地国家将在安理会发表意见视为"公共关系实践"，有助于向国内公众传达本国政府在联合国总部拥有一定发言权的信号。[2]在高峰时期，多达50%的联合国成员分别参加了讨论南非问题和纳米比亚问题的正式会议。[3]因此，安理会变得越来越容易陷入僵局。

表8.1　1946—2008 年联合国安理会弃权票投票数量

年　份	中　国*	法　国	英　国	美　国	独联体/俄罗斯	总　计
2008	1	－	－	－	1	2
2007	1	－	－	－	1	2
2006	－	－	－	2	－	2
2005	－	－	－	－	－	－
2004	－	－	－	2	1	3

---

〔1〕　第31条规定，"在安全理事会提出之任何问题，经其认为对于非安全理事会理事国之联合国任何会员之利益有特别关系时，该会员得参加讨论，但无投票权。"

〔2〕　Nicol 1982, p. 91.

〔3〕　参见 UN Document S/PV. 2451, 1 June 1983. 参加本次会议的代表团中共有 64 个代表团来自于安全理事会成员之外的国家和国际组织。进一步的与会者包括纳米比亚、西南非洲人民组织（SWAPO）、非洲民族会议（the African National Congress）和泛非会议（the Pan African Congress）驻联合国的代表。

续表

年 份	中 国*	法 国	英 国	美 国	独联体/俄罗斯	总 计
2003	-	-	-	2	-	2
2002	-	-	-	2	-	2
2001	-	-	-	2	-	2
2000	-	-	-	-	-	-
1999	1	-	-	-	-	1
1998	-	-	-	-	-	-
1997	1	-	-	2	-	3
1996	-	-	-	-	-	-
1986—1995	-	3	8	24	2	37
1979—1985	-	9	11	34	6	60
1966—1975	2	2	10	12	7	33
1956—1965	-	2	3	-	26	31
1946—1955	1	2	-	-	80	83
总 计	6	18	32	82	123	263

资料来源：www. globalpolicy. org/security/data/vetotab. htm，最后访问日期：2009 年 3 月 21 日。

为了解决安理会非正式磋商程序面临的效率问题，非正式 200 谈判程序应运而生。《联合国宪章》和《安理会暂行议事规则》中均没有提到进行此等谈判的可能性。因此，在非正式层面召集会议仅限于 15 个安理会成员参加，这也是对安理会工作方法和实践逐渐适应的结果。这种修正是针对正式会议限制条件的局部退出机制，以应对已经严重影响到机构有效工作的体系性变化。实质上，这证实了对策方案 4 的假设：非正式磋商为安理会成员提供了新的回旋余地，以便促进对特定行动方针达成一致意见。

随着时间的推移，非正式磋商发展成为安全理事会开展实质性工作的论坛，如关于决议和声明的谈判，而召开正式会议的目的仅仅是为了批准非正式磋商的结果。20 世纪 70 年代中期以来，安全理事会召开非正式谈判会议次数的增加，清晰地表明，作为开展实质性谈判的机构论坛，正式会议的地位不断下降。

图 8.2 显示了 1972 年至 1982 年期间召开的正式会议和非正式协商会议的次数。在这一背景下，1978 年是一个分水岭，在这一年，非正式协商会议的次数从 1977 年的 38 次增加到次年的 113 次。与此同时，正式会议的次数也在同期从 73 次下降到 52 次。[1]

美苏两极体制的崩溃加剧了这一起源于 20 世纪 70 年代的问题。意料之中地，通过分析冷战结束后正式会议和非正式协商会议的次数，虽然由于安理会议题的增加，总体会议次数有所增加，但是正式会议与非正式协商之间的关系呈现出类似于 20 世纪 70 年代的趋势。如图 8.3 所示，非正式协商的次数比正式

---

[1] 1978 年，安理会成员开始在一个独立于安全理事会会议厅——专为举行非正式协商会议的新协商会议室内——会面。这是最明显地表明这些协商已经越来越正式化的迹象。

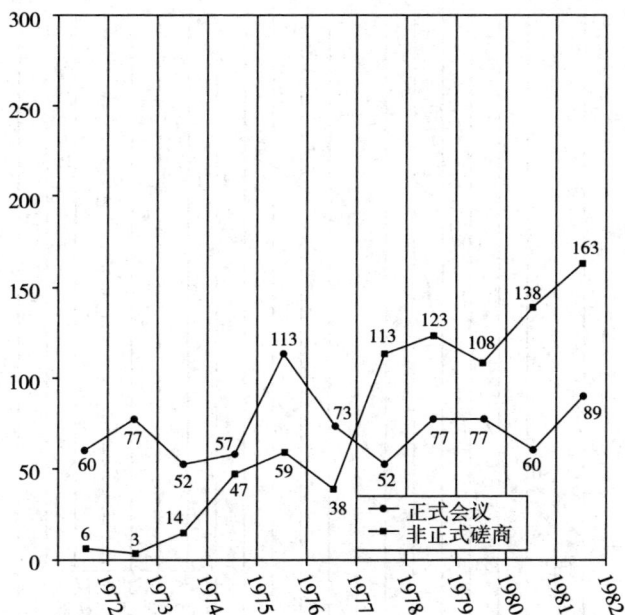

图 8.2　1972—1982 年安理会正式会议和非正式磋商　　201

资料来源：Index to proceedings of the Security Council（New York：United Nations，1973-83）；Feuerle 1985，p.288.

会议的次数的增长幅度更快，并在 1994 年达到顶峰。1994 年，安理会召开了 165 次正式会议和 273 次的非正式磋商。在 2000 年之前，非正式协商的次数明显超过了正式会议。

2002 年，安理会举行了 273 次正式会议和 259 次非正式协商，这反映了允许非安理会成员能够参加安理会讨论的公开辩论和公开会议的数量越来越多。保证非成员的发言权在某种程度上已经成为对安理会正式会议次数过少的补偿。外界要求提高安理会工作方法和程序的透明度以及扩大其成员数量的呼声越

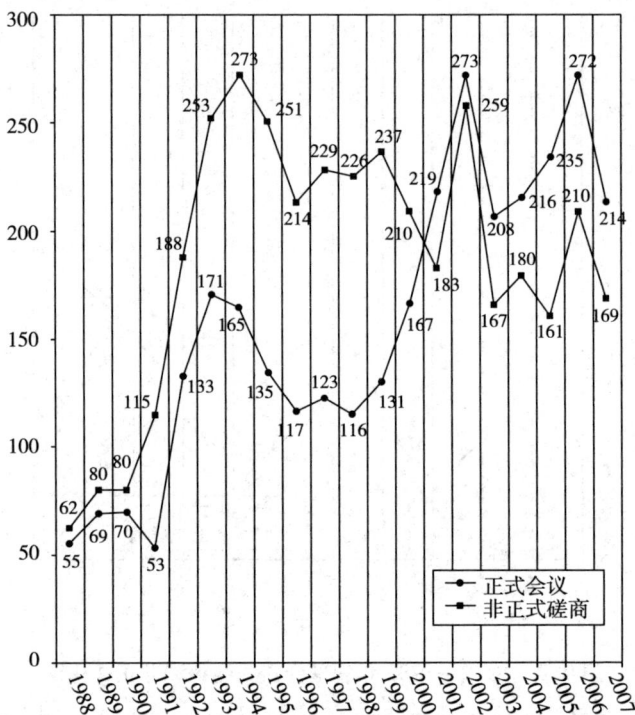

图 8.3　1988—2007 年安理会正式会议和非正式磋商

资料来源：www. globalpolicy. org/security/data/secmgtab. htm，最后访问
日期：2009 年 1 月 21 日。

来越高，导致安理会面临的压力日益增加，只能通过打开会议
大门的方式得以部分解决。

　　总之，20 世纪 60 年代以及 80 年代末期国际体系的变化导
致安理会对工作方法和程序进行了调整，非正式协商过程应运
而生，成为联合国制度框架的局部退出机制。20 世纪 70 年代中
期，非正式协商会议的次数大幅增加，90 年代初期以前，这一

趋势再度出现。分析历史上的这两次增长趋势，需在作为就实质性行为达成一致的制度性安排的安理会正式会议地位降低的背景下进行。正式会议成为各方为自己发声的一个首要平台。但是，来自不同国家的常驻代表团外交官和联合国秘书处的官员在 20 世纪 80 年代初就指出了非正式协商这一程序与生俱来的缺点，即"故意拖延、不作为、决议打折扣、神神秘秘、非正式程序的过度形式化以及不听取外界意见"[1]。由正式会议向非正式协商撤退也无法克服安理会的结构性局限。

安理会五大常任理事国之间的合作

美苏两极制度的转化催生了有利于加强联合国安理会常任理事国之间合作的国际政治环境。冷战结束后，五大常任理事国之间的协商、协调与合作已成为预防安理会僵局的最重要机制。五大常任理事国之间的合作起源于两伊战争。1987 年，根据英国的倡议，在时任联合国秘书长佩雷斯·德奎利亚尔（Perez de Cuellar）的强烈支持下，安理会五个常任理事国的国家首脑首次在安理会会议厅之外进行非正式会晤，并交换了各自对于两伊战争的意见，以协调彼此立场。[2] 这次协商开启了后两极时代安理会治理的先例，以五大常任理事国担任安理会决策和程序的守门员这一观点呼声不断增加。美国在机构内部扮演了重要角色，尤其是在苏联解体之后。但是常任理事国之间这种新形式的协商、协调与合作也受到了中国和苏联的欢迎。强

---

〔1〕　引自 Feuerle 1985, p. 294.
〔2〕　Hume 1994.

化五大常任理事国的作用特别符合后者的国家利益，因为苏维埃帝国在实力日渐衰落的同时，力求通过提高在联合国安理会的地位来弥补其弱点，旨在维护其对世界事务的相对影响。此外，中国和苏联热衷于维持安理会日渐增长的干涉并控制国内争端的权力，如柬埔寨和萨尔瓦多的国内冲突。鉴于《联合国宪章》第 39 条适用范围的扩大，第 2 条第 7 款的规定随之遭到削弱，这两个常任理事国尤其乐于控制这一程序，且力争避免美国不必要地插手其中，特别是发生在中苏有较大影响力的地域内的国内争端。

204　　虽然五大常任理事国之间的合作有助于更有效地解决国际冲突，但也强化了安理会对中国、法国、俄罗斯、英国和美国之间（默认）的一致意见的依赖，因而上述五国构成了一个相当多样化的国家集团。这对于僵局的研究有两个影响：首先，五大常任理事国之间的合作是一个用以佐证对策方案 4 的很好的例子，即新的工作实践可能会降低僵局出现的可能性；其次，它也证实了假设 3b 的主张，即构成权力平衡的各方越多样化，僵局出现的概率越高。

　　五大常任理事国之间的合作对联合国安理会的现实以及已认知的运行产生了持久而深远的影响。[1] 召开安理会会议的频率（特别是 1991 年至 1993 年间），通过的决议的数量以及常任理事国行使投票否决权的意愿不断降低的趋势，共同说明了联合国成员对安理会履行维护国际和平与安全的主要责任的潜力寄予了高度期望（见表 8.1）。与此同时，这也显示了安理会的局限性，因为日益增加的工作量暴露了安理会的结构缺陷，进

---

〔1〕　Malone 2004.

一步使其变得更容易陷入僵局。在维护自身国家利益以及将自己定位为国际体系中立场不容忽视的重要利益相关者两个方面，尤其是中国和俄罗斯都变得更加坚定而自信。[1]

　　在 1987—1992 年期间，列入联合国安理会待审议事项名单 205 的事项由 11 宗增至 27 宗。[2] 除了处理中美洲和平进程的常规事项及萨尔瓦多的特殊情况之外，从 1991 年至 1992 年，安理会不得不考虑诸如阿富汗、柬埔寨、塞浦路斯、利比里亚的局势，海地和南斯拉夫的政治条件，以及发生在伊拉克与伊朗之间、伊拉克与科威特之间的冲突等众多其他议程项目。作为一种应对安理会日益增加的工作量的机制，非正式国家集团应运而生，并减少了僵局出现的可能性。下一节将对此作进一步的说明。

非正式国家集团

　　虽然美苏两极体系的瓦解创造了一个宽松的政治背景，相比过去得以使联合国参与到越来越多的复杂争议中，但是危机的数量大大增加且难度提高，有时会使联合国安理会受到过分约束，力不从心。长久以来，联合国及其成员面临着艰难的选择：应该解决哪些冲突和矛盾？除了负担过重以及五大常任理事国参与热情不足的问题之外，安理会的结构性条件严重制约了制定政策和标准的一贯性。因此，后冷战时代的国际安全环境进一步暴露了联合国的结构缺陷，并降低了其解决问题的能力，这实际上反映了国际组织治理中日益增长的趋势。一般来说，

────────────

〔1〕　2007 年和 2008 年，中国和俄罗斯分别阻止了安理会对缅甸和津巴布韦的行动。参见 UN-Doc. S/PV. 5619, 12 January 2007 and S/PV. 5933, 11 July 2008.

〔2〕　United Nations 1988-93.

多边组织往往面临着空有不断提升的地域、功能以及规范性目标，却无实施上述目标的手段的挑战。因此，国际组织解决问题的能力相当有限，它们在全球治理中的效用也是次优的。[1]同时，正式国际组织的回报和沉没成本的增加也使其极难进行完全的改革或替代方案。[2]虽然后冷战时代安全环境的复杂性似乎需要更强有力的多边组织，许多学者却呼吁建立集合性的结构来促进更有力的安全事务的权力管理。[3]非正式国家集团对这两个立场之间的争论作了重要的回应，因为其允许成员在包容性和效率的要求之间、权力和合法性的要求之间有所取舍。这种特设机制在后冷战时代急剧增加。根据惠特菲尔德（Whitfield）的观点，在 1990 年至 2006 年期间，"此等机制的数量实现了从四个到超过三十个的增长，同时在这一时期的国际社会中，由联合国和其他国际组织主导的有关冲突的预防、冲突管理以及冲突后和平建设的活动也激增了七倍以上。"[4]

206　　　非正式国家集团提供了规避所谓的"多边困境"的有效平台，从而重新界定了正式国际组织的作用和职能。[5]从这个角度看，假设 3b 的主张似乎得到了证实，非正式国家集团在五大常任理事国无法达成合作或者缺乏合作时提供相应的对策方案。这些机制构成了应对安理会制度和结构性缺陷的便捷退出机制。此外，还有两点需要特别说明。首先，非正式国家集团还可以

---

〔1〕　这在参与者既有动力又有机会忽视或者改变机构的要求的情况下，格外明显。Young 1992, p. 161.

〔2〕　North 1990. 有关沉没成本的现象的介绍详见 Stinchcombe 1968, pp. 108-18.

〔3〕　Kupchan and Kupchan 1991；Rosecrance 1992；Schroeder 1994；Zelikow 1992.

〔4〕　Whitfield 2007, p. 4.

〔5〕　Prantl 2006；Whitfield 2007.

保证在安理会没有席位且没有参加安理会正式决策程序的冲突相关利益方的发言权，这可以视为对策方案 3 的主旨的某种变体。通过削弱五大常任理事国在风险管理和冲突应对上的优势，非正式机制的加入改变了安理会内部的权力平衡。其次，可以把非正式国家集团视为对策方案 5 的主旨的某种变体。通过引入非安理会成员，非正式国家集团扩大了参与安理会决策的国家的范围，有效提高了谈判进程的合法性、责任性和公正性。非正式国家集团的参与可能使其拥有对安理会决策进程的更大的控制权。

　　总而言之，非正式国家小组挣脱了联合国面临的来自各个　207
层面的要求和限制因素构成的牢笼。这些非正式机制可以构成一种促进合作的灵活外交手段。但是，它们当然不是预防或打破制度僵局的灵丹妙药，因为迄今为止它们的记录具有高度的混合性。[1] 一般来说，为了取得成功，非正式国家集团需要协调针对有效性、包容性、合法性、责任性以及透明度的要求，但这些要求之间往往互相冲突。此外，最近对萨尔瓦多、危地马拉、海地、格鲁吉亚、西撒哈拉和东帝汶等非正式国家集团的参与国进行的比较研究表明，似乎存在五个决定非正式国家小组的成败的关键因素，分别如下：

　　（1）冲突的区域环境；

　　（2）冲突各方与联合国的关系；

　　（3）集团构成；

　　（4）领导力的问题；

---

〔1〕　Whitfield 2007.

（5）集团参与的时机。[1]

这些发现与僵局的形成或打破有怎样的关系？首先，根据假设 4 提出的制度要求，非正式集团的制度设计需要相当灵活以适应彼此之间互相竞争的要求（有效性、包容性、合法性、责任性和透明度）。其次，根据假设 5 所述的合法性要求，如果非正式国家集团在联合国的制度框架之外，不按照安理会的正式合法性一同运作，那么这些非正式机制产生的政策结果就不可能得到联合国成员的广泛认可。最后，根据假设 3 中提出的政治权力要求，集团通常要包括至少一个或两个安理会常任理事国，以确保非正式集团的实质性工作成果顺利进入安理会的决策程序。但是，所有成功案例中普遍存在一个上述假设都未包括在内的关键性要求，即某个国家的政治领导或者某个国家代表的魅力型领导起到的关键作用。[2]

结　论

208 　　本章分析了联合国安理会僵局产生的原因及引发的后果，揭示了非正式谈判程序如何有助于打破或者预防僵局。重点介绍了安理会决策程序历次重要革新。三个问题贯穿始终：其一，制度设计如何诱发僵局或者阻止其出现；其二，为什么非正式谈判程序在预防或打破僵局方面发挥了日益重要的作用；其三，这些程序的性质是什么，它们如何有助于打破或预防制度僵局。

---

〔1〕　Whitfield 2007.

〔2〕　参见本书第十章，该章重点关注了领导人在国家内部的角色，特别是领导人任期及其对僵局的长期持续和解决的影响。

在讨论这些问题时，本章特别强调了其成员之间基本权力分配的影响（假设 3），促进或阻碍与集体行动问题有关的国际协议达成的制度特征（假设 4），以及所涉及的规范性问题（假设 5）。虽然联合国安理会的制度设计允许采取多样化的正式或非正式层面的选择权来调整机构决策，但五个常任理事国构成的政治防线充当了安理会行动的守门员（或者说由于政治防线的缺位），导致这一高度灵活性受到了明显限制。非正式谈判议程的重要性在冷战结束之后日益凸显，对解决集体行动问题提出了更高的要求，同时也创造了有利于联合国更加深入参与的政治环境。然而，冲突的数量和频率暴露了联合国的结构缺陷，同时为了预防政治僵局，降低机构内部出现僵局的可能性，建立诸如非正式国家集团在内的非正式谈判机制成为各方的持续诉求。1987 年诞生的一项重要制度创新：五大常任理事国之间的合作与协商，已经将投票否决权行使的次数减少到几乎为零。虽然冷战期间行使否决权也许具有以特定的行动来表明与对方意见不一的里程碑意义，但在后冷战时代，这样的情形变得非常罕见。五大常任理事国组成的政治防线亦逐渐模糊。非正式谈判程序有助于解决冲突，并在正式投票开始之前为各方提供了在圆桌会议上表达反对意见的平台。此外，冷战结束后的安全环境暴露了世界组织解决问题的能力有限这一缺陷，这增加了结构性的制度僵局——而非政治性——出现的可能性。非正式谈判程序可以提供规避联合国安理会的多边困境的替代路径，从而降低制度僵局的可能性。

　　本章的结论表明，为了理解联合国安理会僵局如何形成与打破，需要仔细考察一个组织的成员如何建立制度对策以便于改变机构内部的权力平衡（对策方案 3），如何调整制度决策程

209

序以促进一致意见的达成（对策方案4），以及由这些调整带来的规范性事项（对策方案5）。尤其是，我们需要特别对正式以及非正式程序的动态属性做出说明，因为其在一个制度环境中界定了多边外交的性质。

最后，本章还强调了政治性或魅力型的领导对于引导谈判程序朝何处发展的至关重要性。领导力能在多大程度上有助于打破僵局，仍需要进一步的研究来证实。[1]

---

〔1〕 虽然第十章揭示了领导者作为国内利益构成的一部分从而对僵局产生一定的影响，但在国际层面上的有关影响仍然待进一步的研究。

第9章 | 科索沃国际政策谈判[1]

彼得·范·霍滕

2008 年 2 月 17 日,科索沃宣布独立。这一事件在世界范围 210
内引起热议。但是,这并不是科索沃第一次引起世界关注。早
在十余年前,科索沃其实就成了国际关系领域的重要议题。科
索沃宣布独立并不意味着这些讨论就此终止,即使相关国家和
国际组织承认了科索沃的独立地位,但科索沃独立一直遭受质
疑。尽管从 2001 年起,因为阿富汗和伊拉克战争,国际社会对
科索沃的关注有所下降,但是科索沃冲突、国际社会对冲突的
干预、之后的国际领土托管以及科索沃单边独立宣言,仍然是
人道主义干预、国际法、国际组织的任务和职能等相关方面所
讨论的重要议题。因此,将科索沃国际谈判的相关内容作为本
书的案例研究对象再合适不过了。

在这一章中,我的写作目的并不是为了讨论和解释科索沃
战争所涉及的方方面面、国际托管和独立宣言的前因后果。相

---

〔1〕 本章内容部分基于由英国经济与社会研究理事会资助的研究（RES-228-
25-0039）。

反，我将借助本书导论中的有关概念和假设，聚焦科索沃冲突中某些关键性的国际谈判。

关于科索沃最重要的国际谈判发生在两个时期。第一个时期是20世纪90年代末，此时科索沃冲突升级，国际社会一改一贯的干涉态度，变得犹豫不决。国际社会的干预，首先，涉及联合国安理会若干旨在阻止或制止暴力冲突的决议；其次，涉及1999年3月北约空袭的军事干预；最后，根据1999年6月通过的联合国安理会第1244号决议，在科索沃设立临时国际托管机构。在这一时期，相关国家和国际组织之间的多边谈判成功避免了僵局产生，并达成协议。第二个时期始于2005年，终于2007年12月，该时期主要就科索沃的"最终地位"进行了谈判，科索沃的基本选择是成为一个独立主权国家或者并入塞尔维亚（尽管塞尔维亚国内对科索沃地位仍有争议，以及不管哪种选择，国际社会在短期和中期的领土托管中的地位也不确定）。这些谈判均未能达成协议，反过来又导致科索沃政府和议会单方面宣布领土独立。毫不奇怪，关于承认科索沃作为独立国家的多边讨论和谈判也同样没有达成协议。因此，这一时期的谈判出现了多边僵局——特别是联合国一级的僵局。本章的目的之一在于说明这两个时期谈判结果发生变化的原因。我认为本书导论中提出的一些假设可以用于共同解释谈判结果发生的原因（包括2007年发生的谈判僵局）。

211　　此外，对这些谈判进行分析也能得出其他观点和见解。特别是，我认为1999年的多边协议某种程度上是将最有争议的议题搁置的结果；科索沃谈判格外复杂，不能简单地将之分析或理解为"多边谈判"；几个多边机构的介入和参与推动了谈判的进行；因此，在这个案子中，谈判僵局出现的过程本身很重要，也就是说，要与实际谈判结果（谈判僵局）分开讨论。

　　下一部分将会阐述科索沃冲突以及与之相关的国际谈判的主要特征，同时将会分析这些谈判的性质和结果，并结合本书导论中提出的理论框架进行相关分析。结论部分会概括本章的要点，并提出在这个案例中僵局的不同功能。

科索沃冲突和国际社会（1995—2008 年）

　　科索沃在塞尔维亚国家的历史进程中发挥了关键作用，被认为是塞尔维亚东正教的摇篮。然而这片领土上主要聚居着科索沃阿尔巴尼亚人（据不完全统计，1990 年代科索沃 80% 以上的人口是阿尔巴尼亚人），塞尔维亚人则是少数。近几十年来，民族关系和随之而来的民族管理问题是科索沃冲突的核心。1974 年的南斯拉夫宪法试图将科索沃确立为塞尔维亚共和国的一个自治省（至关重要的是，并不是南斯拉夫联盟的共和国）来安置科索沃阿尔巴尼亚族人。这一制度上的安排在 20 世纪 80 年代后期走向崩溃，在当时，科索沃的阿尔巴尼亚人要求更多的权力，科索沃塞族人反对他们的立场并举行了抗议活动，特别在当时，斯洛博丹·米洛舍维奇将科索沃问题与科索沃塞尔维亚事务合并处理以巩固对南斯拉夫和塞尔维亚的统治权的背景。1989 年，米洛舍维奇废除了科索沃的自治权，并再次将其置于塞尔维亚的直接统治之下。当时南斯拉夫联盟还存在，米洛舍维奇的做法引起了科索沃阿尔巴尼亚人的普遍抵制，事态急转直下，随时可能引发战争。最初，这种抵抗是非暴力的，因为由易卜拉欣·鲁戈瓦（Ibrahim Rugova）领导的科索沃阿尔巴尼亚族人建立了自己的自治机构和社会结构，与塞尔维亚人统领的官方政府并行，资金主要来源于其移民的贡献。但是，在 20 世纪 90 年代中期，主要由科索沃解放军（KLA）组织的暴力抵抗开始出现。南斯拉夫（当时相当于塞尔维亚）政府和军队的反击以及 1997 年阿尔巴尼亚国家解散后民众获得武器的可能性增加，进一步加剧了 1998 年的暴力循环，并引发了科索沃的"种族清洗"。这些指控最终引发了国际社会广泛地参与和介入科索沃冲突。[1]

213　　　　尽管从 1980 年代末以来，有关科索沃的严峻局势和战争可能性不时被人提及，[2] 但是很明显，绝大多数国家和地区都将注意力放在克罗地亚和波斯尼亚之间的战争中，直到 1998 年，国际社会才正式将视线转向科索沃。在 20 世纪 90 年代早期南斯拉夫战争期间，国际上对科索沃问题有所重视（例如欧洲安全与合作组织），但显然不够。此外，与科索沃阿尔巴尼亚人的期望相反，在 1995 年的代顿谈判中，国际社会没有提及科索沃问题，只是结束了波斯尼亚战争，为波斯尼亚创立了国际托管机构。只有在科索沃解放军崛起和南斯拉夫国家暴力干预之后，国际社会才更多地介入科索沃地区冲突。这种介入通过几种途径进行，特别是通过所谓的联络小组（由主要国家组成，更多介绍见下一部分）直接采取干预措施（主要是美国，派出最著

---

　　〔1〕　这一部分的简单描述显然未能对科索沃冲突的复杂性、1999 年科索沃战争以来的事态发展以及国际社会在这一切中的作用作出公允的陈述。关于科索沃冲突的更多细节参见：Malcolm（1998）与 Judah（2000）关于科索沃冲突对塞尔维亚民族的历史意义的论述；Daalder、O'Hanlon（2000）《独立国际组织对科索沃冲突的影响》；Judah（2002）关于科索沃冲突及 1999 年战争的论述；Weller（2009）关于 20 世纪 90 年代到 2008 年国际社会对组织和管理科索沃冲突的尝试，以及国际法视角下的科索沃冲突及其含义的论述。

　　〔2〕　Bellamy 2002.

名的特使理查德·霍尔布鲁克)。这一介入采取了若干多边行动
以及发布了多项联合声明,其中最重要的是 1998 年 9 月安理会
通过了第 1199 号决议,这是霍尔布鲁克与米洛舍维奇达成协议
的结果。该决议要求停止科索沃地区的暴力行动,并敦促科索
沃阿尔巴尼亚人和塞尔维亚人之间进行谈判,设立欧洲安全与
合作组织督查小组(监督南斯拉夫军队撤离科索沃地区),[1]
以及如果南斯拉夫政府和军队不遵守协定,将会面临来自国际
社会的干预。

　　但是,这些措施并没能阻止科索沃地区的暴力行动。为了
防止冲突继续升级,国际社会——具体指联络小组——促成了
南斯拉夫政府与科索沃阿尔巴尼亚族代表在法国朗布依埃
(Rambouillet)进行谈判。[2] 经过漫长的争论,根据联络小组
提出的折中方案,科索沃面临着为期三年的临时安排,之后可
能会进行全民公投以决定其未来地位——被科索沃阿尔巴尼亚
族代表接受,但是米洛舍维奇拒绝了这一方案。随后霍尔布鲁
克和其他人试图劝说米洛舍维奇接受该方案,但都以失败告终。
因此,1999 年 3 月 24 日,北约采取军事行动,先后在科索沃和
塞尔维亚地区空袭塞尔维亚目标。值得强调的是,虽然安理会
在早期提过可能会采取军事干预,但是北约对南斯拉夫进行空
袭没有得到联合国安理会的明确授权。[3] 这场战争持续了 78
天。战争以塔尔博特(作为美国代表)、切尔诺梅尔金(作为俄

〔1〕　督查小组相关内容,see Bellamy 2002, ch. 4; Weller 2009, ch. 7.

〔2〕　对这一关键会议的具体论述,see Judah 2002, ch. 7; Weller 2009, ch. 8.

〔3〕　这导致了北约军事干预(根据国际法)合法性(legality)和正当性(le-
gitimacy)无休止的争论。为了简要概述这些争论,see Economides 2007, pp. 231-5;
Independent International Commission on Kosovo 2000, ch. 6.

罗斯代表）和阿赫蒂萨里（作为欧盟代表）于 1999 年 6 月与米洛舍维奇达成停战协议结束。该协议是在联合国安理会讨论和采纳第 1244 号决议的基础之上形成的，其中规定了终结敌对行动并设立了科索沃国际托管机构。

214　　　无疑，联合国安理会第 1244 号决议是一项多边协定，因此，这就避免了僵局。但值得注意的是，该决议有几处用语似是而非并搁置了一些关键问题。最致命的模糊之处在于该决议似乎同时认可了科索沃阿尔巴尼亚人的自决权和南斯拉夫的领土主权——考虑到科索沃阿尔巴尼亚人几乎一致支持独立，这两个原则显然相互矛盾。与之相关的是，被搁置且至关重要的问题是科索沃的未来和最终地位。第 1244 号决议明确指出科索沃地区的国际托管只是暂时的，但是没有具体说明托管期限届满之后将采取什么行动以及通过什么样的程序确定科索沃的最终地位。换句话说，该决议回避或者至少是搁置了科索沃冲突和国际干预背后的根本问题。此外，最重要的多边机构——联合国在某些至关重要时期实际上被边缘化了，尤其是联合国安理会，也被以北约作为干预手段的西方主要大国边缘化了。[1]北约国家没有向联合国安理会申请批准这一军事干预行动，只有在战争行为快要结束，美国、俄罗斯和米洛舍维奇之间就下一步行动已经达成实质协议时，北约国家才向联合国报告。即使在北约内部，也没有达成正式统一的决定，可以说，该决定本质上是美国和英国强加给其成员的。[2]

215　　　安理会第 1244 号决议设立的国际托管机构和派出的维和部

---

〔1〕　Economides 2007, p. 217.

〔2〕　Daalder and O'Hanlon 2000.

队成功地稳定了局势，但是局势仍不明朗，许多方面的进展非常缓慢。[1] 为了激励科索沃"临时政府"真正发挥作用，但是又不放开讨论科索沃未来地位，国际社会启动了"最终地位前标准"（standards before status）进程——在开始讨论科索沃的国际地位前，要求科索沃必须达到的各种标准。但是，2004 年 3月发生的种族骚乱表明科索沃地区局势依然一触即发，结论是即使现有标准不能满足，科索沃地位问题也必须得到解决。

根据几份记录科索沃局势的报告，联合国于 2005 年底任命马尔蒂·阿赫蒂萨里（Martti Ahtisaari）为科索沃问题特使，并要求他在塞尔维亚政府和科索沃阿尔巴尼亚政治领导者之间进行谈判（为此，科索沃人组成了由各政治党派参加的"统一联盟"）。联络小组提供了更为详细的指示，而联合国也授权联络小组指导这些谈判。2006 年，谈判于维也纳启动。谈判虽然在某些问题上取得进展，但是并没有达成协议。根据他在谈判中的经验，阿赫蒂萨里随后就科索沃的未来地位提出了自己的方案，并于 2007 年 3 月将其提交给了联合国。这一"阿赫蒂萨里计划"，设想科索沃的"附条件独立"，由欧盟领导的国际社会将继续指导和监督科索沃的政治和经济发展进程直至其最终获得加入欧盟的资格以及各种权力配置以合理安排科索沃塞尔维亚人。联合国安理会未能就阿赫蒂萨里计划达成一致意见，主要是由于俄罗斯的反对。联合国随后安排了科索沃各方和塞尔维亚政府下一步谈判以观察双方能否妥协。这些谈判由代表联络小组的三名特使主持，但遗憾的是没有取得任何有实质意义

---

[1]　King and Mason 2006.

的结果。[1] 在 2007 年 12 月（联合国年初提出）的截止日期，
联合国安理会宣布未能就科索沃未来地位达成协议。在明确具
体——即使是自己设定——的截止日期未能达成一致意见，这
等于宣告就科索沃问题进行的谈判陷入僵局——这种情况也可
以称为"以局面崩溃表现出的僵局"。[2] 后来，科索沃议会于
2008 年 2 月宣布科索沃独立，各国——包括美国和许多但不是
所有欧盟成员——纷纷表示承认科索沃作为独立国家的世界地
位。多边层面的讨论（联合国安理会）没有达成任何协商一致
的意见，无论是承认科索沃的独立地位还是——俄罗斯主张
的——谴责科索沃独立。尽管本章没有进行进一步讨论，2008
年发生的这些事件表现出"僵局陷入僵持状态"的特点。[3]

216   因此，两个时期产生了不同的结果：1999 年 6 月能够达成
协议，而 2007 年 12 月却以僵局收尾（即崩溃）。这些变化值得
分析和解读。

科索沃国际谈判分析

本节试图解释上一节中的协商结果，并将这一结果结合本
书导论中提及的假设做关联分析。本节首先讨论谈判各方及谈
判的复杂性，然后介绍形成该结果的主要理由。

谈判方和谈判层级

围绕科索沃冲突及其领土地位的谈判涉及广泛而复杂的各

---

[1] ICG 2007c.
[2] 见本书前述导论部分相关内容。
[3] 见本书前述导论部分相关内容；ICG 2008.

个因素，包括大量的谈判参与人和制度设置。即使只关注国际或者多边层面，情况也非常复杂。正如20世纪90年代末对关于科索沃谈判的一份报告所总结的那样：

217

> "国际反应由12个或更多关键国家制定，每个国家都有出于自身国家利益的看法，自身都有一系列国内的限制和力量，包括政治和军事领导层面；对巴尔干半岛过去和未来可能性的分析。此外，这些国家正在合作，力争与包括联合国、北约组织、欧洲安全与合作组织以及欧盟在内的几大集团同时达成联合政策。因此，从这个逻辑上看会出现的结果是各方无法形成一致的外交反应。"[1]

此外，直接参与冲突的谈判方和政府，包括参与谈判的南斯拉夫联盟和塞尔维亚政府、科索沃阿尔巴尼亚人和科索沃政府的代表。透过这些复杂的关系，我们该如何定义谈判中最重要的谈判者、国际组织和谈判特点？

让我们从主谈方开始。对于国际谈判或者多边谈判，主谈方是美国和俄罗斯，英国、法国和中国等国家也将发挥相关作用。虽然立场并不完全一致，也并非一直平等地在科索沃问题中做出努力，但在20世纪90年代末，美国要求中止科索沃冲突。美国对米洛舍维奇施加压力，支持制裁南斯拉夫并最终选择通过北约进行军事干涉，即使只采用了空袭。但在当时美国没有明确表示支持科索沃独立，其主要考虑的是巴尔干地区的稳定需要。1999年以后，美国是科索沃临时政府的支持者和主要顾问，科索沃阿尔巴尼亚人高度认可美国的巨大声望进而支

---

〔1〕 Independent International Commission on Kosovo 2000, p. 133.

持美国的介入，他们认为美国是他们摆脱塞尔维亚人统治、通往自由的主要帮手。在科索沃的最终地位谈判之时，科索沃政府认为美国是其追求独立的盟友，而且确实有证据表明美国向科索沃人示意支持他们争取自由。[1] 美国是 2008 年 2 月第一批承认科索沃独立的国家之一，也是科索沃政府起草新宪法的主要顾问。

218 　　在科索沃谈判中，俄罗斯主要站在塞尔维亚这一边。通常来说，这是源于他们共同的斯拉夫人和东正教身份，但是地缘政治无疑也起到了作用。谈到科索沃的最终地位时，俄罗斯始终如一地明确支持塞尔维亚政府。俄罗斯认为塞尔维亚的领土主权必须得到尊重，俄罗斯只接受塞尔维亚政府认可下的安排。[2] 尽管这一立场非常坚定，但应当指出的是，国家主权原则对于俄罗斯政府来说并不是绝对或不可妥协的——在 2008 年夏天与格鲁吉亚的战争中，对格鲁吉亚的南奥塞梯（South Os-setia）和阿布哈兹（Abkhazia）的争论就解释了这一点。普京和俄罗斯政府希望保留或者重建俄罗斯在国际事务中扮演主要角色的地位，并向欧盟表明其反对立场，特别是北约将势力扩大至东方战场，诸如此类的地缘政治考虑也起到一定作用。在 20 世纪 90 年代后期的谈判中，俄罗斯的立场就不太明确了。它强烈反对北约的军事行动，[3] 但也参与了一些试图阻止科索沃冲突升级的行动，尤其是为了结束北约军事干预所引发战争的行动。俄罗斯政府似乎在当下努力寻找一种平衡——成为影响国际局势的关键先生（尽管自苏联解体以来俄罗斯出现了各种问

---

〔1〕 ICG 2007b.

〔2〕 ICG 2007a, p. 3; ICG 2007b, p. 2.

〔3〕 Facon 2006.

题），并与西方国家就各种问题形成战略联盟。

其他国家也直接参与了有关科索沃问题的谈判，但是它们发挥的作用——至少在涉及这些谈判的主要内容和成果时——并没有那么重要。例如，英国绝大多数时候和美国站在同一战线。其他欧盟成员如法国和意大利也施加了一定的影响力，但立场并不是总是保持一致。尽管欧盟在领土托管上发挥了重要作用，也不反对科索沃发表独立宣言（但是不代表承认科索沃主权独立），而且很可能在科索沃未来国家治理中发挥关键作用，但欧盟成员立场的不一致大大减少了欧盟对科索沃重要谈判结果的影响力。中国作为联合国安理会常任理事国，是另一个潜在的重要角色。但是，虽然中国时不时对科索沃问题发表意见，但是中国没有发挥非常重要的作用。在 1998 年到 1999年，中国对安理会有关科索沃问题的各项决议投弃权票——它并没有阻止联合国对科索沃采取的行动。从 2005 年到 2007 年，中国含蓄地表示反对科索沃独立以及塞尔维亚不接受的协议，但是显然俄罗斯才是在争议另一方中扮演着最重要的角色。

显然，其他的关键谈判方始终是科索沃阿尔巴尼亚人，自 219 1999 年起，参与科索沃谈判的一方是科索沃政府及其政党，另一方是塞尔维亚人及塞尔维亚政府（在 20 世纪 90 年代后期官方代表仍然是南斯拉夫政府）。它们的基本立场和偏向明确一致。最初，科索沃阿尔巴尼亚人只是想要最大程度的自治权，但 1998 年后，它们开始要求独立。南联盟和塞尔维亚政府以及科索沃的大多数塞尔维亚人（有趣的是，它们从来没有被直接列为这些议定书的参与方）希望维护国家的领土完整，更具体地说是保持科索沃继续成为塞尔维亚的一部分。其次，谈判双方也很在意能否获得外部力量的支持。科索沃阿尔巴尼亚人需要这种支持（通过 1999 年的军事干预）才能脱离塞尔维亚获得自由，他们在与国际托管机构合作下建立其临时政府并运行，进而获得其他国家对其独立地位的认可，同时筹集各方面资助使得该临时政府顺利运行。塞尔维亚对外部力量的支持所表现出的依赖并没有那么明显，但在当时从俄罗斯方面获得的外交支持至关重要（2005 年后变得越来越重要），塞尔维亚政府一直寻求与欧盟保持更为密切的联系，因此塞尔维亚面临的困境是其自身反对任何可能致使科索沃独立的协议时如何平衡与欧盟的关系。

事实上，科索沃谈判一直从两个层面进行。[1] 第一个层面是在科索沃阿尔巴尼亚人和塞尔维亚领导人之间进行的双边谈判。更具体地说，这些谈判是在 1998—1999 年科索沃阿尔巴尼亚人（主要是鲁戈瓦领导下的民盟[2]和科解放军代表）和米洛舍维奇及其政府的各种代表之间进行。2005 年至 2007 年间，科索沃所有主要政党和塞尔维亚政府的代表进行谈判。第二个层面是在各国际组织之间进行的多边谈判。联合国是主要负责的多边组织，但正如上述引文所述，谈判也在其他多边讨论中进行。

220   这两个层面的谈判联系非常紧密。首先，双边协议的达成几乎肯定意味着在多边层面达成协议，因为多边谈判的参与者很难在政治上阻止这类协议的达成。例如，俄罗斯从一开始就表明愿意在 2005 年至 2007 年的谈判中承认塞尔维亚政府和科索沃之间达成的任何协议。其次，多边谈判可以在某些情况下迫

------

〔1〕 对于科索沃最终地位谈判的不同"维度"之间区别的讨论，see Weller 2009, pp. 217–18.

〔2〕 LDK，全称"Democratic League of Kosova"。——译者注

使双边层面达成协议。[1] 这种动态转换发生在 1999 年的朗布依埃谈判中，当时在联络小组代表巨大的压力之下，科索沃阿尔巴尼亚人同意最终提案，这似乎更接近南斯拉夫的初始立场。[2] 但是，米洛舍维奇当时顶住国际压力拒绝该协议的达成。类似地，联合国安理会第 1244 号决议也是一项多边协定，科索沃阿尔巴尼亚族人没有参与该协议的形成就直接适用。对于 2005—2007 年的谈判，有人认为，如果塞尔维亚政府就科索沃地位这一问题做出合理让步，联络小组和国际社会也会尽量与科索沃进行谈判以争取科索沃在这个问题上的妥协。在这一事件中，在谈判各方拒绝就这一问题公开讨论下去时，塞尔维亚政府才提出上述建议。[3] 简言之，双边谈判未能达成直接共识但是不排除有总体意向。最后，第三国（如美、俄官员）和国际机构（最重要的是阿赫蒂萨里）的代表在双边谈判的不同时间节点上担任调停人，因此应该将双层谈判进一步联系起来。虽然本章和本书的重点讨论对象是多边谈判，但在这个特别的案子中，仅仅关注多边层面的问题是不够的。[4] 因此，在本章剩余部分中，上述双层谈判之间的联系将用于解释为什么要把重点同时放在双边谈判和多边谈判上。

　　在多边层面，主谈机构和主谈方有哪些、他们分别是谁？ 221

---

〔1〕 Weller 2009, p. 201.

〔2〕 Judah 2002.

〔3〕 Weller 2009, pp. 224, 228, 239.

〔4〕 这可能也适用于其他情况和案例，似乎值得探究的是，在任何具体问题领域，只关注一个方面就多边谈判而言是否足以解释其动态和结果。另一方面，考虑到科索沃谈判的核心问题总是与地缘政治有关，那么就科索沃问题的具体性质而言，很有可能难以达成协议（例如是否进行军事干预）或者同意科索沃独立，这些细节均使得科索沃问题成为一个特例。

虽然本章最后饶有兴致地去讨论了联合国，作为范围最广的多边机构，究竟什么情况下才会达成协议或者出现僵局，但是联合国实际上并不是科索沃谈判发生时参与谈判的主谈机构。正如本部分开头引文所述，北约、欧洲安全与合作组织、欧盟等机构也发挥了一定的作用。但是，最重要的特殊机构其实是联络小组。[1] 这个小组成立于 20 世纪 90 年代初期南斯拉夫动乱期间，由包括美国、俄罗斯、英国、德国、法国和意大利六个国家的代表组成。它纯粹是一个政府间组织，没有特定的组织规则。1998 年到 1999 年，联络小组在国际组织参与包括组织和领导朗布依埃谈判等科索沃冲突解决事项时，不时占据优势地位（尽管某些国家尤其是美国的直接干预也举足轻重）。[2] 2005 年至 2007 年，联络小组再次发挥了主导作用，"尽管安理会确认了联合国在争端解决进程中的领导地位，实际上联络小组依然是掌控谈判的机构。对于联合国派出的特使马蒂·阿赫蒂萨里"，[3] 联络小组可以直接向马蒂·阿赫蒂萨里下命令，并在关系到科索沃未来地位的阿赫蒂萨里计划执行后，直接任命阿赫蒂萨里领导谈判的进一步开展。

鉴于科索沃谈判中有各类国际组织的参与，我们认为有必要简要讨论本书导论中提出的假设 4（"某些制度机构推动或阻止共识形成的过程会导致谈判僵局的出现"）。组织规则的差异是否会影响谈判本身或谈判结果？从某种程度上来说，的确如

---

〔1〕 这是潘特里尔在本书（第八章）中讨论的非正式组织与联合国安理会之间合作的一个例子。科特迪瓦案例支持潘特里尔的观点，这种非正式机构参与的影响是多种多样的。但是，与潘特里尔的假设相反的是，我没有发现联络小组的参与直接证明了假设 4（见下文）。

〔2〕 Independent International Commission on Kosovo 2000, pp. 137–40.

〔3〕 Weller 2009, p. 194.

此。例如，北约理事会授权秘书长与主要成员做出发动战争的决策促使其 1999 年对科索沃地区采取军事干预。[1] 若在另一套组织规则下，可能这类决定就不会做出，更不用说军事干预了。另外，我们可以说，联合国安理会常任理事国的一票否决权对联合国在科索沃事件中的作用非常有限。但总的来说，制度结构和组织规则与科索沃谈判关系不是很大。

但是，不同的制度设置其实是以另外两种相关的方式影响 222 了科索沃谈判。首先，不是制度规则，而是各种机构的成员身份差异关系重大。俄罗斯不是北约成员这一事实无疑在美国和其他国家决定和批准于 1999 年发动军事行动中扮演了关键角色——批准变得相对容易，也不需要联合国安理会的授权。同样，联合小组的规模越小，其办事效率越高，这也就是为什么联合小组在谈判中发挥重要作用的原因之一。[2] 其次，当谈判在某一制度下陷入僵局，另一制度使用成本以及该制度扭转局势的能力也会影响谈判的进程和结果。将既有的组织规则和组织准入资格放置一边，这也是联合国无法有效发挥作用时，进而采用联络小组作为谈判和规划渠道的主要原因之一。虽然本文没有详细讨论欧洲安全与合作组织，但这也可以解释该组织为什么在 20 世纪 90 年代末期几次出现的原因。尽管它的确影响了谈判进程，但这种切换沟通平台的做法对谈判结果的影响难以计算。一方面，若联合国在该事件中不能继续发挥实质性作用，联络小组协调谈判的进程会继续下去。从这个意义上讲，这一做法可能会提高谈判双方达成一致的可能性。另一方面，

〔1〕　Daalder and O'Hanlon 2000, pp. 220-3；Economides 2007, pp. 235-6.
〔2〕　相比之下，给予每个成员有效否决权的决策路径可望与联合国安理会相比。

谈判方可以通过多种渠道进行沟通避免了谈判方"要么接受，要么离开"的处境（从而改善主谈方的最佳替代方案，因为联络小组提供了其他路径来实现谈判所追求的目的），故而减少谈判方达成共识的机会。特别是，这可能提高"延迟僵局形成"的概率。[1] "转换沟通平台"的做法在其他情况和问题领域也会发生，值得进一步的实证和理论探讨。

对谈判结果的分析

223　　那么，如何在科索沃案件中分析谈判结果呢？这些分析与本书导论中介绍的理论框架之间存在什么关系呢？

　　从双边谈判的层面来看，很容易解释为何 1998—1999 年和 2005—2007 年未能达成协议。正如独立国际委员会就 1998—1999 年谈判提交的总结报告所述，"科索沃阿尔巴尼亚人和贝尔格莱德（南斯拉夫和塞尔维亚首都）的最低目标是不可调和的"。[2] 2005—2007 年的情况与此类似。尽管塞尔维亚人无法接受科索沃阿尔巴尼亚人独立，但是科索沃阿尔巴尼亚人除此之外别无他求。因此，"如果还存在合意的可能，这就像是零和博弈"[3]，"任何一方都没有动力去寻求历史性妥协"。[4] 换句话说，"协议范围"或"议价空间"在这些双边谈判中似乎是不存在的。正如本书导论部分所言，这与假设 1 描述的情形一致（当存在最佳替代方案时，僵局出现了；抑或只要谈判双方认为其他替代对策方案优于谈判提供的选择时，也会出现谈判

---

〔1〕　见本书导论部分。

〔2〕　Independent International Commission on Kosovo 2000, p. 161.

〔3〕　Weller 2009, p. 191. See also Rohan 2008.

〔4〕　Judah 2008, p. 111.

僵局）——最佳替代方案越好，协商空间越小。但是，有一些深层问题需要解决。

第一，为了进行全面解释，我们需要找出哪些因素影响了双边谈判中主谈方的谈判立场。在这个案子中，内政因素和外部力量共同对谈判双方的协商立场产生影响。前一个因素显然与导论部分的假设 6（"由于国内利益的结构，国际僵局出现"）相吻合，而外部力量的作用可以概括为影响谈判者决策的最佳替代方案（参见假设 1）。对于科索沃阿尔巴尼亚人来说，自 1998 年以来随着科索沃解放军的兴起，争取民族独立益发成为他们追求的重要目标。由于国内双方对支持力量的激烈争夺以及追求独立的极大动力，基本上不可能提出相对温和的谈判方案。[1] 只有当联络小组对科索沃阿尔巴尼亚人施加强大压力，威胁要撤回对其独立事业的任何支持的时候，阿尔巴尼亚族人代表团才同意接受在朗布依埃讨论形成的最终妥协方案。科索沃阿尔巴尼亚各派别均为 1999 年的军事干预和建立国际托管机构做出解释并认为，这对于科索沃而言是国家走向独立的重要一步，同时也对自己的独立运动做出辩解。科索沃阿尔巴尼亚公众自始至终投身于民族独立，这使得科索沃政治领袖没有任何动摇立场的理由。此外，科索沃国际托管机构的顺利运作以及外部力量提供的支持都暗示民族独立乃大势所趋。尤其是美国在很多场合均公开表示支持科索沃独立。[2] 因此，科索沃阿尔巴尼亚人认为他们与塞尔维亚政府达成的替代协议很好。

还有一些类似因素也影响塞尔维亚的谈判能力，在 2005— 224

〔1〕 Weller 2009, p. 218.
〔2〕 ICG 2007b, pp. 14–15; Judah 2008, p. 115.

2007 年的谈判中表现非常明显。20 世纪 90 年代末的情况可能
与此时略有不同，因为那时米洛舍维奇仍然是统治南斯拉夫
（当时南斯拉夫是他们的官方称呼）的独裁者，虽然我们需要探
讨米洛舍维奇的个人动机——尽管这已经引起很多争论和猜测。
米洛舍维奇的立场，特别是他拒绝接受朗布依埃谈判达成的最
终方案，似乎受到国内日渐增多的民众抗议和反对派逐步掌权
（如果他"放弃"科索沃，反对派就会称其为"卖国贼"）以
及其自身认为西方大国不会威胁南斯拉夫采取军事干预之观念
的影响。[1] 无须多言，事实已经证明这种观念是错误的，并不
排除米洛舍维奇自身认知是做出那一决定的重要因素。在
2005—2007 年谈判中，国内因素和外界力量（俄罗斯的支持）
双重作用造成了塞尔维亚没有回旋余地的困境。俄罗斯向塞尔
维亚政府保证，就算多边谈判达成共识（给塞尔维亚一份相对
较好的替代方案）也很难实现。[2] 至于国内政治局势，科索沃
的情感归依还是塞尔维亚。作为强大的政治力量，民族主义政
党的存在使得任何政治介入都不可能使得科索沃摆脱塞尔维亚
（至少在名义上）以独立地位存在。如果这样做，保证将会有人
指责米洛舍维奇是"叛国者"，并导致其选举落败。[3] 值得注
意的是，只有在有关科索沃地位的谈判后期，塞尔维亚政府才
提出具有建设性的替代方案来应对科索沃争取独立的问题（即
给予科索沃最大程度上的自治权）。这些提议的时间可以用 2007
年初举行选举这一事实来解释——稍微温和的政府上台，申言
之，减轻了塞尔维亚主要政治领导人的选举压力。

〔1〕 Judah 2002, p. 228；Weller 2009, pp. 120, 152.
〔2〕 Weller 2009, pp. 224, 228, 239.
〔3〕 Conversation with member of the Serbian negotiation team, April 2009.

　　第二，如上所述，双边谈判和多边谈判以不同方式联系在 225
一起，双边谈判的某一方可以利用这一点来获得更为有利的交
易。正如已经提到的那样，塞尔维亚政府在 2005—2007 年谈判
之初可能就有这样的想法（最有可能在维也纳谈判之前或之
后）。如果塞尔维亚政府为科索沃独立提供富有建设性的替代对
策方案，可能就有形成合意的机会。[1] 在多边谈判层面，联络
小组为了避免陷入谈判僵局可能会选择这种方式，实际上有迹
象表明，有些国际组织明确向塞尔维亚表示他们将会支持一项
可行的塞尔维亚提案（围绕科索沃高度自治问题——接近实际
独立——或者处于塞尔维亚人控制下的北部地区仍然作为塞尔
维亚的一部分）。[2] 但是，如上所述，并没有这样的提案出现。
此外，还应当指出的是，国际社会在这个问题上立场既不统一
也不明确。一方面，正如刚才所指出的那样，某些国际组织可
能会向塞尔维亚政府发出信号，表示支持某项反对科索沃独立
的提案。另一方面，维也纳谈判的调停人阿赫蒂萨里和其副手
阿尔伯特·罗汉都认为，来自联合国和联络小组的反馈是，只
有科索沃有条件独立才是可接受的结果。如此一来，将会进一
步降低维也纳谈判达成协议的机会。

　　第三，这些双边谈判还存在这样一个问题，即国际调停人 226
（和广泛意义上的国际社会）只是名义上发挥作用。直到 1998
年，国际组织在大多数情况下只是从中立调停者的立场出发，
但是科索沃事件后就不再如此了（虽然阿赫蒂萨里引起的争议
很大）。[3] 大多数西方国家支持或者被外界认为支持科索沃阿

---

〔1〕　Weller 2009, pp. 224, 228, 239.

〔2〕　Conversation with member of the Serbian negotiation team, April 2009.

〔3〕　Economides 2007, p. 226.

尔巴尼亚人，而俄罗斯则明显站在塞尔维亚这一方。由于这些双边谈判的结果由多种因素确定，所以很难说调停人这个因素有多重要，但是仍然值得我们进行深入思考。[1]

另一方面，多边谈判的协商空间更大，谈判方也更积极主动，尤其是原则上可以将科索沃与其他问题连接在一起。还有重要的一点是，正如在本章一开始所指出的那样，我们发现这两个时期的多边谈判结果存在些许差异。我认为俄罗斯在谈判中的角色和立场是这些变化的关键因素。作为享有否决权的联合国安理会常任理事国和联络小组的成员之一，任何多边协定都需要得到俄罗斯明示或者默示的支持。1999 年，俄罗斯同意安理会通过第 1244 号决议（以及联合国安理会早期关于科索沃问题的决议，但这些决议没有涉及争议较大的议题和原则，只是用于预防和遏制科索沃冲突）。在 2005—2007 年的谈判中，除非是塞尔维亚政府在双边谈判中达成了协议，俄罗斯政府从未认可任何多边协议的达成。

首先，1999 年的谈判表明俄罗斯之所以支持是因为其在国际谈判的各个阶段均发挥了积极作用。通过参与联络小组，俄罗斯参与并介入了科索沃冲突。对西方国家来说，俄罗斯是一个很有用——虽然经常关系很尴尬——的合作伙伴，因为它可以直接与米洛舍维奇进行对话，而这有可能影响他。[2] 俄罗斯没有参与发动 1999 年 3 月军事袭击的决定，恰恰相反，它很可能反对并试图阻止该军事行动，俄罗斯当然对这一军事表示抗

---

〔1〕 For more on the role of mediators in negotiations, see Chapters 1 and 3, this volume.

〔2〕 Independent International Commission on Kosovo 2000, pp. 143-6.

议。[1] 但是，随着战争升级，俄罗斯也参与了进来，并在美国的鼓动下，俄罗斯积极介入科索沃战争以力争结束动乱。[2] 俄罗斯特使切尔诺梅尔金在与米洛舍维奇达成协议的过程中起到了关键作用，这随即又促使安理会通过第 1244 号决议。由于自身参与并促成了这些协议，俄罗斯在联合国安理会中支持这一决议并不奇怪。

但是，这个解释并不完整。首先，俄罗斯通过联络小组也 227 参与了 2005—2007 年的谈判。事实上，这也是其他国家要求联络小组敦促科索沃阿尔巴尼亚政党和塞尔维亚政府达成协议的原因之一，因为这就意味着与这些谈判相关的任何协议都会与俄罗斯绑在一起。[3] 的确，2007 年协调科索沃和塞尔维亚的联络小组特使之一是俄罗斯代表。[4] 但是，俄罗斯的此次参与和上一次结果不同。其次，为什么俄罗斯积极参与 1999 年的谈判并默认谈判结果而 2008 年却没有，这是个值得思考的问题。潜藏在背后的根本原因似乎是俄罗斯全球地位的变化。1999 年俄罗斯仍在努力延续苏联在全球事务中的话语权并试图寻找新的立场。俄罗斯试图通过与西方发展"战略伙伴关系"而不是沿用直接的"权力平衡"逻辑。[5] 但这在 2005 年发生了变化，由于油价上涨以及普京政府的一系列作为，俄罗斯要求在全球

---

〔1〕 Facon 2006.

〔2〕 Daalder and O'Hanlon 2000, pp. 72-5, 219-20.

〔3〕 "这项安排旨在确保俄罗斯早日介入这一进程，如果俄罗斯掌控全程，通过安理会授权，谈判结果就会得到保证"，Weller 2009, p. 195.

〔4〕 Weller 2009, p. 223.

〔5〕 Bellamy 2002, p. 211; Economides 2007, pp. 233 - 4; Facon 2006. Judah 2002, p. 183, 报道称俄罗斯一名官员在 1998 年 10 月向北约发出通告，如果发动战争，俄罗斯在联合国安理会上不会对此类行动投赞成票。

事务中重新占据重要地位，这也具有合理性。[1] 在科索沃最终地位这个问题上俄罗斯摇摆不定的立场，正好体现出俄罗斯自己更大的目标和战略。因此，从这个角度对多边谈判结果进行解释与本书导论中提出的理论框架"假设3a"（权力分配越均衡，越有可能出现谈判僵局）一致。

228 　　在这部分中进行符合逻辑的分析旨在说明，如果某些外部势力改变立场，很可能就会找到合适的方案解决科索沃问题（截至2009年初，尚未达成有关科索沃最终地位的多边协议，也不承认科索沃民族独立）。例如，如果俄罗斯放弃支持塞尔维亚政府，并改变其在联络小组和联合国安理会的立场；美国和欧盟撤回或者以撤回对科索沃的支持相威胁，那么科索沃阿尔巴尼亚人和塞尔维亚人之间很可能就此达成协议，这反过来将会促成多边谈判达成共识。撤回外部支持必定会改变科索沃阿尔巴尼亚人和塞尔维亚人之间的最佳替代方案（参见本书导论部分"对策方案1"）。但这是否可行又是另一回事。2009年年中以前，俄罗斯和美国没有表现出要改变其立场的任何迹象；欧盟在科索沃进行大量投资，影响到科索沃整个社会管理以及国家前景，想要欧盟撤回其对科索沃的支持几乎是不可能的。也许俄罗斯会在某个时候可以改变其立场，即不再反对科索沃独立以换取其他国家在关涉俄罗斯其他重要国家利益上的让步，但是迄今为止没有相关的征兆出现。[2] 其他能够破解局势的因素可能来自内政方面的变化（参见"对策方案6"）。比如说，如果亲欧盟的政治力量在塞尔维亚逐渐占据统治地位；如果新

---

〔1〕　这也表明国内政治在该事件中也发挥重要作用（比照假设6）。

〔2〕　ICG 2007a, 2007b, 2008；Judah 2008, pp. 135-9.

一届俄罗斯政府并不如之前那样重视自身在国际事务中的立场；国际政治格局发生了变化（参见"对策方案 3"），例如石油价格持续走低会削弱俄罗斯的国际地位。

结　论

正如人们在调查某一具体、复杂和冗长的谈判时所期待的 229 那样，对科索沃国际谈判的分析某种程度上验证了本书导论中提出的理论假设。特别是假设 1 关于谈判中主谈方在达成最佳替代方案（此处指的是科索沃阿尔巴尼亚人和塞尔维亚人）过程中的作用、假设 3a 关于谈判人（此处是指俄罗斯和西方国家之间的博弈，双方的力量对比在 2005—2007 年比 1999 年末期显得更为均势）之间权力制衡理论以及假设 6 有关国内政局影响理论（解释了科索沃和塞尔维亚双方的政治立场，也略微涉及俄罗斯政府）都可以解释为何能够取得这些谈判成果。另一方面，关于虚张声势、制度特征以及正义公平的假设并没有与科索沃谈判有很大的联系。

此外，根据对科索沃事件进行简要研究，我们发现这些因素不是独立存在而是相互影响的。特别是国内政治局势和最优替代方案这两个假设之间存在密切联系，因为对于那些参与谈判的某些国家来说，他们的国内政局基本上会对替代对策方案产生影响。例如，塞尔维亚的国内声音是：任何支持科索沃独立的执政党都被罢黜。这使得塞尔维亚达成了更有利于自身的最佳替代方案（不是达成协议，而是给了执政党更好的掌权机会）。同样，普京领导下相对民族主义的俄罗斯政府，如果不坚决支持科索沃、不支持塞尔维亚，就会失去国内民众支持，反过来又优化了塞尔维亚最佳替代方案（就算不能和科索沃阿尔巴尼亚人达成双边协议，但起码还可以持续获得俄罗斯的支持）。更普遍的是，科索沃事件验证了谈判方以外的外部势力（包括多边组织）可以通过提供支持、承诺甚至是威胁来影响谈判方达成的最佳替代方案。其实，这反过来又提供了一种化解谈判僵局的途径（参见"对策方案1"）。

230   最后，有必要深入思考关于科索沃问题的国际谈判所引发的另一个难题：如果科索沃阿尔巴尼亚人和塞尔维亚人之间根本无法达成合理的协议（就像本章讨论的两种情况一样），为什么这些谈判还都进行并且持续了这么久呢？如果确实不存在谈判余地，为什么不直接承认这一点进而避免接下来组织各种谈判的麻烦和代价呢？这一点非常值得探讨，因为似乎有很多谈判在本身不可能达成合意的情况下，谈判方仍然进行了谈判。科索沃事件中有几点和这个难题有关。最明显的是，只有从事后的角度来看才会发现谈判不可能达成共识。特别是诸如科索沃谈判这类情况，许多外部势力正试图影响主谈方（因此，这些谈判方很有可能改变其立场）；可能在谈判开始时，他们仍然不清楚事实上谈判空间为零。

但是，这无法全面解释，为什么科索沃谈判会在两个阶段启动，并且谈判频率很高这一难题。第二个原因是形成僵局的过程本身就很重要。1999年，南斯拉夫政府未能和科索沃阿尔巴尼亚人达成谈判协议，这就为北约和部分国际组织采取行动尤其是军事干预介入科索沃问题提供了契机。[1] 若不是存在双

〔1〕 Daalder and O'Hanlon 2000, p. 89; Independent International Commission on Kosovo 2000, p. 153.

边谈判僵局，即使是北约也很难采取军事行动，更不用说在此种情况下达成任何形式的多边协议。此外，谁应该为谈判僵局负责也很重要，而部分参与者在制定行动纲领时就已经考虑如何规避责任。一些国际组织向参与朗布依埃谈判的科索沃阿尔巴尼亚人明确表示：继续支持科索沃独立事业的前提是，不得破坏谈判。想要获得外界支持的最低条件是：科索沃阿尔巴尼亚人要有参与谈判的意愿。这是科索沃各政党参与 2005—2007 年谈判以试图解决科索沃未来地位问题的原因之一。[1] 此外，与这些议题相伴的是塞尔维亚政府（因为塞尔维亚国内在这个问题上存在重大分歧，因此更准确的说法是塞尔维亚政府的一部分）正试图改善与欧盟的关系。如果塞尔维亚拒绝与科索沃商讨其最终地位，那么这肯定会危及塞尔维亚与欧盟的关系。[2] 最后，对于多边谈判中的参与者来说，将责任转移给其他参与者（此处指"双边"谈判参与者）在政治上很有用。

以上分析都表明，谈判僵局形成的过程本身很重要，因为 231 这会影响附带收益或未来裨益，甚至还可能影响参与者在其他或者进一步谈判中的立场。这进一步论证了本书导论的观点，我们不应该将谈判僵局简单视为未能达成共识的失败，因而其结果对谈判各方都是完全负面的结果——我们需要对谈判动态和谈判结果的范围进行深入分析。

---

〔1〕 Weller 2009, pp. 201, 210.

〔2〕 ICG 2007b, pp. 8–11.

第10章

超越谈判僵局：

调停和领导权更替的重要性

雅各布·贝尔科维奇　卡梅拉·鲁特马尔

232　　　国际冲突已经成为国际关系中非常普遍的现象。当冲突出现时，有很多种渠道可以摆脱或者解决冲突。在这些渠道中，我们要特别注意谈判这种方式。谈判是应对任何冲突最常见的回应方式之一，用以解决利益、资源或者立场方面的冲突，因此谈判本身是复杂的过程。谈判规模从人际日常会谈覆盖到了国家之间的重大谈判。同样，谈判结果可能会产生不同的后果。人际层面的谈判结果通常会影响直接参与谈判的人员；国际层面，成功的谈判会阻止暴力冲突以及其他恶性事件的发生，而谈判失败可能就会导致影响范围更广、规模更大的暴力冲突产生。我们想探讨谈判的某个方面，即为什么有些持续不断的努力，反而会使谈判以失败告终？我们想理解在国际关系中是哪些因素导致谈判僵局出现以及如何用最好的方式去打破这种僵局。

谈判和冲突管理

谈判是国际关系中最常用的冲突管理方式。这不仅仅是"因为人们在遇到争议时总是首选谈判这种方式且成功率很高，也在于即使采用谈判解决冲突的机会非常小，谈判相对于其他冲突应对方式也具有不可比拟的优势"。[1] 谈判作为冲突解决的方式，可以追溯到现代国际体系形成以前；几千年来，各种政体一直通过外交途径解决争议。但凡争议各方需要通过合作以达到某种目的或者解决冲突，他们就必须采取某种形式来进行谈判。

作为冲突解决的方式之一，谈判包含了将敌对双方从冲突 233 状态扭转为非冲突状态的协商结果和争议终止机制。即使是最困难和最棘手的问题（例如关贸总协定谈判、南极资源谈判、解决北爱尔兰冲突的谈判等），谈判也是最有成效的冲突解决方式；但是在很多情况下，冲突双方的谈判结果很可能是形成谈判僵局、未能解决冲突或者谈判进程受阻（例如美国与朝鲜的谈判）。在国际谈判中，谈判失败或者陷入僵局与取得共识一样常见。[2] 僵局在谈判过程中代表某种中断。正如本书的写作宗旨所述，如何以最合适的方式处理或者解决这种中断才是真正有意思的事情。

由于谈判僵局是谈判过程不可分割的一部分，所以接下来我会对谈判现象作简要介绍。谈判是一项旨在协调冲突各方以

[1]　Merrills 1998, p. 2.
[2]　Spector 1999.

达成协议进而解决冲突的策略。即使双方的要求没有得到完全满足，这种通过交换条件的让步是谈判中的常见过程。在众多定义中，斯蒂芬森（Stephenson）和莫利（Morley）对"谈判"所做的解释——不论是狭义还是广义——都是最令人满意的，他们认为谈判所具备的开放属性为各方妥协让步的途径、背景和目的提供了一种解释。[1] 他们将谈判视为"直接或者间接的、任何形式的、口头（或者非言语）的交流，不论是诉诸仲裁还是其他司法程序，利益各方都通过共同行动的方式来处理他们之间需要解决的争端"。[2] 这一定义内容非常宽泛，它将与谈判相关的各种因素都包含在内，尤其强调谈判主体架构和动态过程以及可能突变的任何因素。基于本章的写作目的，我们决定采用这个定义。

谈判过程

234　　作为冲突管理的方法之一，谈判有几项关键优势。首先，在谈判中可以产生令各方都满意的结果——因为谈判是双方自愿参与的过程，当事方可以决定协议的范围并确保协议长期有效。谈判是双方就采取何种方式、在哪里、就何种问题进行磋商的过程。其次，谈判是有效的过程。在大多数情况下，和其他冲突管理的方案相比，谈判更节省时间，消耗的资源更少。再次，它为各方面向未来更为详细的监管和可控范围内的互动提供了基础（谈判不仅解决现阶段的争议，同时着眼于未来可能产生的争议）。最后，谈判为各方提供了一套适用于评估和衡

---

〔1〕　Morley and Stephenson 1977.
〔2〕　Morley and Stephenson 1977, p. 7.

量任何方案的合理标准（客观标准）。[1]

鉴于谈判所具有的各种优势，谈判进程广受欢迎就不足为奇了。综合来看，我们发现自第二次世界大战以来，为了应对重大国际冲突，全球各国（组织）已经启动了超过 1631 起官方谈判。[2] 考虑到采用谈判处理争议的频率很高、谈判处理的事项本身具有严重性，大量学者将研究视角投向了谈判过程。大量指导性指南出版，希望借此有助于提高谈判的成功率。这些指南通常会逐步说明如何最大限度地优化谈判过程，涵盖问题准备、议程设置、沟通技巧以及谈判地点等。隐藏在这些研究背后的假设是，存在某些基本规则和标准既可以克服任何冲突中的问题，且谈判过程基本上沿线性发展，当事人可以按照顺序从一个阶段顺利过渡到下一个阶段。

就谈判进行研究的一个典型例子是罗杰·费希尔（William Roger Fisher）和威廉·尤里（William Ury）进行的开创性著作《谈判力》。[3] 他们提出了一种称为"原则谈判"（principled negotiation）的冲突管理方式，其优点在于根据谈判的性质而不是通过争取对手的让步达成谈判共识。原则谈判认为，谈判者应该尽可能争取双方获益，谈判结果应以体现公平的标准而不是以一方接受另一方的要求为必须。费希尔和尤里[4]提出了八大策略，可以协助原则谈判进行。比如，把人和问题本身分离开来、重点关注利益而不是立场、提出互利共赢的方案、坚持

---

[1]　Funken 2002.
[2]　Bercovitch and Fretter 2004, p. 29.
[3]　Fisher and Ury 1981.
[4]　Fisher and Ury 1981.

客观标准等谈判活动。大量已出版的著作中已有类似观点提出。[1] 这些研究都认为，如果执行得当，谈判者可以克服一切困难，一定能够取得谈判共识。我们并不是特别认同这一观点。谈判并不总是按照线性流程进行下去，也不能事先预测到结果，现实中谈判此消彼长，难点和问题一样多。

谈判僵局

235　　很显然，通过谈判来解决冲突有很多优点；另外，为了最大限度地发挥谈判所具备的功效，在改进和细化谈判流程的过程中，人们付出了相当大的努力。但是，无论谈判者谈判技巧多么熟练、准备工作做得多么充分或者谈判知识多么渊博，谈判也不总是按照既定计划进行。谈判可以——而且经常在可能达成某项共识时停止，这种现象就是"僵局"。

　　僵局阻止谈判顺利推进。它代表了一种未能取得任何实质性进展的延迟状态——不论谈判各方怎么做，进展依然停滞不前。对僵局的最佳理解是：谈判在无法形成合意时所产生的一种标志性局面（见导论）。因此，在僵局中，谈判进程没有任何进展、互相之间不会产生作用，也没有任何让步。简而言之，僵局属于一种很少甚至不存在合作的情况。因此，僵局可能会导致双方冲突升级，触发新的暴力事件，使双方有了妥协不可能产生的感觉（从而导致了导论中所提到的结果：谈判过程延长或者谈判崩溃）。抑或僵局可能帮助谈判者修改他们的行为方

---

〔1〕　See Druckman 1977b; Hawkins and Hudson 1990; Lewicki and Litterer 1985; Pruitt and Carnevale 1993; and Wall 1985.

式、为达成和解付出更多的努力（谈判由此进入僵持阶段）。[1]
这就是僵局对我们而言如此重要的原因，我们需要理解僵局形
成的原因从而找出摆脱僵局的最佳解决方案。

　　我们可以从"结构上"理解僵局，这样我们会发现存在两　236
种僵局类型：[2] 战略性僵局（僵局的产生是由于谈判双方本质
上的不相和）和策略性僵局（僵局的产生是因为协调谈判进程
协调失败）。或者我们也可以从"过程"层面对僵局进行分析，
并提出三种僵局类型：谈判过程中固有的僵持局面、延长谈判
进程的僵局以及促使谈判彻底崩溃的僵局（正如导论中每一种
类型所提到的那样）。但凡冲突中的谈判各方想要扭转局势，他
们就需要针对各种类型的僵局，采用不同的应对策略。[3]

　　无论是否存在第三方，任何类型的僵局都可能产生。僵局
包括但不局限于争议方缺乏减少或者解决冲突的动力。[4] 僵局
还可能因为以下因素发生，如立场不够灵活、缺乏解决冲突的
意愿或愿意为此而做出努力、政治领导人没有尽到其应尽的责
任。在国际舞台上，90 年代南斯拉夫分裂冲突是谈判代表面临
严酷考验的典型。冲突涉及的事项和相关问题多种多样，包括
种族问题、宗教和经济因素。在冲突早期阶段，包括卢森堡、
意大利和荷兰外长在内的各方共同促成谈判的开展；然而，虽
然他们付出了不懈努力，各方没有就任何形式的停火取得实质

---

〔1〕　See the Introduction to this volume for a detailed typology of deadlocks based on outcomes.

〔2〕　Cohen 2001.

〔3〕　See Introduction.

〔4〕　Bloomfield et al. 1998, p. 99.

性进展。[1]

欧洲三国外交部部长的努力未能成功解决难题，处理前南斯拉夫冲突的其他谈判所作出的努力，提出了这样的问题：在为谈判而付出的努力陷入僵局时，应该怎么做。尽管有大量文献旨在通过采用（我们对此持怀疑态度）某些通用规则来指导谈判者提高谈判效率，但是在这里明显缺少了学术层面的研究，即谈判者应当采取怎样的步骤打破僵局，推动谈判向前或阻止谈判进一步转化为僵局所需要的内部和外部因素是什么？为了回答这个问题，我们首先需要了解谈判僵局形成的原因和根源。

为什么出现僵局？

237   僵局可能是任何谈判过程中的动力及其取得进展的主要障碍。他们的特点是高度的不确定性和缓慢的进展速度。在早期的研究中，翁德达尔（Underdal）提出了谈判僵局形成的四种主要原因。[2] 首先，是不确定性的问题。主要是争议各方对谈判过程中的各个方面不确定，诸如偏好、看法和对方的观点，或者对某些提议的实际影响不确定。当不确定性很高时，各方将无法实现潜在的共同利益和收益，从而增加僵局的可能性。其次，与不确定性相关的是信息不完整（通常是不精准）成为了僵局产生的原因。信息不完整和不确定性使得争议者在摆脱现状时持非常谨慎的态度，特别体现在对任何承诺都持怀疑态度。在谈判中可能产生僵局的第三个因素是，为谈判煽风点火的偏好。当谈判以这种方式开始时，僵局产生的可能性相当高。例

---

[1] Weller 1992, p. 571.
[2] Underdal 1983.

如，进入谈判的极端行为可能会对谈判者在声誉、地位和立场
方面造成严重影响（如美国插入和伊朗的直接谈判，这一行为
本身会释放出一系列的信号，进而影响美国在其他案件中的地
位和声誉）。最后，由于缺乏政治上可以接受的对策方案（例如
以色列和哈马斯领导的巴勒斯坦政党进行的任何谈判都会在第
一次接触后陷入僵局），谈判注定会陷入僵局或以失败告终。因
此，以上因素中的任何一种都可能导致谈判僵局发生。

　　除了上述因素，我们认为还存在其他可能导致谈判僵局的
因素，比如说谈判方的数量（涉及方面越多，越可能发生僵
局）、谈判的公开程度和宣传范围（谈判越保密，成功的可能性
越大）、冲突争议的性质（例如争议本身越实质性，就越有可能
产生僵局）以及谈判者的级别（由国家元首或者总理进行的谈
判不大可能形成僵局）等。这些因素中的任何一种都可能严重
干扰任何谈判进程。

　　本书介绍了僵局可能发生的六种不同情况或因素（见导
论）。这些因素可以分为两大类：过程因素和结构因素。过程因
素和谈判过程的开展方式有关（例如导论中提及的假设 2，即参
与方中一旦存在太多的虚张声势、惺惺作态和满口谎言；假设 1
所提到的参与方有其他最佳替代方案进而没有动机作出让步这
两种情形）。结构因素与各方之间的权力不对等（假设 3，导
论）等原因有关，这可能导致相对强势的政党，或者是由于某
些制度上的因素限制了谈判进行（假设 4，导论）（例如 1992
年的"马德里和平谈判"因为主席身份、问题的重要性、代表
级别等问题缺乏明确的指导方针而受到阻碍），或者确实是出于
国内政治结构和利益的考量（假设 6，导论）（例如当某些政治
领导人觉得相对于达成协议，他们的利益通过制造僵局和引发

危机更容易实现）。最后，但绝不是最不重要的因素，是我们在本章中提出的，我们认为这是造成僵局的重要原因，并且接下来会在探讨和研究这一概念方面花一些时间。

一旦我们能够分析僵局形成原因，我们便一定会了解僵持局势的特征及其表现。莱维茨基（Lewicki）和利特雷尔（Litterer）认为，一旦出现僵局，总会存在六个典型因素，并且使整个冲突管理的努力进程变得更加复杂。[1] 这些因素还包含战略层面和心理层面两种。其一，身处僵局会使得谈判者充满愤怒和沮丧的情绪，这些情绪主要针对谈判对手。其二，由于存在愤怒和沮丧情绪，争议者之间的对立立场会变得更加牢固，而不是去探求让步空间；各方愈发坚持初衷，就会为了取得进展而采用胁迫和诡计的方式。其三，曾经畅通的沟通渠道现已不复存在，除非是出于提出批评和讨论责任分配的目的。其四，冲突最初涉及的根本问题已经扭曲、定义不明。其五，各方意识到了各自立场中的极端差异但是共性却没有得到认识。其六，争议者内部也会发生变化。争议者更加倾向于认同支持本方立场的观点，尽量减少他们之间可能存在的差异。在联合起来面对谈判对手时，为了保持战线统一，领导者会表现得愈发专制，甚至出现威权独裁的作风。[2] 无论从何种角度观察，僵局在任何层面上都是非常困难的并且往往伴随着严重的后果。

239　　如前所述，谈判僵局是减少冲突、取得进展的主要障碍。事实上，坦白地讲，由于争议方日益根深蒂固的立场，僵局可能会加剧冲突。但是，在某种程度上，我们认为僵局——特别

---

〔1〕　Lewicki and Litterer 1985, p. 281.
〔2〕　Blake and Mouton 1961; Corwin 1969.

是在谈判过程中——实际上为冲突管理创造了机会。如果没有别的状况，僵局至少为我们展示了谈判所处阶段的真实写照。是否有可能将僵局视为解决争议的机会？很少有学者对这个问题进行研究。[1] 但是，我们必须清楚地看到，僵局既是谈判遇到障碍、停滞不前的警告，也是争端解决的机会。我们的任务是确保抓住机会，打破僵局。如果僵局的形成原因是结构性因素，这不是一件容易的事。

一些学者认为，打破僵局所需要做的就是对参与谈判的人进行培训并重新调整他们的努力重心。对此，威廉·尤里提供了一个很好的例子。尤里认为，某些谈判情况特别容易产生僵局，这些情况不仅仅需要普通的谈判技巧。[2] 一般来说，这些情况一般的特点是存在特别棘手的问题和明显的敌对者。这两个因素相结合就会造成某种僵局。为了克服这种僵局，尤里向谈判者们提供了五步谈判过程，他称之为"突破性谈判"。第一步是强调尽量避免对谈判初衷产生抵触的重要性。这可以通过从冲突中抽身并试图将谈判行动和动机相隔离来实现。第二步，争议方必须化解他们的愤怒、恐惧和怀疑。第三步，尤里强调重新认识对手的立场而不是直接持反对态度，因为这通常只会强化对手的抗拒心理。第四步，调停人应该帮助争议方维护颜面并为冲突解决提供相对简单的方案。最后一步，如果一方仍然选择单方手段（即暴力）实现其目的，该方必定受到第三方以及其他方对这一愚蠢行为的教育和警告。[3] 尤里认为，谈判作为一个过程，如果不考虑具体情况，谈判者一味向前推进是

---

〔1〕 Downie 1993.

〔2〕 Ury 1991.

〔3〕 Ury 1991.

错误的。

240 　　类似地，布卢姆菲尔德（Bloomfield）等人列举了一些可能有助于克服谈判僵局的"经过验证的谈判技巧"。第一个技巧是在重视谈判进程的双方成员之间建立"承诺联盟"。[1]一个强大的承诺联盟可以通过其潜在的威慑力，增加促使僵局产生的谈判者面临的压力——如果谈判失败或者面临崩盘，谈判者应该承担责任。第二个技巧是通过非官方渠道进行沟通，这可以充分弥补官方主持谈判存在的不足。如果由于某个具体问题导致僵局，谈判者可以召集分组会议或者小组委员会来解决。使用小组会议可以将议程划分为更易管理的部分。特别是当参与者情绪高昂时，处理具体问题的另一个技巧是运用"近距离会谈"。这种技巧通过将争议者安置在不同的位置（但位置相对靠近，例如同一建筑物内的不同房间）来减轻争议者面临的压力，通过指定的主持人达到彼此之间完全沟通的目的。

　　莱维茨基（Lewicki）和利特雷尔（Litterer）也讨论了如何打破谈判僵局这一问题。[2]他们认为在处理核心争议问题时，谈判技巧很难触及谈判实质。在谈判双方互相不信任以及存有猜疑的情况下，争议方通常会将对方合作或者让步的举动视为引诱己方暴露谈判弱点的技巧或者手段。莱维茨基和利特雷尔提出了一系列方法来帮助谈判者摆脱僵局。我们可以将这些方法用技巧概括为减轻或者释放紧张局势、提升沟通的精确性、控制谈判议题、寻求共同点以及如何使自身所青睐的选择同时也更吸引谈判对手。[3]

―――――――――

〔1〕 Bloomfield et al. 1998, p. 99.
〔2〕 Lewicki and Litterer 1985, p. 280.
〔3〕 Lewicki and Litterer 1985, pp. 282–99.

与谈判僵局的起因有关的是，如果一方或双方谈判者害怕 241
丢脸，那么这种情绪会阻碍各方达成协议。[1] 1951 年朝鲜半岛
停火谈判、1972 年在巴黎进行的越南谈判以及目前正在进行中
的中东谈判就是颜面问题阻碍谈判进程的典型例子。[2] 对此，
可以通过采取给予争议方充足时间向自己的支持者解释做出选
择的原因，并争取获得行动的批准以打破僵局。[3] 此外，谈判
者还可以将任何让步的责任归转给调停人，这样至少看起来他
们自始至终坚守着自己原来的立场。

尽管我们都承认在谈判中给予对方充足颜面的重要性，但
霍金斯（Hawkins）和赫德森（Hudson）[4] 认为，谈判僵局主
要发生在某一方或者双方的谈判需求未能得到满足的情形下。
因此，打破僵局的第一步是重新评估争议方的需求以确保其准
确识别彼此的谈判诉求。一旦达成上述目的，谈判内容、谈判
风格和谈判行为均应随之做出调整。诸如以崭新的方式重新定
义谈判议题、找到争议中的桥梁问题、回顾达成一致的领域、
梳理之前的良好互动以及讨论谈判失败的原因等，都可以作为
帮助谈判各方破解谈判僵局的技巧。[5]

鲁宾（Rubin）从更深层面解释了谈判僵局，他认为谈判中
僵持局面的产生通常因为谈判方自己陷入了困境。谈判方一旦
在冲突解决中投入大量的时间和精力，无论冲突本身是多么没
有意义，他们也越来越不愿意放弃这些投入并及时止损。[6] 从

---

〔1〕　Deutsch 1973；Rubin and Brown 1975；and Tjosvold 1974.

〔2〕　Brown 1977, pp. 275-6.

〔3〕　Bloomfield et al. 1998, pp. 99-102.

〔4〕　Hawkins and Hudson 1990.

〔5〕　Hawkins and Hudson 1990, pp. 109-10.

〔6〕　Rubin 1993.

大的方面来看，美国参与越南战争或者苏联入侵阿富汗就为我们提供了很好的例子说明了如果无法摆脱这种困境，那么他们可能会为此付出高昂的代价。[1] 其实，我们可以建议采取一系列战略方法以避免争议方陷入困境，例如设定底线、确保争议方坚守底线、提醒争议方所耗费的代价等。[2]

242   迄今为止，我们可以将上述讨论内容归纳为应对谈判僵局的"传统"方式。绝大多数只是将僵局视为采用不当的谈判方式引起的结果。因此，处理此种僵局的技巧本质上是延长谈判过程，例如澄清立场或者是给予争议方时间冷静。还有一些与谈判僵局相关的研究讨论了不同于基本谈判过程的方法。莱维茨基和利特雷尔（1985）提出，当谈判陷入僵局时，有必要引入新的冲突管理方式。[3] 仲裁、调解和过程咨询就是冲突管理过程中潜在的替代途径。改用一个全新的冲突管理方式的益处——如调解——已被众多学者证实。[4]

一种新方式：领导人和调解

在此，我们将尝试分析，国内政治结构或某些国内利益集团如何形成谈判僵局；如何以最佳的方式摆脱谈判僵局的限制。我们赞同本书的中心观点，如果我们要了解如何化解谈判僵局的对策，我们必须去了解僵局形成的原因。在这一章，我们强调了绝大部分与谈判和谈判僵局有关的文献所忽略的一个因素：

---

〔1〕 Rubin 1993, p. 209.

〔2〕 Rubin 1993, pp. 215-16.

〔3〕 Lewicki and Litterer 1985.

〔4〕 Bloomfield et al. 1998, pp. 108-9; Pruitt and Carnevale 1993.

国内政治利益（假设6，导论），更确切地说，是领导人在谈判过程中发挥的作用。我们知道，在任何冲突管理过程中，有些国内派系倾向于延长而不是解决冲突，但是政治领导人又是如何以个人的方式影响到整个谈判进程的呢？

国际关系领域学者最近——也就近十年左右——才将研究 243 重点转移到以领导人为主体的分析，最近的研究表明，战争结果对领导人的政治命运产生重大影响。[1] 此外，布恩诺德·梅斯奎塔（Bueno de Mesquita）和塞弗森（Siverson）[2] 还发现民主领袖在国内支持率仍然很高的时候，更可能在任职的早期加入战争；相比之下，独裁者往往是在后期加入战争。[3]

这种推理思路已经得到进一步发展（并经过验证）：若战争以失败告终的话，政治领导人的任期会因为政治体制不同而存在明显的差异。[4] 因此，如果是输掉战争或战争代价高昂，民主领袖相对于独裁者面对更大的后果。后来，这个论点被扩大为对民主和平所做的制度性解释。[5] 如果战争失败，民主领袖更有可能下台的话，他们就会对战争给予更少的期望值。[6] 而且，正因为预期到这些可能发生的后果，民主领袖通常只会参加那些高概率获胜的战争。

戈曼（Goemans）考察了战争结果与领导人战后政治命运之

---

[1] Bueno de Mesquita et al. 1992; Bueno de Mesquita and Siverson 1995; Werner 1996.

[2] Bueno de Mesquita and Siverson 1995.

[3] Gaubatz 1991.

[4] Bueno de Mesquita and Lalman 1994; Bueno de Mesquita and Siverson 1997.

[5] Bueno de Mesquita et al. 1999.

[6] Bennett and Stam 1996; Reiter and Stam 1998, 2002, 2003; Schultz 1999, 2001.

间的联系，以及战争的持续时间与国内制度的关系。[1] 他发现，只有混合政体中的领导人在战争失利或惨败时才会受到同等程度的惩罚。因此，这些领导人没有动力达成协议，宁愿继续进行战斗——这就使得战争持续的时间更长，造成更多的人员伤亡。

麦吉丽弗雷（McGillivray）和史密斯（Smith）[2] 采用了一种有趣的研究方法；他们以布恩诺德·梅斯奎塔等人[3] 和他们俩[4]最近的理论研究为基础，提出不同双赢制度中领导人更替对双边关系产生不同影响——通过贸易进行衡量——的假设。他们发现，相对于不太可能打赢战争的独裁国家的国家领导人更替更容易影响双边贸易，获胜可能性更高的国家（民主制国家）之间的贸易不太可能受到领导人的影响。此外，独裁国家领导层变动后，新的领导人很可能将双边贸易恢复到之前的水平。

244

据我们所知，他们的第一个研究是领导人任期（或其终止）与其对国家之间的关系所产生的影响。调查结果表明，民主政体国家不仅不太可能卷入冲突，并尝试以和平方式解决争端，而且在面临领导人更替时，民主制度会更加稳定，因此对双边关系也不会产生太大的影响。[5]

这份文献的基本假设是，领导人要保持自己的立场，并且要尽一切努力避免失去或者丧失权力。因此，当他们决定发动

〔1〕 Goemans 2000.

〔2〕 McGillivray and Smith 2004, 2008.

〔3〕 Bueno de Mesquita et al. 2003.

〔4〕 McGillivray and Smith 2000.

〔5〕 Dixon 1994.

战争时，提前考虑战争结束时其所面临的政体变化（给他们带来的影响）是非常明智的。反之，赢得战争这一直接目的，在前一个目的实现之后就成为不那么重要的目标。前一个目的即，看到自己的对手国家产生了赞同在其国内实施战胜国所青睐的政策的领导团体。很明显能想象到，参与谈判的领导人将非常关注国内选民的动态；在那些频繁进行选举并可能导致领导人下台的民主国家，这种情况更是如此。

让我们将这个方法进行深化，并将其运用于谈判僵局的研究。我们可以设想，长期参与谈判的领导人在谈判过程中投入甚多。由于摆上桌面的问题更加复杂，冲突持续的时间较长，相关国家的领导人将愈发坚持他们的立场。越固执己见，越不灵活，他们所面对的谈判僵局持续时间就越长。从这个角度很容易看到僵局是如何在谈判的过程中产生的；只要同样的领导人仍然负责跟进谈判，打破这些僵局会相当困难。此外，僵局持续的时间越长，摆脱僵局所要克服的困难也越多，因为此时相关领导人越来越坚持其在谈判桌上所持立场。

即使第三方调解人在场的情况下，打破谈判僵局取得共识 245 的可能性也很小。谈判方表明各自立场；无论僵局最初成因为何，一旦立场暴露，谈判方都不会做出任何改变；从谈判中抽身可能使其面临在未来选举中失去选民支持的风险。再次强调，我们更可能在民主制度中观察这些案例，因为相对于更专制的国家，民主国家中的领导人对国内选民的责任心会发挥更大的作用。

在本章中，我们提出这样的观点：当领导人长期掌权且没有迹象表明放弃其立场时，谈判僵局更有可能出现。我们的推理非常直接——每个处于复杂冲突背景下的谈判过程，都需要

充满想象力的对策方案和源源不断的创造力，来尝试架起谈判
持反对观点的各方之间就某些关键议题所需的桥梁；还需要谈
判方在向国内选民做出承诺以及向对方做出让步时，愿意承担
一些可预期风险。领导人掌权的时间越长，谈判桌上提供同样
的出价越多，形成僵局的可能性越高。对民主领导人而言，公
然违反其宣称的立场需要付出高得多的代价；所以一旦开诚布
公地表明立场，那些人更不愿意做出转变。第三方介入可以改
善这一情况，但是不能完全消除。调解人可以提供全新的争议
对策方案，在一定程度上改变参与方倾向，甚至在超级大国参
与的情况下提供担保，但是这都不能改变领导人对继续执政的
追求。领导人执政时间越长，越难改变其推行的政策以及偏离
其早期提出的立场。任何领导人都不想被视为弱者或被认为向
外界压力屈服——不管这个压力是来自谈判对手还是调解人。

现在，我们来总结一下本章论证的假设——

假设1：谈判僵局是指拒绝谈判提议或者不成功的谈判努
力，是由一方或者双方谈判主体的领导人缺乏变动造成的。

246　　假设2：领导人任期与僵局之间的关系在民主国家表现更为
明显。

定量分析

为了验证我们的假设，我们转向分析讨论谈判/调解主体和
领导人变革因素的两组特征鲜明的数据。本节会详细介绍我们
收集的这两组数据和对此所做的统计分析。

很少有人将各国之间发生的冲突以及争议方为此所推动的
调解进行编码形成数据库。国际冲突管理数据库（the Interna-
tional Conflict Management，简称ICM），一个主要的数据库，收

集了各国为解决争议所做的努力。[1] 我们可以在这里找到有关冲突描述、为解决冲突所做的努力以及相关变量的编码。这就是我们在这里用于分析谈判努力（或缺乏谈判努力）的数据库。

如果冲突符合以下标准，则会被列入 ICM 数据库：首先，冲突至少涉及两个国家，其中一国可以是间接涉及；其次，无论是否发生人员伤亡，冲突中均大规模使用了武力（范围涵盖从意图展示到使用军事力量，如集结军队到开火）。[2] 该数据库一共收录了 221 起发生于 1945 年至 2000 年的国家间冲突。在 221 起冲突中，156 起（即 70%）冲突使用了某种类型的谈判或调解尝试。也就是说，"他们采取了正式或者有时非正式的努力，以交换与冲突起因和/或后果有关的实质性问题"。[3] 在一些争议中，相关方不止一次尝试调解。每次冲突中运用谈判的次数从 0 到 76 次（南斯拉夫—科索沃谈判）不等。在这 221 起冲突中，共有 533 次单独进行的调解工作。

但是，我们不能忘记本章的目的是界定哪些冲突解决中存在谈判僵局，即在冲突方之间进行过谈判或者调解，但是这些努力被一方或者双方当事人拒绝；或者进行了谈判或调解，但是以中途失败告终。在这两种情况下，谈判结果都是陷入僵局。在 221 起国家间冲突中，有 65 起冲突根本没有出现任何调解工作。

本章的分析单位是每季度发生的冲突数量。在排除所有国内冲突后——所有不符合战争相关因素成员的冲突，有关独立战争的冲突，不符合政体指数 IV 评分（Polity IV scores）的冲突，我们收集到 18 156 条结果。我们通过构建一个涵盖 1946 年

247

---

〔1〕　Bercovitch and Jackson 1997.

〔2〕　Jackson 2000, p. 329.

〔3〕　Jackson 2000, p. 329.

到 2000 年所有国家——如果是在 1946 年后成立，则从该国的独立年开始计算——的面板数据（panel data，又译为"平行数据"或者"综列数据"）得到这个数字。在这个分析中存在两个因变量——我们对僵局的定义包括两种可能，第一种是区分不被谈判对象接受的要约和最终被接受的调解提议。我们也考察那些已被一方或者双方拒绝的调解尝试。发生僵局的第二种情形是调解提议已被接受，但是调解的努力以失败告终。ICM 数据库区分了六种冲突管理方式——我们将提出和拒绝调解提议以及接受调解提议但是调解失败的类型以"1"编码。

我们还提出了两个自变量——领导人的变化和制度的类型。每个国家的领导人变化这个变量都被全新编码，以确保新任领导人是在过去三个月上台。因此，我们设计了 5 个二分变量，一个变量代表一个国家，只要有一个国家发生领导人变化，那么标为"1"；如果两个国家皆发生领导人变化，将之标为"1"。还有一个变量代表各国均没有发生领导人变化的情况。我们选择 3 个月作为一个阶段，主要是基于这样的假设：如果新任领导人要接受调解，他会在任期内尽早做出努力，因为在任期早期还有时间去为此做出努力以获得成果；而且就下一次选举来看，调解失败也不会影响选举结果。我们还添加了两个控制变量——对手的能力和他们的联盟。这两个是使用尤金程序生成的。[1] 我

---

〔1〕 Bennett and Stam 2000. EUGene 是预期实用程序生成和数据管理程序（Expected Utility Generation and data management program）的缩写。EUGene 是免费软件，但是受版权保护。完整部分包含程序、预期实用程序数据、文档和源代码。EUGene 是主要为政治科学家设计的。它有两个目的：一是 EUGene 用于测试布恩诺德·梅斯奎塔及其同事有关战争和争议发生的预期理论的变量数据；二是 EUGene 作为数据管理工具，用于创建定量分析国际关系的数据集，以国家年度、指导性年度、非指导性年龄和指导性争议双年作为分析单位。到目前为止，这些数据是不可用的，这些数据管理任务也非常麻烦和困难。——译者注

们使用布恩诺德·梅斯奎塔和塞弗森收集的国家领导人数据构建了领导人变化的数据并将其延伸至 2000 年。[1] 制度类型通过使用布恩诺德·梅斯奎塔等人采用的 W（winning coalition，获胜联盟）进行编码。[2] 我们根据变量 REGTYPE、XRCOMP、XROPEN 和 PARCOMP（政体指数 IV 中的所有变量）构建了 W 作为复合索引。W 的值可以在 0 和 1 之间变化。W 的值越接近 1，该国的民主程度越高，选民的影响越大，获胜联盟越大；W 的值越接近 0，这个国家的民主化程度越低，那么它的获胜联盟越小。鉴于我们有两种政府，我们设计了两个描述国家政体类型的变量——W1 代表 A 国，W2 代表 B 国。

领导人变化的编码如前所述，设计 5 个二分变量的理由是，[248] 在某个时间一国、两国、至少一国或两国都没有领导人变化的情况下能获取的所有选择。我们认为，通过囊括所有类型的领导人变化，我们可以检验这一因素对调解工作的影响。我们将三个月作为任职期间门槛有点武断，但我们认为这是合理的妥协：领导人在其任职开始前需要足够的时间做好准备，同时在开始（或者回应）调解工作前其已经在领导职位上任职一段时间。为了找到制度类型和领导人变化之间的关系，我们设计了两个新变量，即各国政体类型和领导人变化之间的相互作用。

争议者的能力值来自于国家战争实力综合指数（CINC 评分）。这是一种就争议双方最大能力与最小能力比值的间接计算方法。[3] 关于联盟，我们的关注点是争议双方是否存在对彼此

---

[1]　Lutmar 2004.

[2]　Bueno de Mesquita et al. 2003.

[3]　The variable was operationalised in the following way：[max（cap_1, cap_2）/ min（cap_1, cap_2）].

具有约束力的防御条约。[1] 这是一个二进制变量（binary varia-ble）：如果双方有防御条约，则取值为 1，否则为 0。在有防御条约的情况下，因为安全纽带可能在某种限度上阻止冲突升级，因而不太可能陷入僵局。联合民主遵循同样的逻辑——有关民主和平的文献告诉我们，民主国家受到非暴力解决冲突通用规则和制度约束，这使得冲突更可能以非对抗方式得到解决。我们还增加了一个二分变量以表明政府之间是否会持久对抗下去。我们可以这样认为，即使其中一方（或者双方）领导人变化，习惯于长期对抗的国家也不太可能接受调停，因此在这些国家中发生谈判僵局的可能性就会更高。

表 10.1 描述统计

变　　量	观测值	均　　值	标准偏差	最小值	最大值
statea	0				
stateb	0				
codea	18 155	431.8858	275.5587	2	850
codeb	18 155	497.5541	242.8975	40	910
year	18 155	1976.204	14.991 35	1945	2000
conflict	18 155	0.080 528 8	0.272 117 6	0	1
mediation_~s	18 155	0.026 218 7	0.159 789 4	0	1
cmoutcome	18 140	0.037 596 5	0.200 385 4	0	9
col9	0				

---

〔1〕 Small and Singer 1969.

续表

变　　量	观测值	均　　值	标准偏差	最小值	最大值
col10	0				
success	0				
lc1	18 155	0. 042 247 3	0. 201 158 4	0	1
lc2	18 155	0. 040 209 3	0. 196 455 2	0	1
lc	18 153	0. 079 986 8	0. 271 280 2	0	1
xrreg1	18 155	2. 336 326	0. 640 796 3	0	3
xrcomp1	18 155	1. 614 321	1. 111 238	0	3
xropen1	18 155	3. 282 622	1. 461 731	0	4
parcomp1	18 155	2. 424 291	1. 617 368	0	5
xrreg2	18 155	2. 258 606	0. 656 861 1	0	3
xrcomp2	18 155	1. 475 296	1. 087 898	0	3
xropen2	18 155	3. 126 852	1. 560 976	0	4
parcomp2	18 155	2. 306 197	1. 459 732	0	5
w1	18 155	0. 564 417 5	0. 309 916 9	0	1
w2	18 155	0. 512 654 9	0. 291 978 5	0	1
rlc1	18 153	0. 044 882 4	0. 176 053 7	0	1
rlc2	18 153	0. 042 981 9	0. 172 302 8	0	1

　　表 10.1 提供了一些描述性统计数据。请注意，"codea"和 [249]
"codeb"来源于战争相关因素数据库。符号"cmoutcome"是描
述谈判僵局的冲突管理结果变量。

250　　　我们使用概率（probit）执行了几个测试。在所有数据模型中，我们测试了谈判僵局中的因变量，同时，我们还更改了一些自变量并验证了各种关系。为了避免多重共线性问题（multicollinearity），我们分别用 A 国和 B 国分别发生领导人变化的情形进行分析。我们就两个模型结果分别做了报告——一个模型不包含任何交叉因素，另一个模型我们设计了两个不同的交叉因素——一个考察两国领导人变化和 A 国政体类型之间的关系，另一个考察两国领导人变化和 B 国政体之间的关系。结果如表10.2 所示，进而我们提出了表 10.3 的边际效应。

结果与分析

初步调查结果令人鼓舞，并验证了我们的主要假设——也就是说，卷入冲突的一方（或者双方）国家，领导人如果一直不发生变化，可能导致争议者在谈判过程中遇到僵局。对这种模式可以有多种解释——"老"的领导人坚持他们采取的立场；在许多情况下，背离这些立场的代价非常高昂，很可能会导致现任领导人下台。虽然我们还没有验证这个假设，但是国际关系研究成果表明，民主领袖更有可能为背离公开立场"付出代价"。此外，尽管新当选领导人倾向于提出可能有助于推动谈判进程的新思想，连任领导人仍会坚持旧观念。那些新任领导人可能会觉得他们有责任书写新的篇章，对于采取新举措进行调解或谈判持更为开放的态度。他们可能不会受到前任领导人对国内选民所作承诺的约束，所以领导人长期任职或者缺乏领导人更迭可能会在努力解决冲突的过程中催生出僵局。此外，如果双方领导人执政时间均较长，且两国领导人之间也产生过谈判失败的历史，调停人员将不太可能开始调解工作，这些领导

表 10.2　谈判僵局和领导更替　　　　　251

	模型 1	模型 2
主权国家 A-W1	0.262 ** (0.057)	0.249 *** (0.059)
主权国家 B-W2	-0.4727 ** (0.062)	0.483 *** (0.0646)
民主合作制	-0.23 *** (0.0028)	-0.0379 *** (0.0039)
同盟国	-0.034 (0.087)	-0.058 (0.063)
敌对国	0.24 *** (0.04)	0.257 (0.0042)
A 或 B 国的领导更替	-0.034 ** (0.067)	-0.179 (0.159)
A 国和 B 国的领导更替	-0.0801 ** (0.062)	-0.383 (0.322)
交互项 1		0.259 (0.214)
交互项 2		0.184 (0.322)
常　量	-1.76 *** (0.054)	-1.73 *** (0.055)
N	18 156	18 156
概率大于卡方	0.000	

注：括号内是稳健标准误差。* 在 10% 显著，** 在 5% 显著，*** 在 1% 显著。

表 10.3　边际效应

变量	dy/dx	标准错误	z	P> |z|	[95%C. I.]		X
w1	0. 261 985 4	0. 057 69	4. 54	0. 000	0. 148 909	0. 375 062	0. 564 678
w2	−0. 472 789 3	0. 061 87	−7. 64	0. 000	−0. 594 055	−0. 351 523	0. 512 665
lc1*	−0. 041 956 5	0. 091 37	−0. 46	0. 646	−0. 221 042	0. 137 129	0. 042 282

人自身也不太愿意启动谈判/调解程序。领导人变化可能是斯泰德曼（Stedman）认为给冲突增加"流动性"的外部"冲击"（即推动冲突解决而不是陷入僵局）。[1] 如果两国或者至少一国领导人变化，这对冲突解决的影响会大大增加。

252　　初步调查结果还表明，如果某国政府越民主，而另一国越不民主，发生僵局的可能性就越大。这一发现与民主和平的文献记载一致——我们知道民主国家不会相互斗争，但是它们之间也存在矛盾。因此，当交战国的政体类型不同时，我们更有可能看到僵局。这可以通过几种方式推理出来。最合理的解释源于著名的民主和平观点——民主国家更有可能以和平手段处理它们的分歧，并转而采取非暴力手段来解决这些问题。所以，如果它们陷入僵局，事态就可能会升级且以爆发全面战争结束。可以对我们的推理进行补充的另一种解释是，民主国家领导人需要对国内民众负责；如果可以公平解决冲突，它们应该给予一切机会。如果他们认为这样做会提高连任的机会，他们肯定会这样做。因此，如果某一民主领袖认为采取上述行动会增加

──────────

〔1〕　Stedman 1991.

他再次当选的机会，那么他就会坚持立场。

　　另一个有趣的发现是，如果两国是盟国，它们就不太可能让自己陷入僵局。这符合我们的预期，盟友更有可能转而采取替代方案解决它们之间的分歧。同样，如果两国是竞争对手（即它们长期处于矛盾分歧和竞争的历史关系中），他们更有可能陷入僵局。过去发生的冲突经历似乎会给当前冲突解决的努力蒙上阴影。

结论与未来研究

　　如果我们想要打破僵局，我们就需要了解僵局的成因。本章的主要目的是探讨形成僵局的六个成因之一并通过实证分析验证这一猜想，即国内格局——我们在这里是指领导人的变化缺乏——会明显影响到冲突中的两国谈判，从而造成僵局。这是第一次进行这样的研究；和任何探索性尝试一样，该研究只是提供了非常初步的答案，同时提出了新的问题。第一批结果证实了我们提出的假设，并支持了我们的初始直觉。任何处于冲突中的政府缺乏领导人更替，谈判进程中遭遇僵局的可能性都会增大。

　　考察领导人执政后，在多长时间内谈判因此陷入僵局，会非常有趣。此外，甚至更重要的是，我们还需要考察，如果至少存在一次成功的谈判经验，这个模型还是否成立。领导人变化缓慢只是在谈判之中催生僵局还是事态升级后的进一步表现？"老"领导在位和事态恶化会导致国内民众日渐不满继而推翻现存政权并在冲突解决方面取得新的进展吗？我们是否有必要在看到成功的调解结果之前等待新任领导人掌权？因为 ICM 数据库有一个变量对谈判或调解的结果进行编码，这使得我们很容易对之进行检查。此外，很自然地，我们也就可以顺便考虑国家之间进行的调解次数，即检验是否调解次数越多，成功的概率越高；或者是否调解或谈判的次数越少，形成僵局的可能性越大。也可以观察调停人这一角色，也就是说，也许调停人的类型（联合国，第三方机构等）也与其中某一（或两个）政府的领导人变化（或者不变化）有关。

尽管仍有许多未回答的问题和延续今天研究结果的诸多未来的研究方法，我们认为我们已经初步确定了谈判过程中发生的僵局与领导人缺乏更迭存在关联，并且通过这样的研究，我们第一个对僵局进行概念化，同时还对国内因素以及这些因素如何影响政府遭遇或陷入僵局之间的关系进行实证检验。任何对僵局感兴趣的研究人员都会在提供对策方案之前对其发生原因进行透彻研究。如果僵局的原因是国内因素，不改变国内格局，就不会发生任何变化。

作为证据的案例研究：

经验与教训

丹尼尔·德鲁克曼　阿姆里塔·纳利卡

　　本书每章都通过一系列学科和案例对僵局成因的假设进行
分析研究。这样做的结果是丰富了对僵局成因的见解以及打破
僵局的可能方法。这些见解包括论证那些假设（一种推理形
式），也包括那些与之相关的案例分析（一种归纳形式）。这双
重收益极大程度上丰富了多边谈判和冲突解决方面的文献。它
们研究了不同学科下的种种问题，考虑了不同场景，还阐释了
几个假设结构和论证的互动过程；它们支持概括性论证，强化
了冲突应急理论，并强调论证这些假设过程存在协同效应。但
是，这种做法产生的问题是，这些案例是否能充分评估这些竞
争性的假设。接下来我们会就此问题进行讨论。

理论和案例分析

　　本书是以案例为研究对象对谈判进行论证（或强化分析）

的最新学术著作。此种研究方法的基本思想是：通过理论概念
化或提出命题来理解案例。[1] 早期采用这种方法的研究强调的
要么是结构或文化，要么是过程对谈判结果产生影响。前者和
我们提出的假设 3、假设 4 和假设 6 有关。如芭芭拉·哈斯克尔
（Barbara Haskel）对影响斯堪的纳维亚市场谈判的权力不对称进
行了研究（假设 3a），[2] 约翰·纽豪斯（John Newhouse）在国
内政治背景下讨论了限制战略武器会谈（Strategic Arms Limita-
tion Talks，缩写为 SALT I）这一问题（假设 6），[3] 阿里尔
德·翁德达尔（Arild Underdal）分析了欧洲共同体的结构特征
对谈判方式的影响（假设 4），[4] 此外，肯尼思·杨（Kenneth
Young）从中美不同谈判风格（受文化影响形成）出发，分析了
二战后美国和中国的谈判（假设 3b）。[5]

255   对谈判过程的强调主要与假设 1、2、5 有关。早期的研究
如对裁军会谈（disarmament talk）[6] 和肯尼迪贸易回合谈判
（the Kennedy Round of trade talks）[7] 中争议焦点的不可兼容性
和复杂性（与假设 2 有关）、1986 年菲律宾阿基诺政权和国民民
主阵线之间意识形态和利益的相互影响（与假设 5 有关）[8] 以
及在对北美自由贸易协定（NAFTA）进行谈判过程中出现的转
折点所做的分析。[9] 杰弗里·鲁宾（Jeffrey Rubin）对基辛格

---

〔1〕 Druckman 2005.
〔2〕 Haskel 1974.
〔3〕 Newhouse 1973.
〔4〕 Underdal 1973.
〔5〕 Young 1968.
〔6〕 Bonham 1971.
〔7〕 Winham 1977.
〔8〕 Druckman and Green 1995.
〔9〕 Cameron and Tomlin 2000.

的穿梭外交理论进行跨学科研究、[1]威廉·扎特曼（William Zartman）关注欧洲共同体内的两个多边谈判[2]、雷蒙德·科恩（Raymond Cohen）和雷蒙德·韦斯特布鲁克（Raymond Westbrook）研究近东地区古代外交实践[3]均采用了该方法。

　　案例分析研究方法既有优势也有缺点。优势在于为案例研究提供理论依据、论证理论概念的可行性、在概念的基础上对不同案例作比较分析。如本书中提到"双层博弈"概念：它为理解国内利益（假设6）在各个领域发挥的作用提供了有利视角。在如何从战术上处理选区问题（第二章）、国内对权力更迭的看法（第一章）、请求批准程序对赢集的影响（第五章）、通过纳入国内团体构建跨国联盟作为对策方案的构想（第七章）以及各国领导人在谈判中发挥的作用方面（第十章），"双层博弈"的概念具有现实意义衍生展开。而且，用假设6解释"双层博弈"时，对案例的比较分析会更为深入。例如，在总共十章的案例分析中，有六章内容证明了假设6。

　　案例研究存在一个众所周知的缺点：运用理论推导假设存 256 在机会主义。案例选择会影响进行案例分析时选取的概念：概念和案例密不可分。虽然重点比较方法通过隔离与理论相关的自变量弱化了这一问题，[4]但（案例和概念）选择问题仍然是评判替代理论的绊脚石。对相似度不高的案例进行比较分析是非常严重的问题。但有趣的是，这对本书相关章节影响却没那么大。阿姆里塔·纳利卡和彼得·范·霍滕阐述了多哈谈判两

---

〔1〕　Rubin 1981.

〔2〕　Zartman 1994.

〔3〕　Cohen and Westbrook 2000.

〔4〕　George and Bennett 2005.

个阶段中存在的不确定性（第六章）；塞瓦斯蒂-艾勒妮·维兹尔吉安尼杜比较了京都和巴厘气候会议（第七章），两章均满足了集中式比较研究的基本要求。通过重点研究联合国安理会的谈判，约亨·普兰特尔认为其分析的五个案例存在共同之处（第八章）。为了行文"一致"，这些章节的作者为比较研究提供了强有力的案例根据。但是，他们实现这一目标是以割裂匹配案例之间的关联为代价的：通过选择同一制度背景中进行的多轮会谈，他们认为这存在问题——这些案例是否存在区别或只是相同情形的延伸。其他章节存在的问题恰恰相反，即分析截然不同且毫无关联的案例（第一、二和九章）。因为增加了不同案例，这些作者丧失了比较研究的优势。与此同时，这套研究强调要在案例研究两个重要特征之间保持平衡——确保选取的案例是独立且具有可比性的。

雅各布·贝尔科维奇和卡梅拉·鲁特马尔（第十章）提议采用不同的方法解决这些问题——对大样本案例进行统计分析。运用总体案例比较（aggregate case comparisons）的方式，[1] 作者们根据具体情况广泛选取样本研究以避开小样本的局限性。由此，这种方法满足了独立性的要求，并用选择性匹配替代了统计上的易变性。通过扩大可供比较的案例范围，研究人员重点关注样本本身的内容而非某些案例中谈判开展的过程。该研究得出的结论，有力地证明了国内利益在谈判中发挥的作用（假设6）。但需要注意的是，该结论源于相关性（而不是因果）分析。因此，仍然存在非国内利益也可以打破谈判僵局的可能情形。这个问题和其他学者通过小样本案例分析关注的焦点

---

〔1〕 Druckman 2005.

一致。

在各章中，本书从多个方面推进了对谈判艺术和谈判技巧 257
的分析。一个是广泛选取相关案例和问题领域。另一个更关注
理论方面；相比于先前研究，援引了更多概念性内容。此外，
提出那些从结构和过程这两个角度出发的假设，作为打破谈判
僵局的可能对策也是独一无二、前所未有的。为了证明该研究
方法的说服力，作者还分析了其本身的特殊性。与以上早期研
究一样，假设不需要进行证伪。它们在特定情况下是可行的；
从某种意义来说，我们可以将案例研究视为缺乏可复制性和随
机分配条件的示范性实验。

与理论评估相比，作者的结论对理论发展更有用。这些都
总结在表 11.1 中，突出强调假设 3 和假设 6（参见标注双引号
的数据）。这些假设强调政治权力和国内利益，表明了结构性因
素是多边案件中形成谈判僵局的主要因素。尽管该结论来源于
对不同案例的分析，但是引领了僵局理论的发展。它还为使用
验证方法解决反事实问题的研究提供了理论基础。

以下两部分阐述了我们充满活力的案例研究方法所具备的
双重价值。在第三部分中，我们在不同章节中讨论假设和对策
组合的合理性。然后，在分析过程中，我们又提出了多个新概
念和新假设。第四部分和结论都着重于展望未来。

证明假设和对策组合

我们提出了六个假设以帮助我们更好地理解僵局成因。这
些假设在各章中的布局如表 11.1 所示。我们还就此提出了相应
的对策方案，如表 11.2 所示。表中记录的是对假设或者对策方

表 11.1　假设的证明

258

	AG	MD	WB	MG	AY	AN&PVH	EV	JP	PVH	JB&CL	分析数量	模型结果
假设 1	+		++		++	-	++		++		6	++
假设 2	+		++	++		++	-				5	++
假设 3	++	++	+	+	++(3a)	+	-		++	++(3a)	9	++
假设 4	+	++	++	++		+		++			7	++
假设 5	+	++		++				++			5	++
假设 6	+	++	+		++	-	++		++	++	8	++
得到证明的假设	6	4	1	4	3	5		3	3	1		

注：1. ++假设得到了明确证明，+假设部分得到了证明，-假设被强调但并未被证明。

2. 由于一些必要条件的存在或者该假设并非分析重点，"++"意味着该假设得到了明确证明；"+"意味着该假设部分得到了证明。"-"，即该假设在本书中进行了讨论（尽管没有作为核心论点），但是没有得到证明。空白部分即本章内容并未涉及对该假设的分析。

表 11.2　对策组合的证明

259

	AG	MD	WB	MG	AY	AN&PVH	EV	JP	PVH	JB&CL	分析数量	模型结果
对策组合 1							++	++			2	++
对策组合 2			+		++						2	++
对策组合 3			+				++	+			3	+
对策组合 4		++	++				++				3	++
对策组合 5				++			++				2	++
对策组合 6							++		+	++	3	++
有效对策的数量		1	4		1		2	3	3	1		

注：++对策组合得到了明确证明，+对策组合部分得到证明。

案适用程度的判断。当某一特定假设或者对策方案构成了某一章的主要观点，或者反复在某章中出现，并且研究进一步对之予以论证，我们将论证结果标为双加号（"++"）。如果该章只是作为替代或者次要解释提及特定假设（或者对策方案）——

也就是说，它并不构成研究中心但是在某种程度上又符合要求，我们标之以单加号（"+"）。我们用减号（"-"）标记那些可能涉及但是本章没有对之进行论证的结果。

如表 11.1 所示，几乎所有的章节都涉及多个假设。最常出现的是假设 3，其次是假设 6 和假设 4。有六章涉及假设 1，而假设 2 和假设 5 受到关注最少，只在五个章节里有直接体现。如表 11.2 所示，对策方案得到的关注远不及对假设的关注。所有章节都首先探讨了僵局的成因，某些章节在此之后使用分析工具构建僵局解决模型。

双加号判断占多数表明，这些案例没有区分假设和对策方案。很少存在负面评价。在案例分析中考察假设时，假设会得到清晰的阐释。这种方法所产生的效果不足为奇。作为分析人员，作者们透过假设这一镜片来理解案例——这是该方法的一个标志。案例不是随机抽取的，概念或假设也非独立于案例。这种情况下，就假设和对策方案，我们可以得出什么结论呢？我们可以发现某些假设比其他假设出现的频率更高（假设 3 和假设 6）——这些假设还可以帮助我们了解许多不同的案例。这一发现是重要的贡献。它在早期研究结果的基础上向前迈了好几步，因为早期研究很少利用案例和概念进行案例分析。即使没有理论证实，这也有助于指导我们取得丰富的理论进展。在本节中，我们会就每个假设和对策方案的有效性进行评估。我们还会对各种假设之间的关系进行讨论。

假设 1：当更优的"最佳替代方案"出现，或者不论何时只要当事各方相信自己的替代方案优于现有的交易方案时，僵局出现。

假设 1 在四个案例研究中得到了明确证明。安德鲁·甘布尔（第一章）从政治学角度对僵局进行解读以及威廉·布朗（第三章）独特的工业经济学视角均强化了这一点。维兹尔吉安尼杜（第六章）在她关于美国气候变化谈判的章节中认为，美国在 2001 年退出《京都议定书》以及随后在 2007 年重新参与巴厘岛气候会谈主要是因为美国有了更好的争端解决替代方案。从 2000 年至 2001 年，美国认为其最佳替代方案即维持现状优于谈判协议，是基于以下两个原因：首先，几项研究表明美国落实《京都议定书》需要付出高昂的代价；其次，发展中国家不会遵守同样的控制标准，因此，美国更为担心发展中国家会把投资和就业机会从美国转移出去从而进一步增加执行协议的预期成本。直到巴厘岛气候会议前，美国对最佳替代方案的看法才有所改变，原因之一是发展中国家更愿意履行其所做出的承诺。因此，美国才参加了巴厘岛气候会谈。彼得·范·霍滕对科索沃谈判所作研究（第九章）同样表明塞尔维亚人和科索沃阿尔巴尼亚族人对最佳替代方案看法的转变是 1998—1999 年达成朗布依埃协定的原因——1998—1999 年双方认为存在强最佳替代方案，而在 2005—2007 年，双方认为存在弱最佳替代方案，其导致了僵局。在第五章对多哈贸易谈判僵局进行研究后，阿拉斯代尔·杨认为，对参与谈判的欧盟和美国来说，关键谈判方有更好或者至少可以接受的最佳替代方案，会导致双方赢集很少——因而僵局持续存在。

有趣的是，纳利卡和范·霍滕（第六章）论证多哈贸易谈判的第二个案例就假设 1 提出了复合结果。两人认为，至少在多哈谈判的第一阶段，任何一方都没有比促进多边贸易自由化更好的方案了，因此，多哈谈判所遇到的僵局不能用假设 1 来解释。他们意识到，就各方可以达成区域协议和双边协议，许多谈判者的最佳替代方案已经发生变化。但是，诉诸区域贸易协定是由于多边主义行不通，因而，转向区域协定和双边替代方案也是多哈谈判在第一阶段遭遇僵局的产物，继而成为进行第二阶段谈判的起因。正如本节稍后将会讨论的那样，有关贸易的两个章节为彼此做了重要补充，同时就多边贸易中的僵局问题分阶段进行了解释，并提出了应急方案。

　　总之，这个假设提供了对十章中六个案例动态的理解。特 262 别有意义的是，人们意识到了在贸易和环境问题有关的谈判中，对替代方案的评估会随着谈判的开展而发生变化。对最佳替代方案不断变化的理解也与实验结果相吻合。[1]

　　假设 2：谈判者虚张声势和撒谎造成僵局。

　　纳利卡和范·霍滕（第六章）、甘布尔（第一章）、布朗（第三章）以及马克斯·格林（Markus Gehring）（第四章）分别从政治学、经济学和法学等跨学科视角论证了假设 2。纳利卡和范·霍滕认为假设 2 是世界贸易组织谈判僵局产生的核心解释。他们研究了多哈谈判中的两种僵局：2003 年的坎昆谈判和 2006 年的日内瓦谈判。这两种僵局都说明了，发达国家根据过去与发展中国家在世贸组织中打交道的经验，在没有发现任何可靠迹象指明谈判会朝反方向发展时，单方面认为"新南南合作联盟"（the new coalitions of the South）最终会作出让步并就此开展谈判。面对发达国家的期待，发展中国家拒绝作出让步，僵局由此形成。他们认为有效的信号传递机制可以帮助谈判者克服其手边的不确定性，从而降低僵局形成的可能。

　　正如甘布尔所指出的，不确定性和信任的缺乏可能会随着

---

　　〔1〕　例如，see Pinkley *et al.* 1994.

谈判方的数量和多样性的增加而加剧，从而强化了假设 2 和假设 3 之间的相互作用。在本节后面内容中，我们会详细阐述这些假设（和其他假设）之间的相互作用。布朗指出，如果工会和管理层对各自的相关市场和组织优势存在不同认识，可能导致罢工（如果信息沟通畅通，这是种情况是可能避免的）。通过对单方或者双方组织内复杂机制的分析，特别是在当事方结成利益联盟时，布朗认为假设 2、假设 4 和假设 6 之间存在内在联系。某些制度特征——如联合决策机构的明确性——可以减少一些不确定性，从而提高取得共识的可能。对劳资关系的认识也可以有效应用于多边谈判，几乎没有参与者是单独行动，他们代表各种国内组织，并与组织内外的其他参与者结成联盟。

263   通过对三个机构（欧盟、联合国和世贸组织）进行案例分析，格林发现法律的不确定性会大大加剧谈判僵局的产生，他还深入分析三大机构的争端解决机制是如何破解僵局的。虽然格林在文中将法律用语的模糊性视为不确定性的主要来源，但纳利卡和范·霍滕侧重分析不确定性的产生原因是谈判方无法确定谈判对方立场是否可信。在第四章和第六章中，假设 2 与假设 4 以及对策方案 2 和对策方案 4 之间存在着微妙的联系，即制度设计可以增加或减少不确定性，从而降低或增加达成协议的可能性。

总之，虚张声势和撒谎是谈判中不确定性的根源。如果谈判的提议或者要求模糊不清，那么谈判进程会延缓并停滞在僵局状态。对假设 2 进行的论证表明，不信任增加了达成协议的风险和与决策相关的焦虑。约亨·普兰特尔（第八章）讨论的非正式过程是减少不确定性的方法之一。另一种途径是设计组织机制（对策方案 4），来处理虚张声势和其他形式所产生的不诚实问题。

假设3：因为某些类型的权力处于均势状态，僵局出现。

假设3a：权力分配越平均，僵局出现的可能性越大。

假设3b：构成权力平衡的各方文化背景差异越大，产生僵局的可能性越大。

假设3出现的频率最高，体现在全书的九个章节中，八个章节对之作了或完整或部分论证。但有趣的是，九个章节中，只有两章对假设3的变体进行具体说明（第五章和第九章），这两个章节都与假设3a有关。这可能是因为尽管导论部分已经对假设3a和假设3b进行了理论上区分，但是在某些情况下，假设3a和假设3b是联系紧密，难以区分，因此实证层面很难对其做出区分。例如，当甘布尔分析新兴大国崛起如何影响僵局形成以及现有体系未能随之做出调整时，甘布尔采用了假设3的通用版本进行论证。这部分是参与成员所发挥的作用，新兴大国逐渐加入决策俱乐部很有可能导致僵局的发生概率不断增加。因此，甘布尔认为，僵局更有可能存在于谈判各方处于均势，而非一家独大的局势中。但是新兴大国的影响力逐渐增加所发挥的作用同样不可小觑。因此，虽然大部分谈判主体可能会在谈判桌上破坏协议的达成，但是如果崛起之后的大国在文化上存在分歧（对世界秩序和公平正义理解不同），这很有可能会加剧僵局的形成。甘布尔认为，我们还需要注意到谈判主体越具有多样性，不确定性和信任缺乏就越可能出现。当谈判主体在世界观或者意识形态上——如集体主义和个人主义的差异——也存在区别时，强国和弱国在沟通过程中面临的挑战也会加剧。如在塞浦路斯，土耳其人和希腊人的权力和文化差异发生融合，这些差异致使谈判僵局长期存在。布朗认为，僵局往往是权力

264

制衡动态发展的结果；反过来，这种僵局可能会在很大程度上影响谈判方双方的决心和期望。

假设 3a 和假设 3b 之间的模糊联系也在其他几章反复出现。在第二章中，马丁·唐顿对这个问题进行了深入的历史分析：为什么相比于贸易领域，在国际货币关系中建立多边机构和避免僵局容易得多？他的观点中非常重要的一部分原因是假设 3：布雷顿森林协议主要是英美国家在参与，而参与贸易谈判的主体数量庞大且具有多样性。在第六章中，纳利卡和范·霍滕认识到伴随着世贸组织权力制衡不断变化，不确定性可能已经加剧。这种不确定性的根源，部分在于参与谈判的主体数量变多（如从关贸总协定的老四国到 2008 年 7 月日内瓦谈判的七国集团）。但是，由于新加入的谈判主体都是来自发展中国家——如巴西、中国和印度——他们不仅代表各自国家，还是发展中国家联盟的领导人，这样问题就复杂化了。同样，约亨·普兰特尔在第八章提及假设 3，他认为安理事会结构上存在的局限（特别是保留了五大常任理事国的否决权）使其容易陷入僵局。他进一步分析了安理会为了克服这些局限所采用的体制机制，其中包括通过非正式程序改变体制之间的权力制衡，从而间接地解决了地位和文化均存在差异主体之间的问题。

265　　实际上，即使在关于假设 3a 的两个章节中，探讨与假设 3b 的联系也具有一定价值。特别是在第五章中，杨认为"到目前为止，在全球经济中，各方权力分配相对较为平衡，这使得欧盟和美国无法仅凭自身力量影响谈判的局面"，这可以理解为权力主体多样性的表现——将互不相容的各种利益和信仰集中到一起。类似地，在第九章中，范·霍滕证明假设 1 和假设 3a 之间存在至关重要的联系：科索沃阿尔巴尼亚族和塞尔维亚人的最佳替代方案因外部力量支持而被改变。虽然这个观点重心在于权力的结构平衡，但值得探讨的是，如果外部力量属于相似归类（或者是同一联盟或者所持立场基本相同），那么在何种程度上，他们就不太可能介入地区冲突；故而，此时就可以研究假设 3a 和假设 3b 之间的联系。

就未来研究而言，进一步区分假设 3a 和假设 3b 的方式之一是进行反事实或者重点对比分析。建议采取的战略是：保持权力主体不变，评估文化产生的影响；保持文化不变，观察权力主体各自产生的影响。通过阶乘设计同时考虑权力和文化，其单独和相互之间的影响就得以展现。为了帮助我们更好地理解个体如何识别内群体和外群体，因而决定欢迎、反感、促进、阻止新兴国家的崛起，这样的实验也会在这里具有相关性。[1]

总之，这是更广为接受的假设之一。在大多数分析中，假 266设求证的过程在大多数分析中都得以呈现，也出现在全部问题里。在这个假设中极为重要的问题是权力与文化的关系。尽管权力和文化是谈判方两个独立的特点，但作者在分析过程中，这两个维度经常被融合在一起。在研究过程中所面临的挑战是，如何更深入地理解权力和文化对僵局分别与共同产生的影响。

假设 4：僵局出现是因为特定机构的结构促进或阻止协议的达成。

在强调这一假设的七章中，有四章对之进行了充分论证。唐顿在第二章表明哈瓦那谈判过程中的制度因素致使国际贸易组织未能成功创立。谈判过程中所有参与者都获得了投票权，权力均衡转而对欠发达国家有利，这反过来也改变了双层博弈

[1] 参见德鲁克曼（Druckman）2006 年对于群体依恋后果的讨论。

的动态发展（从而将假设 4 与假设 6 相联系）。国际谈判的妥协——哈瓦那宪章的产生——也需要避免国内重大利益的干涉，尤其是美国。在第三章中，布朗通过劳工谈判论证合理的制度是有效谈判的重要前提。在各方参与的谈判结构中，"明确的章程手段"（clear constitutional means）和其他内部决策程序也发挥了特别重要的作用。在多边谈判中，这可以转换为政府对选民、联盟对成员应履行明确的义务。在第四章中，格林认为，当各国无法通过谈判破除僵局时，他们可以把机构中的争端解决机制当作打破僵局的替代途径。普兰特尔在第八章集中讨论了安理会的制度性设计问题。他重点关注安理会内部机构在解决紧张关系中的灵活性——使其能够适应不断变化的权力制衡（即假设 4 和假设 3 之间的联系），同时也要保留五大常任理事国的否决权维持其大国地位。由此这也导致安理会机制内部的不平等和缺失合法性的特点（假设 4 和假设 5 之间的联系）。

267   第六章也对假设 4 作了部分论证，纳利卡和范·霍滕认为世界贸易组织的制度局限——部分源于其制度内部以成员为主导的特征——加剧了世贸组织内部的不确定性，其成员无法辨明究竟是底线还是虚张声势。甘布尔进一步指出，略显自相矛盾的是，尽管因身份认同产生的冲突成为非常棘手的宏观僵局的基础，但是对国际组织微薄的忠诚也意味着，当局势发生变化时，机构体制的稳定会受到威胁。许多组织只是彼时权力关系的产物；具体的表现是这些国际组织缺乏对环境变化的适应能力，缺乏将损害从谈判僵局退出的努力，由此频繁导致冲突升级。根据这个观点，正是因为他们没有其他组织所具备的灵活性和适应能力，这些国际组织自身不能适应新兴大国的出现（假设 3a）以及他们带到谈判桌上的新公平观念（假设 3b 加假设 5）。

　　虽然杨没有直接对假设 4 做出解释，但是他对假设 3a 的关注，即新兴大国的崛起使组织内部取得共识变得更为困难，这与制度本身相关：过去国际组织内部俱乐部式的决策方法——主要依靠欧盟和美国达成的协议——现在已经无法满足当下需求。范·霍滕认为他对科索沃谈判的研究并没有论证假设 4。但是，他就各方通过场合转换的观点却恰恰相反。制度性替代方案的有效性以及国际机构中的不同成员关系（也是制度设计的特征之一）为打破僵局创造了新的机会和挑战。

　　所有这些研究的共同主题是，如果机构要想有效地推动僵局破解，就必须平衡好权力现实（假设 3）、平等代表权与其他与正义相关的诉求（假设 5）。能够调和这些需求的灵活制度可以更好地实现这种良性平衡，但是也会因过于灵活的创新引发合法性问题（如第八章所示），在达成协议的过程中缺乏权威、界限不明（如第三章所示）。范·霍滕在其所写就的第九章与关于世贸组织的第五章和第六章这三部分均表明，制度性替代方案的存在，无论是存在于多边、区域，抑或是双边关系中，产生了自相矛盾的作用。一方面，如果谈判者在某个制度框架下遭遇僵局，通过允许谈判者转换场合从而让谈判继续进行下去。另一方面，通过改善几方谈判者的最佳替代方案（假设 1），场合转换也能增加僵局产生的可能性。

　　总之，制度结构在打破僵局中所发挥的作用，很大程度上需要通过有关其他的假设过程来理解。这些结构可以对冲国内选民、权力不均衡、有诱惑力的替代选择以及均等代表的要求等加剧僵局的影响。这些制度还可以通过创造新的需求和加强最佳替代方案的吸引力来推动谈判进程。这些制度设计本身是 268

一把双刃剑，对于未来研究制度结构的影响是个有趣的挑战。

假设5：因为公平和正义至关重要，僵局出现。

有三章（第二章、第四章和第八章）展示了这一假设的证明，甘布尔在第一章对之进行了部分论证；我们发现，在公平、正义或合法性方面确定立场会增加僵局发生的可能性。之所以如此，是因为我们通常将这些原则视为权利而不容许让步。假设3和假设5之间也存在着密切的联系，当我们试图获得更大的发言权时，斗志昂扬的新兴国家会去呼吁这些规范。唐顿证明假设4、假设5和假设6之间存在重要联系：哈瓦那会议提出的各种要求是以分配正义为基础；分配正义也是制度设计的产物——通过给予所有谈判方平等的发言权和投票权以强化程序正义。这么做的结果就是强化了国际谈判桌上的对抗。国际妥协对于调和谈判桌上的对抗是必要的，但是事实证明这在国内行不通，尤其是在美国国内，因此导致国际贸易组织的最终失败。

269　　这个假设解决了谈判文献中一个有趣的争议，即正义考量是促进还是阻碍协议的达成，这些成果达成之后是否可以持续下去？本书作者认为这恶化了各方之间的冲突。这些后果可能发生在这些章节涉及的各种制度化的全球论坛中。相反的观点——正义，特别是平等，促成协议的达成——是基于解决了冲突根源。这一观点得到了关于结束内战研究的支持。[1] 无论支持哪一方的观点，都可以启动对这一类型谈判的研究。因此这个争议很有意思，值得进一步研究。

假设6：由于国内利益的特定布局，国际僵局出现。

〔1〕 See Druckman and Albin 2008.

　　通过阐释双层博弈，共有七章对该假设进行论证并指出影响国际谈判行为的三个国内影响力源头：国内机构（第二、三、五和七章）、国内利益团体（第一、二、三、五、七和九章）和国内领导人（第十章）。将领导人任期和政治体制纳入国内利益之下，从而带我们探究国内领导人独具特色的轶事之外的东西，贝尔科维奇和鲁特马尔对双层博弈和谈判分析的文献做出重要贡献。

　　假设 6 和其他假设之间也存在一些重要联系，这有助于从新的角度发展双层博弈理论。如前所述，唐顿的分析确立了假设 4、假设 5 和假设 6 之间的关系，使其得出观点——"哈瓦那的成功意味着在国会山的失败"。杨在第五章、维兹尔吉安尼杜在第七章以及范·霍滕在第十章均表明假设 1 和假设 6 存在联系：更好的最佳替代方案使国内选民对诸如贸易、气候变化和科索沃政策等大范围谈判的妥协有所抵制。范·霍滕进一步论证了外界权力平衡对国内政治产生的影响，这就证明了假设 3 和假设 6 之间的相互关系：例如，俄罗斯与西方国家的权力平衡发生的变化也改变了科索沃阿尔巴尼亚人和塞族人的谈判进程。

　　但是，同样重要的是观点，特别是第一章和第六章（也包 ²⁷⁰ 括第四章和第七章，但是这两章没有涉及假设 6）认为并不是所有的国际政治都和国内相关。在第一章中，甘布尔提醒我们为研究谈判僵局，国际政府体系、国际政治经济的结构以及国家之间互相妥协形成这些体系的方式，可能会是一个更有用的起点。在第八章中，普兰特尔省略国内变量在很大程度上是可以理解的。在第六章中，纳利卡和范·霍滕指出 2003 年和 2006 年的多哈谈判侧面反映了僵局主要是由受国际因素不确定性的影响而不是迫于国内政治压力。

总之，双层博弈的概念贯穿于多个章节。这个概念提供了一个观察国际舞台上各国领导人及其选民之间互动关系的有用视角。进一步而言，我们的作者阐明国内选民的利益如何凸显谈判替代选择，鼓励对它们重新考察，抵消制度结构的影响并建构公平问题。假设过程之间的相互作用扩充了双层博弈的概念，由此，做出了重大贡献，值得未来继续进行研究。

对策方案组合（Solution sets）

十章内容中的七章与导论中提出的对策方案直接相关。基于这些分析，我们发现存在以下三个趋势。

第一，在某些章节中，我们发现假设和对策方案之间存在直接对称关系。例如，在第七章，维兹尔吉安尼杜认为，更好的最佳替代方案以及国内政治因素是美国退出《京都议定书》的原因，而美国重新参与巴厘岛气候谈判是补充对策方案的作用。她还指出，尽管对最佳替代方案的看法转变是因为美国及附件一国家希望发展中国家做出让步的战略产物（更大的主动性去接受后京都议定书机制下的一些承诺），国内政治发生的变化更"有机"，并不易受其他国家战略操作的影响。同样，贝尔科维奇和鲁特马尔在第十章中认为："如果僵局原因是国内因素，除了改变国内格局别无他法。"改变战略的例子包括让国内选民与日常谈判保持适当距离、提出符合他们利益的要求、改变他们对替代方案的看法、成立支持联盟以及鼓励积极的领导人。在第六章中，纳利卡和范·霍滕提出，如果不确定性是僵局发生的原因（假设2），那么发出有效的信号（对策方案2）去消除不确定性是最直接的对策方案。

第二，我们发现，由于假设之间的联系，案例之间存在更 271 为迂回的互补性。范·霍滕在第九章认为，僵局发生的原因之一是外部力量的支持（假设 3），塞尔维亚人和科索沃阿尔巴尼亚人的最佳替代方案（假设 1）得到了强化。那么可能的对策方案是撤出这种外部力量（对策方案 1）来改变最佳替代方案，或者达成协议仅仅是因为国内政治发生变化——可能是塞尔维亚支持欧洲的势力越来越占据主导地位（对策方案 6），也可能是俄罗斯在国际权力均势中落入下风（对策方案 3）。同样，纳利卡和范·霍滕也暗示，释放信号之外，还可以采用其他方法减少世贸组织中存在的不确定因素，比如说制度上的改革（对策方案 4）。实际上，格林在第四章向我们展示了司法解释（对策方案 2 和对策方案 4）如何帮助减轻对公平正义的担心（假设 5）。对于试图打破僵局的人来说，既然一个问题存在多种对策方案，这就为破除僵局提供了最大程度的保障。绕开争议问题即僵局主要成因应对不太情绪化的次要问题，在某些情况下，这种方法有效且相对容易实施。

第三，在第八章中，我们发现僵局的成因和对策之间存在一个特别有趣的动态关系。普兰特尔证实了尝试解决僵局的某一个具体成因可能会造成意想不到的新问题。因此，例如，尝试通过"团结一致共策和平"的决议将决策权转移给联合国大会以打破僵局，使成员绕开安理会的否决权。换句话说，制度的问题（假设 4）会由制度性的对策方案来解决（对策方案 4）。但是，正如普兰特尔指出的那样，绕开安全理事会的结果是导致了合法性分歧（假设 5）和权力分歧（假设 3a），从而造成新 272 的僵局。普兰特尔的研究提醒我们注意这样一个事实：即使谈判者采纳了直接消除僵局成因的对策方案，也可能会引发意想不到的新僵局。谈判者越了解僵局的其他成因和可能的替代方案，他们越有可能防范出现新僵局的风险。

问题出现了，作者对于假设（各章共 40 次论证）和对策方案（15 次论证）的关注程度存在巨大的不对称。这种差异可能是因为学者们更倾向于论证分析而不是提供对策。许多作者都关注对他们自己选取案例的理解。成因分析被视作主要任务。提供建议——通常是在咨询工作中——似乎是次要考虑。但是，这本书的一个重要贡献就是将案例分析与对策结合起来。论证二者关系的章节——第三章、第六章、第七章和第十章——表明富有成效的对策取决于合理可靠的分析。但是，二者之间的关系可能十分复杂：某些特定问题可能有几种对策方案（第四章、第六章和第九章）；一些对策方案可能造成新的问题（第八章）；可能需要根据谈判进行的阶段调整不同的对策方案，如第五章和第六章中的多哈谈判所示。这些例子表明案例分析和对策方案之间存在更加微妙的联系。事实上，呼吁人们注意假设对策关系中的复杂性也是本书的主要贡献。

扩展概念和假设

除了详细论述导论中的假设和对策方案之外，本书第一部分和第二部分的十章内容还提出了几个新思路，为未来进一步研究提供了新方向。

回想一下，导论部分基于最终结果提出了三种类型的僵局。因此，僵局被分为僵持（逐渐降级的动态发展过程）、延迟和崩盘三种情况。表 11.3 列举了每一章中所分析的僵局类型。

表 11.3　僵局的类型

僵持型僵局	延迟型僵局	崩盘型僵局
约亨·普兰特尔	安德鲁·甘布尔	马丁·唐顿
马克斯·格林	马克斯·格林	塞瓦斯蒂-艾勒妮·维兹尔吉安尼杜
	阿拉斯代尔·杨	
	阿姆里塔·纳利卡和彼得·范·霍滕	
	贝尔科维奇和鲁特马尔	贝尔科维奇和鲁特马尔
威廉·布朗	威廉·布朗	威廉·布朗

　　本书反直觉（counter-intuitive）的理论发现之一是崩盘的僵局。在导论中，崩盘被定义为"谈判过程彻底崩溃"，即僵局持续的时间太长，或者情况不断恶化，"谈判者离开谈判桌"。维兹尔吉安尼杜（第七章）给这个定义增加了一点不一样的内容。美国退出海牙谈判，引发了整个谈判过程的崩盘。诚然，协议本身仍然存在，但正如维兹尔吉安尼杜令人信服的论证指出，美国从京都议定书的拖延退出严重损害了该机制取得成功的可能性，也给未来的发展打上了问号。随着美国重新回到巴厘岛谈判桌上，我们看到僵局发生了从崩盘状态到僵持状态或者延迟状态的转变。这表明崩盘式的僵局实际上也会引起其他两种僵局状态的产生。在第一类中，崩盘十分清楚，谈判方为寻求替代方案而离开谈判桌，谈判本身就以失败告终，国际贸易组织谈判的失败就属于这种。第二种谈判崩盘是指当主要谈

判方退出谈判时，继续进行谈判意义不大，但是谈判机制仍然存在。如果一个或者多个主要谈判方重新回到谈判桌上，那么第二种崩盘式僵局转变为延迟状态或者僵持状态的可能性就会大得多。

甘布尔强调了无限期延迟僵局的重要性，此外，将僵局区分为宏观谈判僵局和微观谈判僵局。甘布尔将宏观谈判定义为那些确定国际政府体系和国际经济参考标准的谈判。微观谈判处理具体问题。相较于微观谈判僵局，打破宏观谈判僵局要困难得多。我们一开始所做的僵局三分法也符合这种分类。不论是宏观谈判，还是微观谈判，我们都可以在其中看到崩盘、延迟和陷入僵持状态这三种类型。

274 　　甘布尔还区分了资源相关问题和身份相关问题，后者更难解决。这与前面提及的一系列研究结果一致。不过，甘布尔提出了一个矛盾的观点，他认为："因为对国际组织的廉价忠诚度很难建立持久的制度，一旦情况发生变化，已确立的制度就可能处于危险中"，因此，如果国际组织缺乏身份认同，打破僵局可能会变得更为困难。因此，身份认同是一把双刃剑：持久且深刻的身份认同强化了立场承诺，致使谈判方难以达成协议。但是，他们也可以巩固机制，使得这些协议不易被废除或者重新对协议进行谈判。

贝尔科维奇和鲁特马尔区分了结构性僵局和过程导向性僵局。按照这种分类，假设1、假设2和假设5（与它们相应的对策方案）更加以过程为导向，而假设3a和假设4更偏向于结构化。一般情况下，我们可以认为结构性僵局比过程性僵局更难解决。例如，制定对策就可以改变对替代方案和公平问题的看法。便利的非正式和非官方研讨会可以提供用于减少不确定性的利益与需求信息，也存在其他类型的对策针对结构性僵局的形成原因。从某种程度上来看，权力均衡也可以通过非正式程序改变。如果从规范层面提出对策，制度改革可能会有效果，继而为改变谈判规则以及设立更为灵活的制度铺路。

在探讨打破僵局的其他对策方案方面，除了我们一开始提出的对策方案之外，甘布尔还提出在谈判中增加新的谈判主体。在某些情况下，这可能会将双边谈判转变为多边谈判。这个对策能够起作用的原因包括：①各方权力均势发生变化；②代表相关利益的新声音的加入；③形成联盟，打破平衡，形成有利于一方或者另一方的局面；和④追求共同结果的向心力。但是，新的利益方加入进来，情况会更加复杂，僵局可能会因此持续下去。这些替代性的后果仍有待继续考察。

在谈判议程中加入更多议题也是对策方案之一。这个做法 275 既可以终结也可以延续谈判僵局。积极的一面是，劳埃德·詹森（Lloyd Jensen）认为，更多议题能增加潜在的协议空间，使得各种妥协成为可能。[1] 将议题进行关联这一设想可能会降低热点问题的两极化，或者降低意识形态差异的显著性。增加的议题也可能因谈判者们没有注意到的交易而参与到关联中。扩大议程带来的大量交易（滚木法）预示以妥协为代价，带来可接受的结果。但是，正如唐顿指出的那样，试图以妥协的结果来迎合所有谈判方，可能会在国内相关利益方之间造成新的分歧，阻止谈判进程向前发展。新增问题可能会在谈判中以及国内民众内部产生新的裂痕。

唐顿在货币和贸易问题上所做的区分对僵局有额外的影响。

––––––––––––––

〔1〕　Jensen 1995.

货币问题主要与技术相关。当冲突发生时，货币通常不会再成
为实现共同目标或者价值的手段。参照肯尼思·哈蒙德（Ken-
neth Hammond）提出的认知冲突，[1] 这种差异的源头很难解
决，而且往往比利益冲突更难调和。[2] 但是，这些困难主要限
于谈判场合。它们不太可能激起国内选民的热情，从而使僵局
持续。贸易谈判的政治化会引起价值观的冲突，而事实证明，
价值观的冲突无法通过谈判调和。更重要的是，对于那些就自
由贸易与贸易保护、环境监管与工业发展等问题存在不同看法
的国内民众而言，这些议题变成了焦点问题。结果，与贸易有
关的僵局很难处理，对策方案就更少了。一个有趣的研究脉络
是集中在战略构建方面。例如，自唐顿之后，贸易问题就成了
可供讨论的竞争性智力架构。或者说，研究重点在于这些问题
的技术特点，而不是对价值观或世界观的影响。

276　　　　可以理解，学者们会关注假设突出强调的谈判过程（和结
构）的这些方面，即替代方案、不确定性、公平和国内利益。
如上所述，很明显，这个过程的其他特点也很明显地出现在他
们的分析中。例如，如果想避免或管理好僵局，谈判者之间建
立一个密切、以信任为基础和消息充分的谈判关系就显得尤为
重要。布朗在研究中通过最明确的方式阐述了这一观点，即建
立上述谈判关系是实现有效管理僵局的两个条件之一（第一个
条件是"组织内部效率"或制度性条件）。他认为，谈判者之间
基于职业认同建立的友好关系可以促进谈判者达成最有成效的
谈判关系。第三方的成功介入必须为做出最大让步的一方考虑

----

〔1〕　Hammond 1965.
〔2〕　参见德鲁克曼（Druckman）1971 年对该类研究的评论。

多种保存体面的做法。

　　该研究还提出有关转折点的观点——在导论中略有阐述。杨承认外部事件对延迟型僵局所产生的作用。他对多哈谈判进行的分析表明，外部事件可以促使（陷入僵局的）谈判各方重新考虑达成协议的前景。随着各国开始应对 2009 年经济下滑，他们采取了保护主义的措施，特别是提高关税。反过来，这个前景促使美国和欧盟降低对自由贸易的期待，锁定现有的自由化体制——这大概会阻碍贸易保护的扩散。这种“让步”（或者扩大的获胜组合）将会打破多哈谈判僵局。因此，经济衰退加速了离开（转折点），从而达成协议，其会影响到未来的贸易惯例。

　　转折点概念也指阶段性过渡。一些学者分析了一个长期谈判从早期阶段迈向后续阶段的发展过程：如关于多哈谈判的第五章和第六章、关于京都和巴厘谈判的第七章以及关于科索沃冲突的第九章。尽管学者们提出转折点不是用来解释阶段过渡，但很显然，形势发生变化——有时候打破僵局（如气候变化谈判），有时保持僵局（如多哈谈判），但也可能再一次产生僵局（如科索沃谈判）。其实，各轮谈判之间的空隙使得各方有机会重新审视谈判，同时也为一些事件的发生和国内联盟的更易提供了时间。

　　阶段过渡也会涉及其他假设过程。例如，纳利卡和范·霍滕（第六章）清楚地论述了在多哈谈判早期阶段不确定性给会谈带来的影响；在杨（第五章）讨论的（多哈谈判）后期阶段，替代方案以及国内利益更加重要。对谈判进行分阶段解读表明假设具备某些偶然性特征。在延期谈判或者相关谈判的不同阶段，不同谈判过程和结构的区别非常明显。用实验来解释的话，这是谈判条件和谈判阶段之间的相互作用：僵局对于不同阶段发生的不同谈判过程很敏感。这个观察可以根据未来的调查，先作为一个假设对待。

另一种发展动态可能会阻碍达成谈判协议的进程。在某些情况下，谈判者从谈判过程中获益，因而，他们更期待延长谈判持续期间而不是尽快达成协议。例子之一就是从 2005—2007 年启动的科索沃谈判。范·霍滕指出，谈判方取得很多附带利益。最具有说服力的也许就是在决定科索沃最终地位上的拖延。持续的谈判过程为调整最佳替代方案提供了时间，很大程度上是为了应对国内选民不断变化带来的压力。这些附带利益更可能来自表 11.3 所述的延迟僵局而不是僵持型僵局或者崩盘型僵局。

展望未来

本书中学者们所做的谈判研究将案例分析与假设评估这两种传统研究衔接起来。这些传统研究被认为建立在替代性认识论的基础上，如主位和客位，[1] 或是互补方法。通过将这两种手段结合起来，本书提出了全新的研究策略。就专于描述的实证分析和以解释为特色的教义研究而言，假设论证是介于二者之间行之有效的研究方法。基于大量有关谈判的文献提炼出的假设可以用于搭建比较案例分析的架构。这些分析验证了权力

_____

〔1〕 参见哈里斯（Harris）1990 年提出的这类分组。在人类学、民俗学、社会科学和行为科学领域，主位和客位（emic and etic）指的是两种现场调查和得出结论的方法：主位（emic）是指从社会群体内部出发，站在被观察者的角度；客位（etic）则从外部，即观察者的角度出发。——译者注

和国内利益作为僵局成因和解决之道的重要性。前者把握住了国际动态，特别是权力均衡的变化；后者反映了国内状况，尤其是来自选民的压力。这是国际政治双层博弈的一部分。这个思想贯穿于很多章节。在未来研究中仍是一个重要的概念。

另一个主题是多重因果关系。如表 11.1 最后一行所示，大 278 多数案例分析都是同时论证了多个假设。很显然，多边谈判陷入僵局受到谈判过程和谈判结构的影响。举例来说，如果新兴大国和新文化（假设 3a 和假设 3b）成为贸易谈判中的关键参与方（见第六章），就会产生不确定性（假设 2）。另一个例子是如果制度规范发生改变（假设 4）或者国内重新洗牌（假设 6）（见第五章和第七章），替代方案就要重新评估（假设 1）。第三个例子是投票规则发生变化（假设 4）对谈判方权力制衡的影响（假设 3a）。这些变化引起了人们对于分配正义的讨论，分配正义使得国内选民产生了两极分化的局面（假设 5），最终导致谈判失败（见第二章）。这些例子重点强调了假设与结构的协同作用。

我们也可以用协同关系来解释其对僵局的强化或者抵消作用。一个强化的例子是，制度规则或规范与非正式程序结合去降低阻止达成有约束力协议的不确定性。另一个例子是，谈判议题增加会造成国内分歧进而造成局势升级。第三个例子是新加入的谈判方改变了谈判桌上的权力制衡，使得国内重新洗牌，从而阻碍谈判进程。抵消效应的例子包括平衡权力不均衡与平等代表的灵活性机构的角色，这两者会导致僵局的形成。另一个例子是延长谈判过程带来附带利益的角色。它们阻碍了谈判者重新考量最佳替代方案和化解来自国内选民的压力，并降低了"崩盘（危机）—突破（转折点）"动态发生的可能性。

　　这些只是论证学者们观点的抽样。他们提醒注意那些促使僵局持续存在和解决僵局的因素之间所形成的复杂关联。理解这复杂的关系，我们需要构建系统的论证框架：该框架将各种与谈判者背景有关的因素（权力、文化、身份）和条件（国内利益、制度结构、最后期限）以及过程（不确定性、转折点、附带利益、策略）结合起来。通过将这种种因素标记为"先例"、"共生"和"结果"，该框架突出了这些因素在不同阶段的相互作用。[1] 这是谈判僵局研究下一步的工作。

279　　试图对比六个假设各自对僵局产生的影响会巩固我们发现的协同关系。如表 11.1 "分析次数"栏所示，某些假设比其他假设更被广为接受——也就是假设 3 和假设 6。根据假设被论证的频率，我们对之进行排名，从而可以作出判断。因此，假设的相对重要性和它们之间的协同关系的观点得以产生。这些双重贡献可能成为未来对涉及谈判和相关主题的案例进行比较分析的标准。它们还通过强化案例分析推理的基础，为推动案例研究方法进一步发展做出了贡献。

---

〔1〕 参见由索耶（Sawyer）和格兹考（Guetzkow）1965 年提出的一个相似框架下的早期案例。

参考文献

Aaronson, Susan A. 1996. *Trade and the American Dream: A Social History of* 280
Postwar Trade Policy. Lexington: University of Kentucky Press.

Adams, Iestyn. 2005. *Brothers across the Ocean: British Foreign Policy and the*
Origins of the Anglo-American Special Relationship 1900-1905. London: I.
B. Tauris.

AFBF. 2008a. 'Expand Trade Markets', November. Washington, DC: Ameri-
can Farm Bureau Federation. Online, available at: www. fb. org (accessed 21
January 2009).

AFBF. 2008b. 'Evidence of Commitment Needed for Continued WTO Talks', 3
December. Washington, DC: American Farm Bureau Federation. Online, a-
vailable at: www. fb. org (accessed 21 January 2009).

Ahnlid, A. 2005. 'Setting the Global Trade Agenda: The European Union and
the Launch of the Doha Round'. In Elgström, O. and Jönsson, C. (eds.)
European Union Negotiations: Processes, Networks and Institutions. London:
Routledge, pp. 130-47.

Ahtisaari, Martti. 2008. 'Conflict Resolution-the Case of Kosovo'. *Irish Studies*
in International Affairs 19: 183-7.

Allen, D. and Smith, M. 2001. 'External Policy Developments'. *Journal of*

Common Market Studies, 39, Annual Review: 97-114.

Anderson, Kym and Hoekman, Bernard M. 2002. *The Global Trading System.* London: I. B. Tauris.

Anderson, Kym, Martin, Will and van der Mensbrugghe, Dominique. 2006. 'Doha Merchandise Trade: What's at Stake for Developing Countries'. *World Bank Policy Research Working Paper*, no. 3848, February.

Application of the International Convention on the Elimination of All Forms of Racial Discrimination (Georgia vs. Russian Federation). 2008.

Aust, Anthony. 1993. 'The Procedure and Practice of the Security Council Today'. In The Hague Academy of International Law (ed.) *Peacekeeping and Peacebuilding: The Development of the Role of the Security Council.* Dordrecht: Martinus Nijhoff, pp. 365-74.

Bacus, M., Grassley, C. E., McCrery, J. and Rangel, C. B. 2008. 'Letter to President Bush', 2 December. Online, available at: http://waysandmeans. house. gov/News. asp? FormMode-print&ID-710 (accessed 21 January 2009).

Bailey, M., Goldstein, J. and Weingast, B. R. 1997. 'The Institutional Roots of American Trade Policy: Politics, Coalitions and International Trade'. *World Politics*, 49 (3): 309-38.

Baldwin, M. 2006. 'EU Trade Politics: Heaven or Hell?'. *Journal of European Public Policy*, 13 (6): 926-42.

Bang, Guri, Tjernshaugen, Andreas and Andresen, Steinar. 2005. 'Future US Climate Policy: International Re-engagement?'. *International Studies Perspectives*, 6: 285-303.

Banks, Jeffrey S. 1991. *Signaling Games in Political Science.* Chur: Harwood Academic Publishers.

Barrett, Scott. 1998. 'Political Economy of the Kyoto Protocol'. *Oxford Review of Economic Policy*, 14 (4).

Barton, John, Goldstein, Judith, Josling, Timothy and Steinberg, Richard. 2006. *The Evolution of the Trade Regime: Politics, Law and Economics of the WTO.* Princeton University Press.

Batstone, E. , Boraston, I. and Frenkel, S. 1977. *Shop Stewards in Action.* Oxford: Blackwell.

Bayne, N. and Woolcock, S. 2003. 'What is Economic Diplomacy?'. In Bayne, N. and Woolcock, S. (eds.) *The New Economic Diplomacy: Decision-Making and Negotiation in International Economic Relations.* Aldershot: Ashgate.

Bazerman, Max and Neale, Margaret. 1995. 'The Role of Fairness Considerations and Relationships in a Judgemental Perspective of Negotiations'. In Arrow, Kenneth, Mnokin, Robert, Ross, Lee, Tversky, Amos and Wilson, Robert (eds.) *Barriers to Conflict Resolution.* New York: W. W. Norton, pp. 86-106.

Bellamy, Alex J. 2002. *Kosovo and International Society.* Basingstoke: Palgrave Macmillan.

Bennett, Scott D. and Stam III, Allan C. 1996. 'The Duration of Interstate Wars, 1816-1985'. *American Political Science Review*, 90 (1): 239-57.

Bennett, Scott D. , and Stam III, Allan C. 2000. 'EUGene: A Conceptual Manual'. *International Interactions*, 26: 179-204.

Bercovitch, Jacob and Fretter, Judith. 2004. *Regional Guide to International Conflict and Management from 1945-2003.* Washington, DC: CQ Press.

Bercovitch, Jacob and Jackson, Richard. 1997. *International Conflict Management, 1945-1995: A Chronological Encyclopedia of Conflicts and their Management.* Washington, DC: Congressional Quarterly.

Beriker, Nimet and Druckman, Daniel. 1996. 'Simulating the Lausanne Peace Negotiations, 1922-23: Power Asymmetries in Bargaining'. *Simulation & Gaming*, 27: 162-83.

282 Berlin, Isaiah. 1997. *The Proper Study of Mankind: An Anthology of Essays.* London: Chatto & Windus.

Beveridge, William H. 1944. *Full Employment in a Free Society: A Report.* London: Allen and Unwin.

Black, Richard. 2008. 'Obama's Green Dream', 22 December, Earth Watch, BBC News. Online, available at: www. bbc. co. uk/blogs/thereporters/richardblack/2008/12/obamas_green_dream. html.

Blake, Robert and Mouton, Jane. 1961. *Group Dynamics: Key to Decision Making.* Houston: Gulf Publications.

Bloomfield, David, Nupen, Charles and Harris, Peter. 1998. 'Negotiation Process'. In Harris, Peter and Reilly, Ben (eds.) *Democracy and Deep-Rooted Conflict: Options for Negotiators.* Ljubljana: IDEA, pp. 61-132.

Boehmer-Christiansen, Sonja and Kellow, Aynsley. 2002. *International Environmental Policy: Interests and the Failure of the Kyoto Process.* Cheltenham: Edward Elgar.

Bonham, G. Matthew. 1971. 'Simulating Disarmament Negotiations'. *Journal of Conflict Resolution*, 15: 299-318.

Brewer, Thomas. 2005. 'US Public Opinion on Climate Change Issues: Implications for Consensus-building and Policy Making'. *Climate Policy*, 4 (4).

British Parliamentary Paper. 1944. Cmnd. 6527, 'Employment Policy'.

British Parliamentary Paper. 1945. Cmnd. 6709, 'Proposals for Consideration by an International Conference of Trade and Employment as transmitted by the Secretary of State of the United States of America to His Majesty's Ambassador at Washington', 6 December 1945.

Brown, Andrew and Stern, Robert. 2007. 'Concepts of Fairness in the Global Trading System'. *Pacific Economic Review*, 12: 293-318.

Brown, Bert. 1977. 'Face-Saving and Face-Restoration in Negotiation'. In Druckman, Daniel (ed.) *Negotiations, Social-Psychological Perspectives.*

London: Sage Publications, pp. 275-99.

Brown, William Adams. 1950. *The United States and the Restoration of World Trade: An Analysis and Appraisal of the ITO Charter and the General Agreement on Tariffs and Trade*. Washington, DC: Brookings Institute.

Brown, W. 1973. *Piecework Bargaining*. Oxford: Blackwell.

Brown, W. 2009. 'The Process of Fixing the British National Minimum Wage, 1997-2007'. *British Journal of Industrial Relations*, 47 (2): 430-44.

Bryner, Gary. 2000. 'Congress and the Politics of Climate Change'. In Harris, Paul (ed.) *Climate Change and American Foreign Policy*. New York: St. Martin's Press.

Bueno de Mesquita, Bruce and Lalman, David. 1992. *War and Reason: Domestic and International Imperatives*. New Haven: Yale University Press.

Bueno de Mesquita, Bruce and Siverson, Randolph. 1995. 'War and the Survival of Political Leaders: A Comparative Study of Regime Types and Political Accountability'. *American Political Science Review*, 89 (4): 841-55.

Bueno de Mesquita, Bruce and Siverson, Randolph. 1997. 'Nasty or Nice? Political Systems, Endogenous Norms, and the Treatment of Adversaries'. *Journal of Conflict Resolution*, 43 (2): 147-61.

Bueno de Mesquita, Bruce, Siverson, Randolph and Woller, Gary. 1992. 'War and the Fate of Regimes: A Comparative Analysis'. *American Political Science Review*, 86 (3): 638-46.

Bueno de Mesquita, Bruce, Morrow, James D., Siverson, Randolph and Smith, Alastair. 1999. 'An Institutional Explanation of the Democratic Peace'. *American Political Science Review*, 93 (4): 791-807.

Bueno de Mesquita, Bruce, Morrow, James D., Siverson, Randolph and Smith, Alastair. 2003. *The Logic of Political Survival*. Cambridge: MIT Press.

Bush Administration. 2001. Climate Change Review. Online, available at: yosemite. epa. gov/OAR/globalwarming. nsf/UniqueKeyLookup/SHSU5BNM7H/

283

%File/bush_ccpol_061101. pdf.

BusinessEurope. 2007. 'Letter by BUSINESSEUROPE Secretary General, Philippe de Buck, to the Rt Hon Peter Mandelson, Member of the European Commission, on WTO Doha negotiations', 7 June. Online, available at: http: //212. 3. 246. 117/docs/3/LECOADNBFOADGBNJJEPPKGBMPDB39D BGB39LI71KM/UNICE/docs/DLS/2007-00907-EN. pdf (accessed 19 January 2009).

BusinessEurope. 2008. 'European Companies Disappointed with Doha Blockage', Press Release, 30 July. Online, available at: http: //212. 3. 246. 117/ docs/4/LECOADNBFOADGBNJJEPPKGBMPDBW9DWKA39LTE4Q/UNICE/ docs/DLS/2008-01437-E. pdf (accessed 19 January 2009).

BusinessEurope and NAM (National Association of Manufacturers). 2007. 'Letters from BUSINESSEUROPE President, Ernest-Antoine Seillière, and NAM President and CEO, John Engler, to the Rt Hon Peter Mandelson, EU Commissioner for Trade, and the Rt Hon Susan Schwab, US Trade Representative and to the Hon Pascal Lamy, Director General, World Trade Organisation', 20 June. Online, available at: http: //212. 3. 246. 117/docs/2/LECOADN-BFOADGBNJJEPPKGBMPDB39DBGG69LI71KM/UNICE/docs/DLS/2007-00943-EN. pdf (accessed 19 January 2009).

Callahan, C., McDonald, J. A. and O'Brien, A. p. 1994. 'Who Voted for Smoot-Hawley?'. *Journal of Economic History*, 54 (3): 683-90.

Cameron, Maxwell and Tomlin, Brian. 2000. *The Making of NAFTA: How the Deal Was Done*. Ithaca: Cornell University Press.

Cerutti, Furio. 2007. *The Global Leviathan: A Political Philosophy of Nuclear Weapons and Global Warming*. Lanham: Rowman and Littlefield.

Cichowski, Rachel. 2004. 'Sex Equality'. In Stone Sweet, Alex (ed.) *The Judicial Construction of Europe*. New York: Oxford University Press, ch. 4.

Clapp, Jennifer. 2006a. 'Developing Countries and the WTO Agricultural Negotiations'. *CIGI Working Paper*, 6 March.

Clapp, Jennifer. 2006b. 'Demystifying Doha: Making Sense of the WTO Agricultural Trade Talks'. *Harvard International Review*, 5 September. Online, available at: http://hir. harvard. edu/articles/1458/.

Cohen, Raymond. 2001. 'Breaking the Deadlock; Guarantees in International Mediation'. *Cambridge Review of International Affairs*, 14 (1): 39–52.

Cohen, Raymond and Westbrook, Raymond. 2000. *Amarna Diplomacy: The Beginnings of International Relations*. Baltimore: Johns Hopkins University Press.

Collier, Paul. 2006. 'Why the WTO is Deadlocked and what can be done about it?'. *The World Economy*, 29 (10): 1423–49.

Corwin, Ronald. 1969. 'Patterns of Organizational Conflict'. *Administrative Science Quarterly*, 14 (4): 504–20.

Council of Ministers. 1999. 'Preparation for the Third WTO Ministerial Conference–Draft Council Conclusions', Document 12092/99 WTO 131. Brussels: Council of Ministers.

Council of Ministers. 2005. 'Extraordinary Meeting of the General Affairs and External Relations Council', Luxembourg 18 October, 13378/05 (Presse 267). Brussels: Council of Ministers.

Crick, Bernard. 2000. *In Defence of Politics*. London: Continuum.

Culver, J. C. and Hyde, J. 2002. *American Dreamer: The Life and Times of Henry A. Wallace*. New York: Norton.

Daalder, Ivo H. and O'Hanlon, Michael E. 2000. *Winning Ugly: NATO's War to Save Kosovo*. Washington, DC: Brookings Institution Press.

Dam, K. 2004. 'Cordell Hull, The Reciprocal Trade Agreement Act, and the WTO', Chicago Working Paper Series, 10 October 2004. Online, available at: www. brookings. edu/papers/2004/1010globaleconomics_dam. aspx (last accessed 7 March 2009).

Damro, C. 2004. 'Multilateral Competition Policy and Transatlantic Compromise'. *European Foreign Affairs Review*, 9 (2): 269-87.

Daunton, Martin J. 1996. 'How to Pay for the War: State, Society and Taxation in Britain, 1917-1924'. *English Historical Review*, 111 (443): 882-919.

Daunton, Martin J. 2006. 'Britain and Globalization since 1850: I, Creating a Global Order, 1850-1914'. *Transactions of the Royal Historical Society*, 6th series 16: 1-38.

Daunton, Martin J. 2007. *Wealth and Welfare: An Economic and Social History of Britain*, 1851-1951. Oxford University Press.

285 De Marchi, Neil. 1991. 'League of Nations Economists and the Ideal of Peaceful Change in the Decade of the Thirties'. In Goodwin, C. D. (ed.) *Economics and National Security: A History of their Interaction*, Annual Supplement to *Volume 23*, History of Political Economy. Durham, NC and London: Duke University Press, pp. 143-78.

Depledge, Joanna. 2005. 'Against the Grain: the United States and the Global Climate Change Regime'. *Global Change, Peace and Security*, 17 (1).

Depledge, Joanna. 2008. 'Crafting the Copenhagen Consensus: Some Reflections'. *RECIEL*, 17 (2).

Destler, I. M. 2005. *American Trade Politics*, 4th edition. Washington, DC: Institute for International Economics.

Deutsch, Morton. 1973. *The Resolution of Conflict.* New Haven: Yale University Press.

Dickens, L. and Neal, A. C. (eds.). 2006. *The Changing Institutional Face of British Employment Relations.* Alphen aan den Rijn: Kluwer.

Diebold, William. 1952. 'The End of the ITO'. *Essays in International Finance 16*, Princeton University.

Dinan, D. and Camhis, M. 2004. 'The Common Agricultural Policy and Cohesion'. In Cowles, M. G. and Dinan, D. (eds.) *Developments in the Euro-*

pean Union 2. Basingstoke: Palgrave, pp. 119–39.

Dixon, William J. 1994. 'Democracy and the Peaceful Settlement of International Conflict'. *American Political Science Review*, 88 (1): 14–32.

Documents on Canadian External Relations, *Volume 14*: *581*, Secretary of State for External Affairs to heads of post abroad, 4 June 1948a. Online, available at: www. international. gc. ca/department/history/dcer/detailsen. asp? intRefid = 10321 (last accessed 5 April 2008).

Documents on Canadian External Relations, *Volume 14*: *582*, Chief delegate, delegation to the United Nations Conference on Trade and Employment to Secretary of State for External Affairs, 13 July 1948b. Online, available at: www. international. gc. ca/department/history/dcer/details – en. asp? intRefid = 10322 (last accessed 5 April 2008).

Doron, Gideon and Sened, Itai. 2001. *Political Bargaining*: *Theory*, *Practice and Process*. London: Sage.

Downie, Bryan. 1993. 'When Negotiations Fail: Causes of Breakdown and Tactics for Breaking the Stalemate'. In Lewicki, Roy, Litterer, Joseph, Saunders, David and Minton, John (eds.) *Negotiation*: *Readings*, *Exercises and Cases* 2nd Edition. Illinois: Irwin, pp. 474–90.

Druckman, Daniel. 1971. 'The Influence of the Situation in Inter–Party Conflict'. *Journal of Conflict Resolution*, 15: 523–54.

Druckman, Daniel. 1977a. 'Boundary Role Conflict: Negotiation as Dual Responsiveness'. *Journal of Conflict Resolution*, 21: 639–62.

Druckman, Daniel (ed.). 1977b. *Negotiations*, *Social – Psychological Perspectives*. London: Sage Publications

Druckman, Daniel. 2001. 'Turning Points in International Negotiation: A Comparative Analysis'. *Journal of Conflict Resolution*, 45: 519–44.

Druckman, Daniel. 2005. *Doing Research*: *Methods of Inquiry for Conflict Analysis*. Thousand Oaks: Sage.

286

Druckman, Daniel. 2006. 'Group Attachments in Negotiation and Collective Action'. *International Negotiation*, 11: 229-52.

Druckman, Daniel and Albin, Cecilia. 2008. 'Distributive Justice and the Durability of Peace Agreements'. Occasional Paper Number 10, Australian Centre for Peace and Conflict Studies, University of Queensland, Brisbane, Australia.

Druckman, Daniel and Diehl, Paul F. 2006. *Conflict Resolution, vols. I - V.* London: Sage.

Druckman, Daniel and Green, Justin. 1995. 'Playing Two Games: Internal Negotiations in the Philippines'. In Zartman, William I. (ed.) *Elusive Peace: Negotiating an End to Civil Wars.* Washington, DC: Brookings.

Dür, A. 2008. 'Bringing Economic Interests Back into the Study of EU Trade Policy-Making'. *The British Journal of Politics and International Relations*, 10 (1): 27-45.

Dür, A. and De Bièvre, D. 2007. 'Inclusion without Influence? NGOs in European Trade Policy'. *Journal of Public Policy*, 27 (1): 79-101.

Earth Negotiations Bulletin (ENB). 1996. 23 December, vol. 12, no. 39.

Earth Negotiations Bulletin (ENB). 2000. 27 November, vol. 12, no. 163.

Earth Negotiations Bulletin (ENB). 2007. 18 December, vol. 12, no. 354.

Economides, Spyros. 2007. Kosovo. In Berdal, Mats and Economides, Spyros (eds.) *United Nations Interventionism: 1991 - 2004.* Cambridge University Press, pp. 217-45.

Eichengreen, Barry. 1989. 'The Political Economy of the Smoot-Hawley Tariff'. In Ransom, Roger L. and Sutch, Richard (eds.) *Research in Economic History.* Greenwich, CT: Jai Press.

Eizenstat, S. E. and Cheek, M. L. 2007. 'Ending the Trade War in Washington: Saving the Trade Agenda by Protecting Workers'. *Foreign Affairs*, 86 (3): 15ff.

European Commission. 2003. 'Report on United States Barriers to Trade and Investment 2003', December. Brussels: European Commission.

European Commission. 2004. 'Trade Policy in the Prodi Commission, 1999 – 2004: An Assessment', 19 November. Brussels: Commission of the European Community.

European Commission. 2007. 'Global Europe: A Stronger Partnership to Deliver Market Access for European Exporters', COM (2007) 183 final, 18 April. Brussels: European Commission.

Evans, p. B. , Jacobson, H. K. and Putnam, R. D. (1993) (eds), *Double – Edged Diplomacy: International Bargaining and Domestic Politics*, University of California Press.

Evans, Peter B. , Jacobson, Harold K. and Putnam, Robert D. (eds.). 1993. *Double – Edged Diplomacy: International Bargaining and Domestic Politics*. Berkeley: University of California Press.

Evenett, Simon. 2006. 'Deadlock in Trade Negotiations: Any Lessons from the Current Doha Round Impasse?'. Paper presented at workshop, *Breaking the Deadlock at Doha*, Centre for Research in the Social Sciences and Humanities, Cambridge, November.

Evenett, S. J. 2007. 'Doha's Near Death Experience at Potsdam: Why is Reciprocal Tariff Cutting So Hard?', 23 June. Paper available at www. evenett. com.

Evenett, S. J. and Meier, M. 2006. 'The U. S. Congressional Elections in 2006: What Implications for U. S. Trade Policy', University of St. Gallen. Online, available at: www. evenett. com/research/workingpapers/US_ Congr_ Elections. pdf.

Facon, Isabelle. 2006. 'Kosovo and Iraq: Two Test Cases for the Partnership between Post-Soviet Russia and the West'. In Croci, Osvaldo and Verdun, Amy (eds.) *The Transatlantic Divide: Foreign and Security Policies in the*

287

Atlantic Alliance from Kosovo to Iraq. Manchester University Press, pp. 92–105.

Falke, A. 2005. 'Waking-up from Trade Policy Hibernation? Germany's Role in the Doha Development Round'. In Overhaus, M., Maull, H. W. and Harnisch, S. (eds.) *European Trade Policy and the Doha Development Agenda*: *German Foreign Policy Dialogue*, 15, February. Online, available at: www. deutsch-aussenpolitick. de, pp. 20–8.

Faure, Guy Olivier. 2005. 'Deadlocks in Negotiation Dynamics'. In Zartman, William I. and Faure, Guy Olivier (eds.) *Escalation and Negotiation in International Conflicts.* Cambridge University Press, pp. 23–52.

Fearon, James D. 1994. 'Signaling versus the Balance of Power and Interests: An Empirical Test of a Crisis Bargaining Model'. *Journal of Conflict Resolution*, 38 (2): 236–69.

Fearon, James D. 1995. 'Rationalist Explanations for War'. *International Organization*, 49 (3): 379–414.

Fergusson, I. F. 2007. 'World Trade Organization Negotiations: The Doha Development Agenda', CRS Report RL32060, 21 August. Washington, DC: Congressional Research Service.

Feuerle, Loie. 1985. 'Informal Consultation: A Mechanism in Security Council Decision-Making'. *New York University Journal of International Law and Politics*, 18 (1): 267–308.

288 Fisher, Roger and Ury, William. 1981. *Getting to Yes: Negotiating Agreement Without Giving In.* New York: Houghton Mifflin Company.

Fisher, Roger and Ury, William. 1991. *Getting to Yes: Negotiating an Agreement Without Giving In*, 2nd edition. New York: Random House.

Frieden, Jeffry and Martin, Lisa L. 2002. 'International Political Economy: Global and Domestic Interactions'. In Katznelson, Ira and Milner, Helen V. (eds.) *Political Science: The State of the Discipline.* New York: Norton, pp. 118-46.

Friedman, Milton and Schwartz, Anna J. 1963. *A Monetary History of the United States*, *1857-1960*. Princeton University Press.

Funken, K. 2002. 'The Pros and Cons of Getting to Yes-Shortcomings and Limitations of Principled Bargaining in Negotiation and Mediation', Master Thesis L. L. M. , submitted to the University of Queensland, Brisbane.

Gabcikovo-Nagymaros (*Hungary vs. Slovakia*) (1997) ICJ 92 (25 Setember).

Gallagher, Kevin. 2008. 'Understanding Developing Country Resistance to the Doha Round'. *Review of International Political Economy*, 15 (1): 62-85.

Gallup. 21 April 2008. 'Little Increase in Americans' Global Warming Worries'. Online, available at: www. gallup. com/poll/106660/Little-Increase-Americans-Global-Warming-Worries. aspx.

Gamberoni, E. and Newfarmer, R. 2009. 'Trade Protection: Incipient but Worrisome Trends', Trade Note 37, 2 March. World Bank: International Trade Department.

Gamble, Andrew. 2000. *Politics and Fate*. Cambridge: Polity.

Gambles, Anna. 1999. *Protection and Policy: Conservative Economic Discourse*, *1815-1852*. Woodbridge: Boydell and Brewer.

Gardner, Richard N. 1956. *Sterling-Dollar Diplomacy: Anglo-American Collaboration in the Reconstruction of Multilateral Trade*. Oxford: Clarendon Press.

Gaubatz, Kurt T. 1991. 'Election Cycles and War'. *Journal of Conflict Resolution*, 35 (1): 212-24.

Gehring, Markus. 2004. 'Environmental Protection'. In Stone Sweet, Alex (ed.) *The Judicial Construction of Europe*. New York: Oxford University Press, ch. 5.

Gehring, M. , Hepburn, J. and Cordonier Segger, M. C. 2007. *World Trade Law in Practice*. London: Globe Publishing.

George, Alexander L. and Bennett, Andrew. 2005. *Case Studies and Theory De-*

velopment in the Social Sciences. Cambridge, MA: MIT Press.

Giddens, Anthony. 2009. *The Politics of Climate Change*. Cambridge: Polity.

Gilpin, Robert. 1987. *The Political Economy of International Relations*. Princeton University Press.

289 Goemans, Hein E. 2000. *War and Punishment: The Causes of War Termination and the First World War*. Princeton University Press.

Goldstein, J. 1993. *Ideas, Interests and American Trade Policy*. Ithaca: Cornell University Press.

Goldstein, J. 2000. 'The United States and World Trade: Hegemony by Proxy?'. In Lawton, T. C., Rosenau, J. N. and Verdun, A. C. (eds.) *Strange Power: Shaping the Parameters of International Relations and International Political Economy*. Aldershot: Ashgate, pp. 249–72.

Goodwyn, Lawrence. 1978. *The Populist Moment: A Short History of the Agrarian Revolt in America*. Oxford, London and New York: Oxford University Press.

Grant, W. 2007. 'The Shift from Duopoly to Oligopoly in Agricultural Trade'. In Lee, D. and Wilkinson, R. (eds.) *The WTO after Hong Kong: Progress in, and prospects for, the Doha Development Agenda*. London: Routledge, pp. 169–85.

Green, Ewan H. H. 1988. 'Rentiers versus Producers? The Political Economy of the Bimetallic Controversy'. *English Historical Review*, 103 (408): 588–612.

Green, EwanH. H. 1995. *Crisis of Conservatism: The Politics, Economics and Ideology of the British Conservative Party, 1880–1914*. London: Routlodge.

Hammond, Kenneth R. 1965. 'New Directions for Research on Conflict Resolution'. *Journal of Social Issues*, 11: 44–66.

Hao, Yufan. 1997. 'The Institutional Constraints in the United States' China Policymaking: The Role of Congress'. *Issues & Studies*, 33 (5).

Harris, Marvin. 1990. 'Emics and Etics Revisited'. In Headland, T. N.,

Pike, K. L. and Harris, M. (eds.) *Emics and Etics : The Insider/Outsider Debate.* Newbury Park : Sage.

Harrison, Kathryn and McIntosh Sundstrom, Lisa. 2007. ' The Comparative Politics of Climate Change '. *Global Environmental Politics*, 7 (4).

Haskel, Barbara. 1974. ' Disparities, Strategies, and Opportunity Costs '. *International Studies Quarterly*, 19 : 3-30.

Hawkins, Leo and Hudson, Michael. 1990. *The Art of Effective Negotiation.* Australia : Australian Print Group.

Hayek, Friedrich. 1982. *Law, Legislation and Liberty.* London : Routledge.

Héritier, Adrienne. 1999. *Policy-Making and Diversity in Europe : Escape from Deadlock.* Cambridge University Press.

Heron, T. 2007. ' European Trade Diplomacy and the Politics of Global Development : Reflections on the EU-China " Bra Wars " Dispute '. *Government and Opposition*, 42 (2) : 190-214.

Hicks, J. R. 1932. *The Theory of Wages.* London : Macmillan.

Hilton, Boyd. 1977. *Corn, Cash and Commerce : The Economic Policies of the Tory Governments, 1815-1830.* Oxford University Press.

Hirschman, Albert. 1970. *Exit, Voice and Loyalty : Responses to Decline in Firms, Organisations and States.* Cambridge, MA : HarvardUniversity Press.

Hiscocks, Richard. 1973. *The Security Council. A Study in Adolescence.* New York : Free Press.

Hobsbawm, Eric. 1968. *Industry and Empire.* Harmondsworth : Penguin.

Hobson, J. A. 1988. *Imperialism : A Study.* London : Unwin Hyman.

Hocking, B. 2004. ' Changing the Terms of Trade Policy Making : From the " Club " to the " Multistakeholder " Model '. *World Trade Review*, 3 (1) : 3- 26.

Hocking, B. and Smith, M. 1997. *Beyond Foreign Economic Policy : The United States, the Single European Market and the Changing World Economy.* London: Pinter.

Hoekman, B. M. and Kostecki, M. M. 2001. *The Political Economy of the World Trading System*, 2nd edition. Oxford University Press.

Hoover, Herbert. 1926. *The Future of Our Foreign Trade*. Washington, DC: Government Printing Office.

Hoover, Herbert. 1952. *The Memoirs of Herbert Hoover: The Cabinet and the Presidency, 1920-1933*. New York: Macmillan.

Hopmann, p. Terrence. 1995. 'Two Paradigms of Negotiation: Bargaining and Problem Solving'. *The Annals of the American Academy of Political and Social Science*, 542: 24-47.

House of Lords. 2008. 'Developments in EU Trade Policy', European Union Committee, 35th Report of Session 2007-08, 5 December.

Hovi, Jon, Skodvin, Tora and Andresen, Steinar. 2003. 'The Persistence of the Kyoto Protocol: Why other Annex I Countries Move on Without the United States'. *Global Environmental Politics*, 3 (4).

Howard, Michael. 2000. *The Invention of Peace: Reflections on War and International Order*. New Haven: Yale University Press.

Howe, Anthony C. 1990. 'Bimetallism, c1880 - 1898: A Controversy Reopened?'. *English Historical Review*, 105 (415): 377-91.

Howe, Anthony C. 1997. *Free Trade and Liberal England*, 1846-1946. Oxford University Press.

Hume, Cameron R. 1994. *The United Nations, Iran, and Iraq: How Peacemaking Changed*. Bloomington: Indiana University Press.

Hume, Len J. 1963. 'The Gold Standard and Deflation: Issues and Attitudes in the 1920s'. *Economica*, 30 (119): 225-42.

Ikenberry, G. J. 1992. 'A World Economy Restored: Expert Consensus and the Anglo-American Postwar Consensus'. *International Organization*, 46 (1): 289-321.

Ikenberry, G. J. 1993. 'Creating Yesterday's New World Order: Keynesian "New Thinking" and the Anglo – American Postwar Settlement'. In Goldstein, J. and Keohane, R. O. (eds.) *Ideas and Foreign Policy: Beliefs, Institutions and Political Change.* Ithaca: Cornell University Press, pp. 57–86.

Ikle, Fred C. 1964. *How Nations Negotiate.* New York: Harper & Row.   291

Independent International Commission on Kosovo. 2000. *Kosovo Report: Conflict, International Response, Lessons Learned.* Oxford University Press.

Intergovernmental Panel on Climate Change (IPCC). 2007. *Climate Change 2007: Synthesis Report.* Online, available at: www. ipcc. ch/ipccreports/ar4–syr. htm.

International Centre for Trade and Sustainable Development. 2005a. *Agricultural Negotiations at the WTO: The July Package and Beyond*, 13.

International Centre for Trade and Sustainable Development. 2005b. *Doha Round Briefing Series*, 3 (2).

International Crisis Group (ICG). 2007a. 'Kosovo: No Good Alternative to the Ahtisaari Plan'. Europe Report, no. 182 (14 May).

International Crisis Group (ICG). 2007b. 'Breaking the Kosovo Stalemate: Europe's Responsibility'. Europe Report, no. 185 (21 August).

International Crisis Group (ICG). 2007c. 'Kosovo Countdown: A Blueprint for Transition'. Europe Report, no. 188 (6 December).

International Crisis Group (ICG). 2008. 'Kosovo's Fragile Transition'. Europe Report, no. 196 (25 September).

Irwin, Douglas and Kroszner, R. S. 1996. 'Log–Rolling and Economic Interests in the Passage of the Smoot – Hawley Tariff'. *Carnegie – Rochester Series on Public Policy*, 45 (1): 173–200.

Jackson, Richard. 2000. 'Successful Negotiation in International Violent Conflict'. *Journal of Peace Research*, 37 (2): 323–43.

Jackson, Richard and Bercovitch, Jacob. 2001. 'Current Developments in International Conflict Management: Assessing the Relevance of Negotiation and Mediation'. *Cambridge Review of International Affairs*, 14 (2): 13-38.

James, Harold. 1995. 'The IMF and the Creation of the Bretton Woods System, 1944-1958'. In Eichengreen, Barry (ed.) *Europe's Postwar Recovery.* Cambridge University Press.

James, Harold. 1996. *International Monetary Co-operation since Bretton Woods.* New York: Oxford University Press.

Jenkins, Shirley. 1945. 'Australia Plans Full Employment'. *Far Eastern Survey*, 14 (17): 240-2.

Jensen, Lloyd. 1995. 'Issue Flexibility in Negotiating InternalWar'. *The Annals of the American Academy of Political and Social Science*, 542: 116-30.

Jervis, Robert. 1976. *Perception and Misperception in International Politics.* Princeton University Press.

292 Jones, Joseph M. 1934. *Tariff Retaliation: Repercussions of the Hawley-Smoot Bill.* University of Philadelphia Press.

Jönsson, Christer. 2002. 'Diplomacy, Bargaining and Negotiation'. In Carlsnaes, Walter, Risse, Thomas and Simmons, Beth A. (eds.) *Handbook of International Relations.* London: Sage, pp. 212-34.

Judah, Tim. 2000. *The Serbs: History, Myth and the Destruction of Yugoslavia*, 2nd edition. New Haven: Yale University Press.

Judah, Tim. 2002. *Kosovo: War and Revenge*, 2nd edition. New Haven: Yale University Press.

Judah, Tim. 2008. *Kosovo: What Everyone Needs to Know.* Oxford University Press.

Kagan, Robert. 2008. *The Return of History and the End of Dreams.* New York: Knopf.

Kaplan, Jacob J. and Schleiminger, Gunther. 1989. *The European Payments U-*

nion: *Financial Diplomacy in the 1980s*. Oxford University Press.

Kapstein, Ethan B. 2008. 'Fairness Considerations in World Politics: Lessons from International Trade Negotiations'. *Political Science Quarterly*, 123: 229–36.

Kennan, John andWilson, Robert. 1993. 'Bargainingwith Private Information'. *Journal of Economic Literature*, 31 (1): 45–104.

Kerremans, B. 2005. 'Managing the Agenda: the EU's Rationale for a New Round of Trade Negotiations'. In Overhaus, M. , Maull, H. W. and Harnisch, S. (eds.) *European Trade Policy and the Doha Development Agenda*, 15, February. Online, available at: www. deutsch – aussenpolitick. de, pp. 29–34.

Kindleberger, Charles. 1973. *The World in Depression 1929–1939*. London: Allen Lane.

King, Iain and Mason, Whit. 2006. *Peace at Any Price: How the World Failed Kosovo*. London: Hurst.

Koehn, Peter. 2008. 'Underneath Kyoto: Emerging Subnational Government Initiatives and Incipient Issue–Bundling Opportunities in China and the United States'. *Global Environmental Politics*, 8 (1).

Kopp, Raymond. 2006. 'Recent Trends in US Greenhouse Emissions: An Introductory Guide to Data and Resources', Resources for the Future. Online, available at: www. weathervane. rff. org/the_ problem/basic_ science/RFF – BCK–GHGTrends. pdf.

Kosloff, Laura, Trexler, Mark and Nelson, Hal. 2004. 'Outcome – Oriented Leadership: How State and Local Climate Change Strategies Can Most Effectively Contribute to Global Warming Mitigation'. *Widener Journal of Public Law*, 14 (1).

Krasner, Stephen. 1985. *Structural Conflict: the Third World against Global Liberalism*. Berkeley: University of California Press.

293 Kremenyuk, Victor (ed.). 2002. *International Negotiation: Analysis, Approaches, Issues*, 2nd edition. San Francisco: Jossey-Bass.

Kuhn, Thomas. 1970. *The Structure of Scientific Revolutions.* Chicago University Press.

Kupchan, Charles A. and Kupchan, Clifford A. 1991. 'Concerts, Collective Security, and the Future of Europe'. *International Security*, 16 (1): 114-61.

Kydd, Andrew. 2000. 'Arms Races and Arms Control'. *American Journal of Political Science*, 44 (2): 228-44.

Lamy, p. 2002. L' Europe en première ligne. Paris: éditions du Seuil.

Lax, David and Sebenius, James. 1986. *The Manager as Negotiator: Bargaining for Cooperation and Competitive Gain.* London: Macmillan.

Legal Consequences for States of the Continued Presence of South Africa in Namibia (South West Africa) notwithstanding Security Council Resolution. 1970. 276 (1970), 1971 ICJ 12 (21 June).

Legal Consequences of the Construction of a Wall in the Occupied Palestinian Territory. 2004. ICJ Reports 136 (9 July).

Legality of the Threat or Use of Nuclear Weapons. 1996. ICJ 226 (8 July).

Levy, David. 2003. 'Business and the Evolution of the Climate Regime: The Dynamics of Corporate Strategies'. In Levy, David and Newell, Peter (eds.) *The Business of Global Environmental Governance.* Cambridge, MA: MIT Press.

Lewicki, Roy and Litterer, Joseph. 1985. *Negotiation.* Illinois: Richard D. Irwin.

Lipson, Charles. 1991. 'Why are some Agreements Informal?'. *International Organization*, 45 (4): 495-538.

Lisowski, M. 2002. 'Playing the Two-level Game: US President Bush's Decision to Repudiate the Kyoto Protocol'. *Environmental Politics*, 11: 101-19.

Livingston, James. 1990. *Origins of the Federal Reserve System: Money, Class,* and Corporate Capitalism, 1890–1913. Ithaca: Cornell University Press.

Luck, Edward C. 2008. 'A Council for all Seasons: The Creation of the Security Council and its Relevance Today'. In Lowe, Vaughan, Roberts, Adam, Welsh, Jennifer and Zaum, Dominik (eds.) *The United Nations Security Council and War: The Evolution of Thought and Practice since 1945*. Oxford University Press, pp. 61–85.

Lutmar, Carmela. 2004. *Winners, Losers, and Puppets: Deposed Leaders and Foreign Policy Compliance*. PhD Dissertation submitted at New York University.

Lyimo, Bede. 2004. 'LDCs and the Agreement on Agriculture: The Cotton Analogy'. Presented at Challenges and Options for Government and Business After the WTO Conference in Cancun Nairobi, Kenya, 30–31 March, 2004.

McCown, Margaret. 2004. 'The Free Movement of Goods'. In Stone Sweet, Alex (ed.) *The Judicial Construction of Europe*. New York: Oxford University Press, ch. 3.

McDonald, Judith, O'Brien, Anthony p. and Callahan, Colleen. 1997. 'Trade Wars: Canada's Reaction to the Smoot–Hawley Tariff'. *Journal of Economic History*, 57 (4): 802–26.

McGillivray, Fiona and Smith, Alastair. 2000. 'Trust and Cooperation through Agent Specific Punishments'. *International Organization*, 54 (4): 809–24.

McGillivray, Fiona and Smith, Alastair. 2004. 'The Impact of Leadership Turnover on Relations between States'. *International Organization*, 58 (3): 567–600.

McGillivray, Fiona and Smith, Alastair. 2005. 'The Impact of Leadership Turnover and Domestic Institutions on International Cooperation in a Noisy World'. *Journal of Conflict Resolution*, 49 (5): 639–60.

McGillivray, Fiona and Smith, Alastair. 2006. 'Credibility in Compliance and Punishment: Leader Specific Punishments and Credibility'. *Journal of Poli-*

tics, 68 (2): 258-68.

McGillivray, Fiona and Smith, Alastair. 2008. *Punishing the Prince*. Princeton University Press.

McMahon, R. 2007. 'The 110th Congress: Dems and Trade', Council on Foreign Relations Backgrounder, 4 January. Online, available at: www. cfr. org/publication/12339/110th_congress. html (accessed 21 August 2007).

Malcolm, Noel. 1998. *Kosovo: A Short History*. London: Macmillan.

Malone, David (ed.). 2004. *The UN Security Council: From the Cold War to the 21st Century*. Boulder: Lynne Rienner.

Mandelson, p. 2008. 'Daily Update from Geneva', 21-28 July 2008. Online, available at: http: //ec. europa. eu/trade/issues/newround/doha _ da/geneva08/update_en. htm (accessed 2 January 2009).

Marrison, Andrew J. 1996. *British Business and Protection, 1903-1932*. Oxford University Press.

Marsh, Peter T. 1999. *Bargaining on Europe: Britain and the First Common Market, 1860-1892*. New Haven: Yale University Press.

Mayall, James. 1971. *Africa: The Cold War and After*. London: Elek Books.

Maze, John and White, Graham. 1995. *Henry A. Wallace: His Search for a New World Order*. Chapel Hill: University of North Carolina Press.

Meade, James. 1988 [1942]. 'A Proposal for an International Commercial Union'. In Howson, Susan (ed.) *The Collected Papers of James Meade: vol. III, International Economics*. London: Unwin Hyman, pp. 27-35.

Meade, James. 1988 [1948]. 'Bretton Woods, Havana and the United Kingdom Balance of Payments'. In Howson, Susan (ed.) *The Collected Papers of James Meade*, vol. III. London: Unwin Hyman, pp. 81-94

Meltzer, Allan H. 2003. *A History of the Federal Reserve: 1913-1951*. University of Chicago Press.

Merrills, G. J. 1998. *International Dispute Resolution*, 3rd Edition. Cambridge

University Press.

Michael, B. , Goldstein, J. and Weingast, B. R. 1997. 'The Institutional Roots of American Trade Policy: Politics, Coalitions and International Trade'. *World Politics*, 49 (3): 309–38.

Milner, H. V. 1997. *Interests, Institutions and Information: Domestic Politics and International Relations.* Princeton University Press.

Milner, H. V. 2002. 'International Trade'. In Carlsnaes, W. , Risse, T. and Simmons, B. A. (eds.) *Handbook of International Relations.* London: Sage, pp. 448–61.

Milner, Helen V. and Rosendorff, B. Peter. 1997. 'Democratic Politics and International Trade Negotiations: Elections and Divided Government as Constraints on Trade Liberalization'. *Journal of Conflict Resolution*, 41 (1): 117–46.

Milner, Helen V. , Rosendorff, B. Peter and Mansfield, Edward D. 2004. 'International Trade and Domestic Politics: The Domestic Sources of International Trade Agreements and Institutions'. In Benevisti, Eyal and Hirsch, Moshe (eds.) *The Impact of International Law on International Cooperation: Theoretical Perspectives.* Cambridge University Press, pp. 216–43.

Moggridge, Donald E. 1972. *British Monetary Policy, 1924–1931: the Norman Conquest of $ 4. 86.* Cambridge University Press.

Moravcsik, A. 1993. 'Introduction: Integrating International and Domestic Theories of International Bargaining'. In Evans, p. B. , Jacobson, H. K. and Putnam, R. D. (eds.) *Double–Edged Diplomacy: International Bargaining and Domestic Politics.* Berkeley: University of California Press, pp. 3–42.

Moravcsik, A. 1997. 'Taking Preferences Seriously: A Liberal Theory of International Politics'. *International Organization*, 51 (4): 513–53.

Morgenthau, Hans. 1954. *Politics Among Nations: The Struggle for Power and Peace.* New York: Knopf.

Morley, Ian and Stephenson, Geoffrey. 1977. *The Social Psychology of Bargaining.* London: Allen and Unwin.

Moser, Susanne. 2007. 'In the Long Shadows of Inaction: The Quiet Building of a Climate Protection Movement in the United States'. *Global Environmental Politics*, 7 (2).

NAM. 2008. 'NAM Says Ministerial Meeting on WTO Must Await Consensus on Sectoral Agreements', 08-288. Washington, DC: National Association of Manufacturers. Online, available at: www. nam. org (accessed 21 January 2009).

296 Narlikar, A. 2004. 'Developing Countries and the WTO'. In Hocking, B. and McGuire, S. (eds.) *Trade Politics*, 2nd edition. London: Routledge, pp. 133-45.

Narlikar, A. 2005. *The World Trade Organisation - a Short Introduction.* Oxford University Press.

Narlikar, Amrita and Odell, John S. 2006. 'The Strict Distributive Strategy for a Bargaining Coalition: The Like Minded Group in the World Trade Organization, 1998-2001'. In Odell, John (ed.) *Negotiating Trade: Developing Countries in the WTO and NAFTA.* Cambridge University Press, pp. 115-44.

Narlikar, Amrita and Tussie, Diana. 2004. 'The G20 at the Cancun Ministerial: Developing Countries and their Evolving Coalitions'. *The World Economy*, 27 (7): 947-66.

Nevin, E. 1955. *The Mechanism of Cheap Money: A Study of British Monetary Policy, 1931-39.* Cardiff: University of Wales Press.

Newhouse, John. 1973. *Cold Dawn: The Story of SALT.* New York: Holt.

Nicol, Davidson. 1982. *The United Nations Security Council: Towards Greater Effectiveness.* New York: UNITAR.

North, Douglas C. 1990. *Institutions, Institutional Change, and Economic Performance.* Cambridge University Press.

Nugent, N. 2006. *The Government and Politics of the European Union*, 6th edition. Basingstoke: Palgrave Macmillan.

O'Brien, Anthony. 2001. 'Smoot-Hawley Tariff'. EH. Net Encyclopedia, edited by Robert Whaples. 14 August 2001. Online, available at: http://eh. net/encyclopedia/article/obrien. hawley - smoot. tariff (last accessed 7 March 2009).

Odell, John. 2000. *Negotiating the World Economy*. Ithaca: Cornell University Press.

Odell, John. 2006. *Negotiating Trade: Developing Countries in the WTO and NAFTA*. Cambridge University Press.

Odell, John S. 2009. 'Breaking Deadlocks in International Institutional Negotiations'. *International Studies Quarterly*, forthcoming.

Odell, John and Sell, Susan. 2006. 'Re-framing the Issue: the WTO Coalition on Intellectual Property and Public Health, 2001'. In *Negotiating Trade: Developing Countries in the WTO and NAFTA*. Cambridge University Press, pp. 85-114.

O'Halloran, S. 1994. *Politics, Process and American Trade Policy*. Ann Arbor: University of Michigan Press.

Olson, Mancur. 1982. *The Rise and Decline of Nations*. New Haven: Yale University Press.

Park, Jacob. 2000. 'Governing Climate Change Policy: From Scientific Obscurity to Foreign Policy Prominence'. In Harris, Paul (ed.) *Climate Change and American Foreign Policy*. New York: St. Martin's Press.

Pastor, R. 1980. *Congress and the Politics of United States Foreign Economic Policy, 1929-1976*. Berkeley: University of California Press.

Payne, Anthony. 2005. *The Global Politics of Unequal Development*, Basingstoke: Palgrave Macmillan.

Peterson, J. 2004. 'The Politics of Transatlantic Trade Relations'. In Hocking,

B. and McGuire, S. (eds.) *Trade Politics*, 2nd edition. London: Routledge, pp. 36-50.

Pew Centre on Global Climate Change. 2005. 'Summary of Energy Policy Act 2005'. Online, available at: www. pewclimate. org/policy_center/analyses/hr_6_summary. cfm (accessed December 2008).

Pew Centre on Global Climate Change. 2008a. 'Climate Action in Congress: US Climate Change Legislation'. Online, available at: www. pewclimate. org/what_s_being_done/in_the_congress (accessed December 2008).

Pew Centre on Global Climate Change. 2008b. 'Legislation in the 110th Congress Related to Global Climate Change'. Online, available at: www. pewclimate. org/what_s_being_done/in_the_congress/110thcongress. cfm (accessed December 2008).

Pew Research Centre. 2008. 'Global Economic Gloom-China and India Notable Exceptions', 12 June. Online, available at: www. Pewglobal. org (accessed 19 January 2009).

Pinkley, Robin L. , Neale, Margaret and Bennet, R. J. 1994. 'The Impact of Alternatives to Settlement in Dyadic Negotiation'. *Organizational Behavior and Human Performance*, 57: 97-116.

Polaski, Sandra. 2007. 'Breaking the Doha Deadlock: Congress could Play a Pivotal Role'. *Policy Outlook: Trade, Development and Equity Project.* Carnegie Endowment for International Peace, January.

Polity IV Data Set. 2002. CIDCM. University of Maryland, College Park.

Powell, Robert. 1996. 'Stability and the Distribution of Power'. *World Politics*, 48 (2): 239-67.

Powell, Robert. 2002. 'Bargaining Theory and International Conflict'. *Annual Review of Political Science*, 5: 1-30.

Prantl, Jochen. 2006. *The UN Security Council and Informal Groups of States: Complementing or Competing for Governance.* Oxford University Press.

Pruitt, Dean. 1981. *Negotiation Behavior.* New York: Academic Press.

Pruitt, Dean and Carnevale, Peter. 1993. *Negotiation in Social Conflict.* Michigan: Open University Press.

Pruitt, Dean and Kim, Sung Hee. 2004. *Social Conflict: Escalation, Stalemate, and Settlement*, 3rd edition. New York: McGraw Hill.

Putnam, Robert D. 1988. 'Diplomacy and Domestic Politics: The Logic of Two-Level Games'. *International Organization*, 42 (3): 427-60.

Rabe, Barry, Roman, Mikael and Dobelis, Arthur. 2005. 'State Competition as a Source Driving Climate Change Mitigation'. *New York University Environmental Law Journal*, 14: 1-53.

Raiffa, Howeard. 1982. *The Art and Science of Negotiation.* Cambridge, MA: Belknap/Harvard University Press.

Reiter, Dan and Stam III, Allan C. 1998. 'Democracy, War Initiation, and Victory'. *American Political Science Review*, 92 (2): 377-90.

Reiter, Dan and Stam III, Allan C. 2002. *Democracies at War.* Princeton University Press.

Reiter, Dan and Stam III, Allan C. 2003. 'Understanding Victory: Why Political Institutions Matter'. *International Security*, 28 (1): 168-79.

Remini, Robert V. 1984. *Andrew Jackson and the Course of American Democracy, 1833-1845.* New York: Harper & Row.

'Republican Platform [of 1928]'. In Schlesinger Jr., Arthur M., Israel, F. L. and Hansen, W. p. (eds.) *History of American Presidential Elections, 1789-1968, Volume III.* New York: Chelsea House, 1971.

Robbins, Lionel. 1935. *An Essay on the Nature and Significance of Economic Science.* London: Macmillan.

Roederer-Rynning, C. 2010. 'The Common Agricultural Policy: The Fortress Challenged,' in H. Wallace, M. A. Pollack and A. R. Young (eds.), *Policy-Making in the European Union*, 6th edition, Oxford University Press,

298

181-205.

Rohan, Albert. 2008. 'Kosovos langer Weg in die Unabhängigkeit'. *Europäisches Journal für Minderheitenfragen*, 2: 119-23.

Rollo, J. 2003. 'An Earlier Sign of EU Flexibility Might Have Managed to Head Off the Cancun Breakdown', *Financial Times*, 24 September.

Rooth, Tim. 1993. *British Protectionism and the International Economy: Overseas Commercial Policy in the 1930s*. Cambridge University Press.

Rosecrance, Richard. 1992. 'A New Concert of Powers'. *Foreign Affairs*, 71 (2): 64-82.

Rosenthal, Elizabeth. 11 December 2008. 'US Shift on Climate Lifts Mood at Conference in Poznan', *International Herald Tribune*. Online, available at: www. iht. com/articles/2008/12/11/healthscience/climate. php.

Rowse, Tim. 2000. 'Full Employment and the Discipline of Labour: A Chapter in the History of Australia Social Democracy'. *The Drawing Board: an Australian Review of Public Affairs*, 1: 1-13.

Rubin, Jeffrey Z. (ed.). 1981. *Dynamics of Third Party Intervention: Kissinger in the Middle East*. New York: Praeger.

Rubin, Jeffery. 1993. 'Psychological Traps'. In Lewicki, Roy, Litterer, Joseph, Saunders, David and Minton, John (eds.) *Negotiation: Readings, Exercises and Cases*, 2nd Edition. Illinois: Irwin, pp. 209-17.

299 Rubin, Jeffery and Brown, Bob. 1975. *The Social Psychology of Bargaining and Negotiation*. New York: Academic Press.

Ruggie, J. G. 1982. 'International Regimes, Transactions and Change: Embedded Liberalism in the Postwar Economic Order'. *International Organization*, 36 (2): 379-415.

Santoni, Gary J. 1986. 'The Employment Act of 1946: Some History Notes'. *Federal Reserve of St Louis*, pp. 7-12.

Saunders, Deborah Davenport. 2006. *Global Environmental Negotiations and US*

Interests. New York: Palgrave Macmillan.

Sawyer, Jack and Guetzkow, Harold. 1965. 'Bargaining and Negotiation in International Relations'. In Kelman, Herbert C. (ed.) *International Behavior: A Social – Psychological Analysis.* New York: Holt, Rinehart, & Winston.

Schattschneider, E. E. 1935. *Politics, Pressures and the Tariff: A Study of Free Private Enterprise in Pressure Politics. As shown in the 1929–30 Revision of the Tariff.* New York: Prentice Hall.

Schelling, Thomas. 1960. *The Strategy of Conflict.* Cambridge, MA: Harvard University Press.

Scheve, K. F. and Slaughter, M. J. 2007. 'A New Deal for Globalization'. *Foreign Affairs,* 86 (4): 34ff.

Schlesinger, Arthur M., Jr. 1953. *The Age of Jackson.* Boston: Little, Brown and Company.

Schroeder, Paul W. 1994. *The Transformation of European Politics: 1763–1848.* Oxford University Press.

Schultz, Kenneth A. 1999. 'Do Democratic Institutions Constrain or Inform? Contrasting Two Institutional Perspectives on Democracy and War'. *International Organization,* 53 (2): 233–66.

Schultz, Kenneth A. 2001. *Democracy and Coercive Diplomacy.* London and New York: Cambridge University Press.

Sek, L. 2004. 'World Trade Organization Negotiations: The Doha Development Agenda', CRS Report RL32060, 6 August. Washington, DC: Congressional Research Service.

Sherman, R. 2002. 'Endogenous Protection and Trade Negotiations'. *International Politics,* 39, December: 491–509.

Skidelsky, Robert. 2000. *John Maynard Keynes: Fighting for Britain,* 1937–1946. London: Macmillan.

Small, Melvin and Singer, J. David. 1969. 'Formal Alliances, 1815-1965: An Extension of the Basic Data'. *Journal of Peace Research*, 6 (3): 257-82.

Smith, Adam. 1961. *An Inquiry into the Nature and Causes of the Wealth of Nations*, vol. 1. London: Methuen.

Solomou, Solomos. 1996. *Themes in Macroeconomic History: The UK Economy, 1919-1939*. Cambridge University Press.

300   Spector, Bertram. 1999. 'Negotiating with Villains'. In Berton, Peter, Kimura, Hiroshi and Zartman, William (eds.) *International Negotiation, Actors, Structure/Process, Values*. London: Macmillan.

Stasavage, David. 2004. ' Open-Door or Closed-Door?: Transparency in Domestic and International Bargaining'. *International Organization*, 58 (4): 667-703.

Stedman, Stephen. 1991. *Peacemaking in Civil War: International Mediation in Zimbabwe, 1974-1980*. Boulder: Lynne Rienner Publishers.

Steinmo, Sven. 1989. 'Political Institutions and Tax Policy in the United States, Sweden and Britain'. *World Politics*, 41 (4).

Stern, Nicholas. 2009. *Blueprint for a Safer Planet: How to Manage Climate Change and Create a New Era of Progress and Prosperity*. London: Bodley Head.

Stinchcombe, Arthur L. 1968. *Constructing Social Theories*. New York: Harcourt, Brace & World.

Sweet, Alec Stone. 2004. *The Judicial Construction of Europe*. New York: Oxford University Press.

Swinbank, A. andDaugbjerg, C. 2006. ' The 2003CAPReform: Accommodating WTO Pressures'. *Comparative European Politics*, 4 (1): 47-64.

Tamura, Kentaro. 2006. ' Climate Change and the Credibility of International Commitments: What is Necessary for the US to Deliver on such Commitments?'. *International Environmental Agreements*, 6 (3).

Taylor, Ian. 2007. 'The Periphery Strikes Back? The G20 at the WTO'. In Lee, Donna and Wilkinson, Rorden (eds.) *The WTO after Hong Kong: Progress in and Prospects for the Doha Development Agenda.* London: Routledge.

Telo, Mario. 2006. *Europe: A Civilian Power?* London: Palgrave-Macmillan.

Timberlake, Richard H. 1993. *Monetary Policy in the United States: An Intellectual and Institutional History.* University of Chicago Press.

Tjosvold, Dean. 1974. 'Threat as a Low-Power Person's Strategy in Bargaining: Social Face and Tangible Outcomes'. *International Journal of Group Tensions*, 4 (1): 494-510.

Tonge, Jon. 2002. *Northern Ireland: Conflict and Change.* Harlow: Longman.

Towers, B. and Brown, W. (eds.). 2000. *Employment Relations in Britain: 25 Years of the Advisory, Conciliation and Advisory Service.* Oxford: Blackwell.

Toye, Richard. 2000. 'The Labour Party's External Economic Policy in the 1940s'. *Historical Journal*, 43 (1): 189-215.

Toye, Richard. 2003. 'The Attlee Government, the Imperial Preference System, and the Creation of the GATT'. *English Historical Review*, 118 (478): 912-39.

Toye, John and Toye, Richard. 2006. 'How the UN moved from Full Employment to Economic Development'. *Commonwealth and Comparative Politics*, 44 (1): 16-40.

Trentmann, Frank. 2008. *Free Trade Nation: Commerce, Consumption and Civil Society in Modern Britain.* Oxford University Press.

United States Trade Representative (USTR). 'US-Russia Bilateral Market Access Agreement Side Letters'. Available online: http: //ustraderep. gov/ World_ Regions/Europe_ Middle_ East/Russia_ the_ NIS/Side_ Letters/Section_ Index. html (accessed January 2010).

US Senate. 1945a. Committee on Banking and Currency. *Assuring Full Employment in a Free Competitive Economy: Report from the Committee on Banking and Currency*, 79th Congress 1st session, September.

US Senate. 1945b. Sub-Committee on Banking and Currency. *Full Employment Act of 1945: Hearings Before a Sub-Committee on Banking and Currency*, 79th Congress, 1st session, September.

Underdal, Arild. 1973. 'Multilateral Negotiation Parties: The Case of the European Community'. *Cooperation and Conflict*, 8: 173-82.

Underdal, Arild. 1983. 'Causes of Negotiation "Failure" '. *European Journal of Political Research*, 11 (2): 183-95.

United Nations. 1956. *Papers of the Secretaries-General, UNEF Advisory Committee, Verbatim Records*, fourth meeting, 20 November.

United Nations. *1988-93. Index to Proceedings of the Security Council, Forty-second to Forty-seventh year, 1987-92*. New York: United Nations.

United Nations Framework Convention on Climate Change (UNFCCC). 1992. Online, available at: http: //unfccc. int/resource/docs/convkp/conveng. pdf.

UNFCCC. 2007. 'Bali Action Plan'. Online, available at: http: //unfccc. int/resource/docs/2007/cop13/eng/06a01. pdf#page=3.

Urquhart, Brian. 1972. *Hammarskjöld.* New York: W. W. Norton.

Ury, William. 1991. *Getting Past No.* New York: Bantam Books.

USDA. 2000. 'Where is Agriculture Important?'. *Rural Conditions and Trends*, 10 (2): 17-21 (US Department of Agriculture, Economic Research Service). Online, available at: www. ers. usda. gov/publications/RCAT/rcat102/Rcat102d. pdf (accessed 12 January 2009).

van den Hoven, A. 2006. 'European Union Regulatory Capitalism and Multilateral Trade Negotiations'. In Lucarelli, S. and Manners, I. (eds.) *Values and Principles in European Union Foreign Policy.* London: Routledge, pp. 185-200.

Van Dormael, Armand. 1978. Bretton Woods: Birth of a Monetary System. London: Macmillan.

Vezirgiannidou, Sevasti-Eleni. 2008. 'The Kyoto Agreement and the Pursuit of 302 Relative Gains'. *Environmental Politics*, 17 (1).

Vitz, p. C. and Kite, W. R. 1970. 'Factors affecting Conflict and Negotiation within an Alliance'. *Journal of Experimental Social Psychology*, 5: 233-47.

Walker, Samuel J. 1976. *Henry A. Wallace and American Foreign Policy*. Westport, CT: Greenwood Press.

Wall, James. 1985. *Negotiation, Theory and Practice*. United States: Scott Foresman and Company.

Wallace, Henry A. 1943. *The Century of the Common Man*. London: Hutchinson.

Wallace, Henry A. 1945. *Sixty Million Jobs*. London: Heinemann.

Walton, Richard E. and McKersie, Robert B. 1965. *A Behavioral Theory of Labor Negotiations: An Analysis of a Social Interaction System*. New York: McGraw Hill.

Warwick Commission. 2007. The Multilateral Trade Regime: Which Way Forward? Online, available at: www2. warwick. ac. uk/researchwarwickcommission/archive/worldtrade/report/uw_warcomm_tradereport_07. pdf (accessed on 19 November). 2009.

Warwick Commission 2008. 'The Multilateral Trade Regime: Which Way Forward?' (Coventry: The University of Warwick).

Watkins, Michael. 1998. 'Building Momentum in Negotiations: Time-Related Costs and Action-Forcing Events'. *Negotiation Journal*, July, 241-56.

Watkins, Michael and Rosegrant, Susan. 2001. *Breakthrough International Negotiation: How Great Negotiators transformed the World's Toughest Post-Cold War Conflicts*. San Francisco: Jossey-Bass.

Weller, Marc. 1992. 'The International Response to the Dissolution of the Socialist Federal Republic of Yugoslavia'. *The American Journal of International Law*, 86 (3): 569-607.

Weller, Marc. 2009. *Contested Statehood: Kosovo's Struggle for Independence.* Oxford University Press.

Werner, Suzanne. 1996. 'Absolute and Limited War: The Possibilities of Foreign Imposed Regime Change'. *International Interactions*, 22 (1): 67–88.

White, Eugene N. 2000. 'Banking and Finance in the Twentieth Century'. In Engerman, Stanley L. and Gallman, Robert E. (eds.) *The Cambridge Economic History of the United States, III: The Twentieth Century.* Cambridge University Press.

Whitfield, Teresa. 2007. *Friends Indeed? The United Nations, Groups of Friends, and the Resolution of Conflict.* Washington, DC: United States Institute of Peace Press.

303　Wilkinson, R. 2005. 'The World Trade Organization and the Regulation of International Trade'. In Kelly, D. and Grant, W. (eds.) *The Politics of International Trade in the Twenty–First Century: Actors, Issues and Regional Dynamics.* Basingstoke: Palgrave, pp. 13–29.

Winham, Gilbert. 1977. 'Complexity in International Negotiation'. In Druckman, Daniel (ed.) *Negotiations: Social–Psychological Perspectives.* Beverly Hills: Sage.

Wolf, Martin. 2009. *Fixing Global Finance.* New Haven: Yale University Press.

Woolcock, S. 2000. 'European Trade Policy: Global Pressures and Domestic Constraints'. In Wallace, H. and Wallace, W. (eds.) *Policy–Making in the European Union*, 4th edition. Oxford University Press, pp. 373–99.

Woolcock, S. 2003. 'The Regional Dimension: European Economic Diplomacy'. In Bayne, Nicolas and Woolcock, Stephen, *The New Economic Diplomacy: Decision–Making and Negotiation in International Economic Relations.* Aldershot: Ashgate, pp. 197–213.

Woolcock, S. 2005. 'Trade Policy: From Uruguay to Doha and Beyond'. In Wallace, H., Wallace, W. and Pollack, M. A. (eds.) *Policy–Making in the European Union*, 5th edition. Oxford University Press, pp. 377–99.

World Resources Institute, Climate Analysis Indicators Tool (CAIT). Online, a-vailable at: http: //cait. wri. org/cait – unfccc. php (accessed December 2008).

World Trade Organization. 2000. *Export Subsidies–Background Paper by the Secretariat*, Committee on Agriculture, Special Session, 11 May 2000, G/AG/NG/S/5, Geneva: WTO.

World Trade Organization. *2001. 2001 Doha Ministerial Declaration*, WT/MIN (01) /DEC/1, 20 November 2001. Geneva: WTO. Online, available at: www. wto. org/english/thewto_ e/minist_ e/min01_ e/mindecl_ e. htm (last accessed 9 February 2009).

World Trade Organization. 2003a. *Joint Proposal by Benin, Burkina Faso, Chad and Mali, Poverty Reduction: Sectoral Initiative in Favour of Cotton*, TN/AG/GEN/6. Geneva: WTO.

World Trade Organization. 2003b. *Poverty Reduction: Sectoral Initiative in Favour of Cotton*, WT/MIN (03) /W/2. Geneva: WTO.

World Trade Organization. 2003c. *Poverty Reduction: Sectoral Initiative in Favour of Cotton*, WT/MIN (03) /W/2/Add. 1. Geneva: WTO.

World Trade Organization. 2005. *2005 Hong Kong Ministerial Declaration, Doha Work Programme*, WT/MIN (05) /DEC para 11. Geneva: WTO. Online, available at: www. wto. org/english/thewto_ e/minist_ e/min05_ e/final_ text_ e. htm (last accessed 9 February 2009).

World Trade Organization. 2008. *International Trade Statistics 2008*. Geneva: WTO.

World Trade Organization. 2009a. *Summary of Dispute, DS 246, European Communities–Conditions for the Granting of Tariff Preferences to Developing Countries.* Geneva: WTO. Online, available at: www. wto. org/english/tratop_ e/dispu_ e/cases_ e/ds246_ e. htm (last accessed 9 February 2009).

304

World Trade Organization. 2009b. *Summary of Dispute*, *DS 267*, *United States—Subsidies on Upland Cotton.* Geneva: WTO. Online, available at: www. wto. org/english/tratop_ e/dispu_ e/cases_ e/ds267_ e. htm (last accessed 9 February 2009).

World Trade Organization. 2009c. *Summary of Dispute*, *DS 276*, *Canada—Measures Relating to Exports of Wheat and Treatment of Imported Grain.* Geneva: WTO. Online, available at: www. wto. org/english/tratop_e/dispu_e/cases_ e/ds276_e. htm (last accessed 9 February 2009).

World Trade Organization. 2009d. *Summary of Disputes*, *DS 283*, *European Communities—Export Subsidies on Sugar*, *WTO Dispute Settlement Body.* Geneva: WTO. Online, available at: www. wto. org/english/tratop_ e/dispu_ e/cases_ e/ds283_ e. htm (last accessed 9 February 2009).

World Trade Organization. 2009e. *Summary of Dispute*, *DS 285*, *United States—Measures Affecting the Cross—Border Supply of Gambling and Betting Services.* Geneva: WTO. Online, available at: www. wto. org/english/tratop_ e/dispu_ e/cases_ e/ds285_ e. htm (last accessed 9 February 2009).

World Trade Organization. 2009f. *Summary of Dispute*, *DS 293*, *European Communities—Measures Affecting the Approval and Marketing of Biotech Products.* Geneva: WTO. Online, available at: www. wto. org/english/tratop_ e/dispu_ e/cases_ e/ds293_ e. htm (last accessed 9 February 2009).

World Trade Organization. 2009g. *Summary of Dispute*, *DS 357*, *United States—Subsidies and Other Domestic Support for Corn and Other Agricultural Products.* Geneva: WTO. Online, available at: www. wto. org/english/tratop_ e/dispu_ e/cases_ e/ds357_ e. htm (last accessed 9 February 2009).

World Trade Organization. 2009h. *Summary of Disputes*, *DS 364*, *European Communities—Regime for the Importation of Bananas*, *WTO Dispute Settlement Body.* Geneva: WTO. Online, available at: www. wto. org/english/tratop_ e/dispu_ e/cases_ e/ds364_ e. htm (last accessed 9 February 2009).

World Trade Organization. 2009i. *Summary of Dispute to Date, DS 231, Europe-an Communities–Trade Description of Sardines.* Geneva: WTO. Online, available at: www. wto. org/english/tratop_ e/dispu_ e/cases_ e/ds321_ e. htm (last accessed 9 February 2009).

World Trade Organization. 2009j. *Summary of Dispute to Date, DS 290, Europe-* 305 *an Communities – Protection of Trademarks and Geographical Indications for Agricultural Products and Foodstuffs.* Geneva: WTO. Online, available at: www. wto. org/english/tratop_ e/dispu_ e/cases_ e/ds290_ e. htm (last accessed 9 February 2009).

World Trade Organization. 2009k. *Summary of Dispute to Date, DS 301, Europe-an Communities – Measures Affecting Trade in Commercial Vessels.* Geneva: WTO. Online, available at: www. wto. org/english/tratop_e/dispu_e/cases_ e/ds301_ e. htm (last accessed 9 February 2009).

World Trade Organization. 2009l. *Summary of Dispute to Date, DS350, United States–Continued Existence and Application of Zeroing Methodology.* Geneva: WTO. Online, available at: www. wto. org/english/tratop_ e/dispu_ e/cases_ e/ds350_ e. htm (last accessed 9 February 2009).

World Trade Organization. 2009m. *WTO Agreement on Agriculture art. 20.* Geneva: WTO. Online, available at: www. wto. org/english/docs_ e/legal_ e/14-ag_ 01_ e. htm #ArticleI (last accessed 9 February 2009).

World Trade Organization Dispute Settlement Body. 2004. *Panel Report, DS 267, United States – Subsidies on Upland Cotton,* WT/DS267/R. Geneva: WTO.

World Trade Organization Dispute Settlement Body. 2005. *Report of Appellate Body, DS 267, United States–Subsidies on Upland Cotton,* WT/DS267/AB/ R. Geneva: WTO.

World Trade Organization Dispute Settlement Body. 2006. Report of the Panel, DS 315, European Communities – Selected Customs Matters 4.396.

Geneva: WTO.

Young, A. R. 2005. 'Theory and Practice in EU Trade Politics', paper presented to the EUSA 9ᵗʰ Biennial International Conference, Austin, TX, 31 March–2 April 2005.

Young, A. R. 2007. 'Negotiating with Diminished Expectations: the EU and the Doha Development Round'. In Lee, D. and Wilkinson, R. (eds.) *The WTO after Hong Kong: Progress in, and Prospects for, the Doha Development Agenda.* London: Routledge, pp. 119–36.

Young, A. R., Holmes, p. and Rollo, J. 2000. 'The EU's Multilateral Trade Agenda after Seattle'. In Falautano, I. and Guerrieri, p. (eds.) *Beyond Seattle: A New Strategic Approach in the WTO 2000*, IAI Quaderni no. 11, Istituto Affari Internazionali, October.

Young, Kenneth T. 1968. *Negotiating with the Chinese Communists: The United States Experience.* New York: McGraw–Hill.

Young, Oran R. 1992. 'The Effectiveness of International Institutions: Hard Cases and Critical Variables'. In Rosenau, James N. and Czempiel, Ernst–Otto (eds.) *Governance Without Government: Order and Change in World Politics.* Cambridge University Press.

306 Zartman, I. William. 1978. *The Negotiation Process: Theories and Applications.* Beverly Hills: Sage.

Zartman, I. William (ed.). 1994. *International Multilateral Negotiations.* San Francisco: Jossey–Bass.

Zartman, I. William. 2002. 'Regional Conflict Resolution'. In Kremenyuk, Victor (ed.) *International Negotiation: Analysis, Approaches, and Issues,* 2nd edition. San Francisco: Jossey–Bass (Wiley Company), pp. 348–61.

Zartman, I. William and Faure, Guy Olivier (eds.). 2005. *Escalation and Negotiation in International Conflicts.* Cambridge University Press.

Zelikow, Philip. 1992. 'The New Concert of Europe'. *Survival,* 34 (2):

12-30.

Zoellick, R. 2002. 'Unleashing the Trade Winds', *The Economist*, 7 December.

索　引

图书在版编目（ＣＩＰ）数据

多边谈判僵局：成因与对策/(英)阿姆里塔·纳利卡主编；王鹏,胡玲玲,
金飞艳译.—北京：中国政法大学出版社，2020.10
　ISBN 978-7-5620-7335-2

　Ⅰ.①多… Ⅱ.①阿… ②王… ③胡… ④金… Ⅲ.①国际政治－研究
Ⅳ.①D5

中国版本图书馆CIP数据核字(2020)第090923号

出　版　者	中国政法大学出版社
地　　　址	北京市海淀区西土城路 25 号
邮寄地址	北京 100088 信箱 8034 分箱　邮编 100088
网　　　址	http://www.cuplpress.com (网络实名：中国政法大学出版社)
电　　　话	010-58908289(编辑部) 58908334(邮购部)
承　　　印	北京中科印刷有限公司
开　　　本	880mm×1230mm　1/32
印　　　张	12.5
字　　　数	285 千字
版　　　次	2020 年 10 月第 1 版
印　　　次	2020 年 10 月第 1 次印刷
定　　　价	69.00 元